漫畫 comics

昭和史 4

コミック昭和史 ●●●●

1953 → 1989

水木茂

水木しげる

酒吞童子、陳亦苓──譯

Mizuki Shigeru
Showa: A History of Japan

Mizuki Shigeru
Showa: A History of Japan

目次 Contents

●從談和到復興

コミック昭和史 4

● 高度成長以降

由年輕的田邊一鶴師匠
幫忙塗黑，加太浩二
大師則幫忙畫封面，
處女作《火箭人》
大功告成。
當時，所有家當都送
進了當鋪……
昭和史
從談和到復興

昭和三十四年四月十日，
舉行了皇太子成婚式。
不知為何，全日本都
為之瘋狂，
我也暫時停下了畫筆，
跟公寓裡的人整天談著
皇太子的相關話題，
大家都為此而興奮不已。
似乎從此時開始，
日本的景氣就開始好轉了。

港

和皇太子截然不同的是，
我們家雖然也結婚了，
卻跟幸福離得很遠……
「在神田一串要價百元
的香蕉，我買了四串唷。」
「我可以過得這麼幸福
嗎？嚼嚼嚼」
每個月吃一次腐爛香蕉，
成了唯一的樂趣……

昭和三十九年十月，
東京奧運登場。
在調布與府中交界處，
設有馬拉松的「折返
點」，就在離家二百
公尺的地方，親眼
目睹了阿貝貝的跑姿。
他們實在快得不像話，
其中還有選手因為
一心求勝而不支倒地，
實在是魄力十足。

「請讓我喝杯水！」
貸本漫畫也快撐不下去了，
正當不知該如何是好的時候
上天派來了講談社的使者。
他對我說：「請自由畫個
三十二頁。」實在太驚喜了，
我甚至忘了倒茶給他。
那是個非常炎熱的日子。

第1章 舊金山和約與美日同盟關係

戰敗後的日本在美軍佔領之下，國家主權在許多方面都受到了限制。隨著戰後復興一路進展，希望終止佔領的聲浪也日漸高漲——
ビール
要達成這點，必須與舊同盟國成員締結和平條約，可是卻遇上了一個大問題。
那就是以美蘇為中心的東西陣營對立。二戰後的世界，舊同盟國形成兩股對立的勢力。
而在日本隔壁的朝鮮半島上，甚至上演了一場代理戰爭。

隨著昭和二十五年（一九五〇）六月韓戰爆發之下，美國也以西方陣營的步調，強力推動簽訂和平條約。
美國國務院顧問※杜勒斯考慮到要讓日本加盟聯合國，因此提出了確立日美安保體制等的「講和七原則」。
並且取得除蘇聯之外全體遠東委員會的同意。昭和二十六年（一九五一）三月，日本收到舊金山和約的草案。
從此時起，日本國內以記者、勞工、學生為中心，強烈提出全面講和的主張。
老實說，這是對日本成為美國軍事同盟國的反彈。而在往後逾二十年以來，這也成為學生運動、勞工運動的基調。
全面講和主張與美蘇兩大陣營一律保持友好關係，以這種的理想主義貫穿其中，但在冷峻的國際政治之下，不得不選擇單獨講和。

※「杜勒斯」（一八八八～一九五九）……美國政治家，曾任美國第五十二任國務卿領導美國政治與外交，也是強硬的反共主義者。

昭和二十六年（一九五一）九月四日，在舊金山歌劇院召開講和會議。美蘇之間為了究竟要邀請國民政府還是共產黨政府來代表中國一事，產生對立。
最後雙方都未能獲邀，而印度和緬甸則是選擇缺席。九月八日，在蘇聯等三國拒簽缺席之下…

日本和西方舊同盟國四十八國之間簽署舊金山和約，日本的首席全權代表則是※吉田茂首相。
JAPAN

當天下午也簽署了日美安保條約，以舊金山和約第六條為基礎所制定。
因此，日本也被納入了美國的遠東戰略體制之中。

※「吉田茂」（一八七八～一九六七）……日本政治家。於戰後數次成立內閣，領導日本走過盟軍佔領時期。此外亦長期兼任外務大臣，與麥克阿瑟關係友好。在任期間的經濟發展國策奠定了日本經濟基礎，並締結了舊金山和約，為戰後日本的復興貢獻良多。

舊金山和約在
翌年昭和二十七年
四月二十八日生效。
當時，
老爸正在鄉下
的美保基地
擔任美軍的
翻譯……
共產黨
那群傢伙
老是在攻擊
美國呢。
我們家
可是靠美軍
賺錢的呢。
共產黨繼
昭和二十五年
遭解除公職後，
昭和二十六年
九月四日
則是——

因散佈反佔領的文書，而觸法。
七名幹部遭到逮捕，而部份人士則轉往地下潛伏。
比起共產黨，阿茂現在怎麼樣了？
阿茂雖然說紙芝居可能快不行了……
但我打算把美國漫畫寄給他。
美國漫畫……
應該可以作為參考吧。
比起這個，他有辦法糊口嗎？
嗯──
……就像這樣，雙親雖然很擔心他……
但當時所有國民都過得非常窮困。

比起現在，共產黨在當時相當受歡迎，因此窮人對他們也十分關注……
黨內當時有※德田球一等名人，令人耳目一新，日後卻投身於暴力，因此支持度一落千丈。
アシスタ募集
水木プロダ
共產黨內部的路線不同之爭也浮上檯面，派系鬥爭日漸激烈。
在混亂中，開始採取不切實際的極左路線。出自昭和二十六年（一九五一）十月十六日召開的
日本共產黨第五屆全國協議會（五全協）上所選定的綱領（通稱五一年綱領），並組織了單純仿傚中國共產黨戰法
的山村工作隊，在街頭上展開了汽油彈鬥爭。

※「德田球一」（一八九四～一九五三）……政治家。參與日本共產黨草創時期，普選落敗後被以違反治安維持法之名遭到逮捕，經歷了長達十八年的牢獄生活。在戰後重建日本共產黨，並當選書記長。昭和二十五年（一九五〇）遭到放逐，不久便客死中國北京。

如此情勢下，昭和二十七年（一九五二）一月二十一日，札幌市的白鳥一雄警部在街上遭槍殺。
警局當局斷定這是共產黨非法組織的犯行，
共產黨札幌地區委員長村上國治等人也遭到逮捕。日後雖然查明佐藤博才是主嫌，但他已逃亡海外。
村上始終主張自身清白，而被判處無期徒刑（日後改判為二十年）。
接著同年二月二十日，則發生了潑潑羅事件。東大學生劇團潑潑羅的公演「小林多喜二祭」，有便衣警官潛入觀眾之中。

當學生們察覺此事後，則群起責難他們。
這起事件中，有一名學生遭逮捕，而大學自治
和警察權間的關係，成了一大問題。
同年五月一日的勞動節上，更是鬧得紛亂不休。
作為中央勞動節的會場，從神宮外苑出發的示威群眾中，有部份人闖入被列為禁區的皇居前廣場，和警官隊爆發激烈衝突，釀成投擲石頭、催淚瓦斯、開槍的局面。
其中二人遭到射殺，輕重傷者二千人，以動亂罪遭到起訴。除此之外，這一年的動亂事件層出不窮。五月三十日，發生了用上汽油彈的動亂事件，有三人遭射殺。

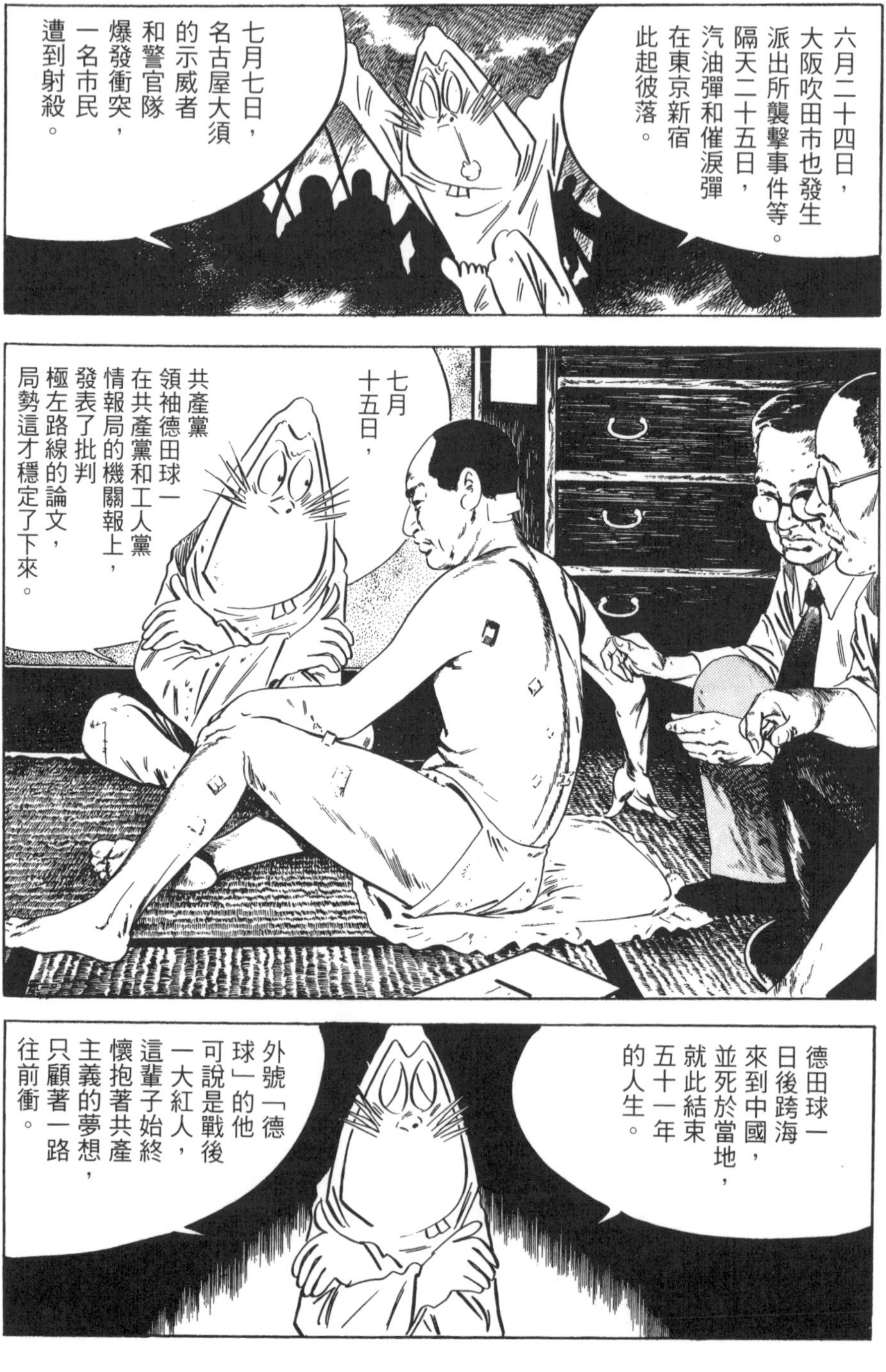

※「共產黨和工人黨情報局」……隨著二戰結束和冷戰拉開序幕而成立於一九四七年的組織，主要目的在於歐洲各國共產黨的情報交換與聯絡。一九五六年宣告解散。

昭和二十六年四月下午，京濱東北線的國電在進入終點櫻木町站之前，頓時化為一片火海！
乘客未能及時逃脫，共有一〇五人燒死於車內，此為「櫻木町事件」。
人們有好一陣子都嚇得不敢搭國電。
當時的人氣漫畫有福井英一的《伊賀谷栗助》，以及武內綱義的《赤胴鈴之助》。
イガグリくん
不僅在電視上播放，〈拿起劍成為日本第一〉這首歌，也成了孩童們琅琅上口的旋律。

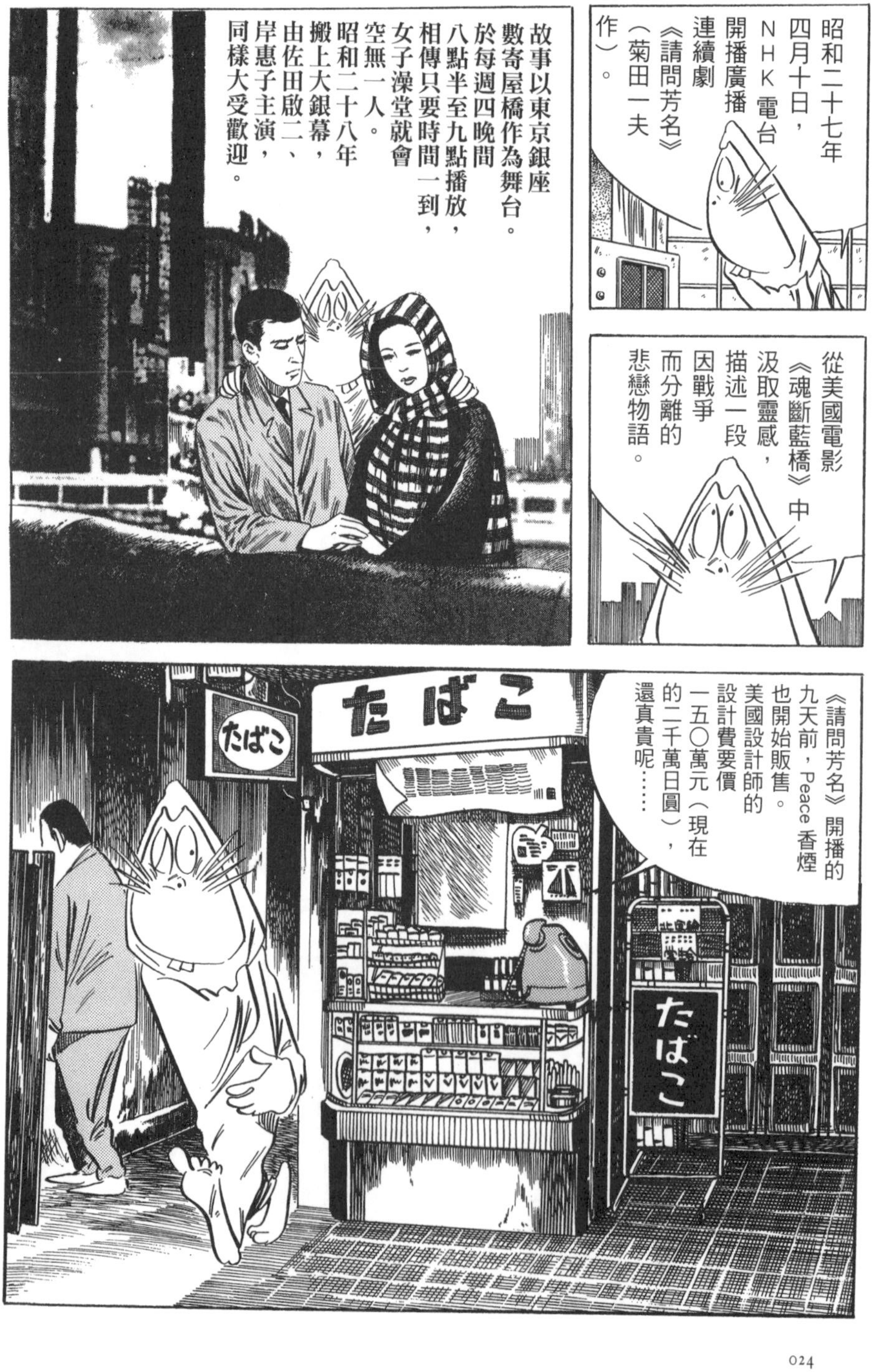

昭和二十七年四月十日，NHK電台開播廣播連續劇《請問芳名》（菊田一夫作）。
故事以東京銀座數寄屋橋作為舞台。於每週四晚間八點半至九點播放，相傳只要時間一到，女子澡堂就會空無一人。昭和二十八年搬上大銀幕，由佐田啟二、岸惠子主演，同樣大受歡迎。
從美國電影《魂斷藍橋》中汲取靈感，描述一段因戰爭而分離的悲戀物語。
《請問芳名》開播的九天前，Peace香煙也開始販售。美國設計師的設計費要價一五〇萬元（現在的二千萬日圓），還真貴呢……
たばこ
たばこ
たばこ

昭和二十八年（一九五三）二月一日，NHK東京電視局開播。
當時，映像管還只是用於物理實驗裝置的圓形設計。
電視每天只播數小時的節目，商店等也會擺放電視吸引客潮。
放映中
昭和三〇年代之後，職業摔角也因力道山的活躍而大受歡迎。

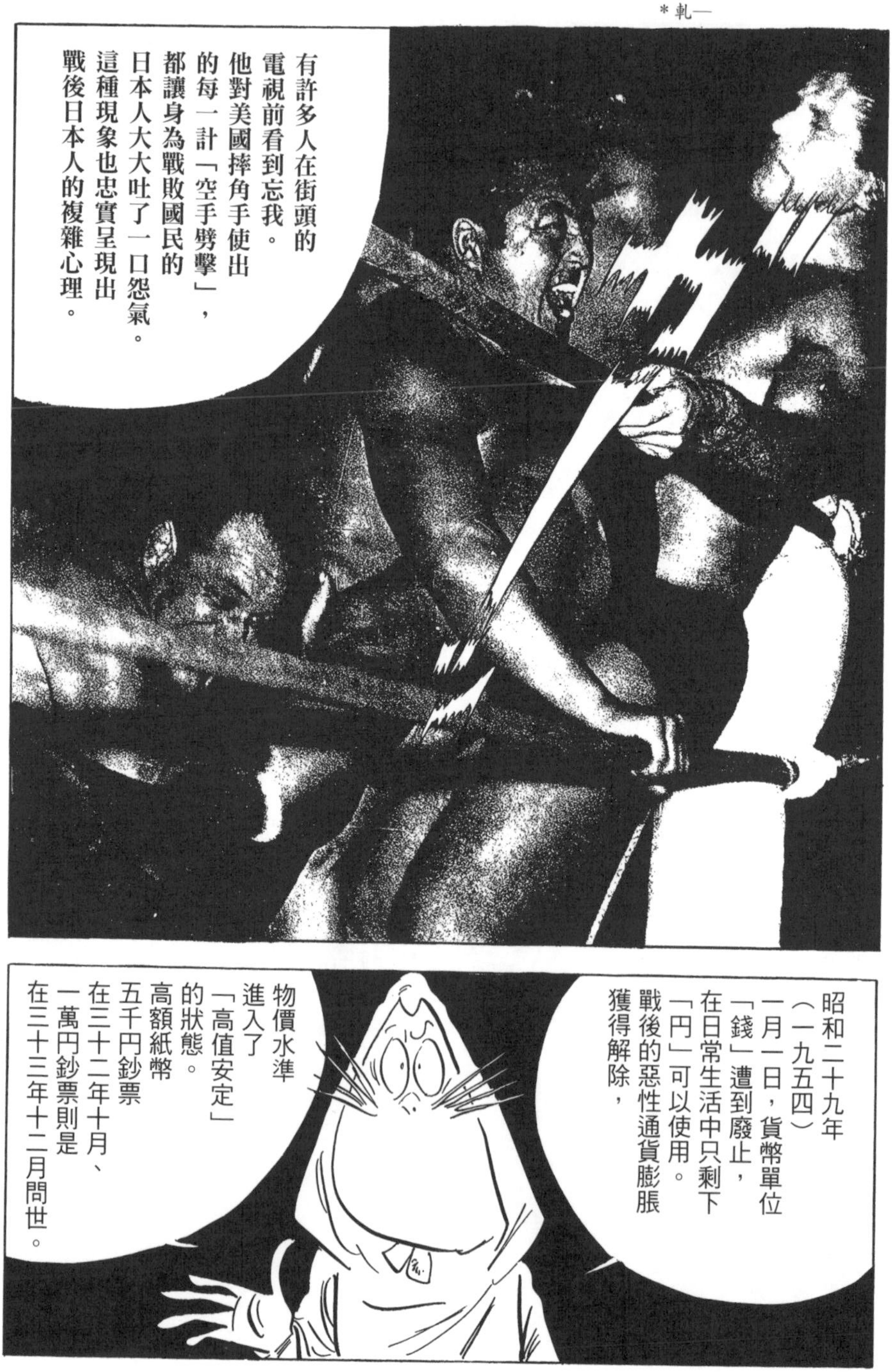
*軋—
有許多人在街頭的
電視前看到忘我。
他對美國摔角手使出
的每一計「空手劈擊」，
都讓身為戰敗國民的
日本人大大吐了一口怨氣。
這種現象也忠實呈現出
戰後日本人的複雜心理。
昭和二十九年
（一九五四）
一月一日，貨幣單位
「錢」遭到廢止，
在日常生活中只剩下
「円」可以使用。
戰後的惡性通貨膨脹
獲得解除，
物價水準
進入了
「高值安定」
的狀態。
高額紙幣
五千円鈔票
在三十二年十月、
一萬円鈔票則是
在三十三年十二月問世。

＊嘎——

昭和二十九年，
《怪獸哥吉拉》
在大銀幕上
鬧得天翻地覆。
哥吉拉是一種太古恐龍，
原本沉睡在太平洋海底，
卻因水下核試爆的衝擊甦醒。

這一年三月，在位於
比基尼環礁的美國水下
核爆實驗場東北方約
二百公里處，作業中的
第五福龍丸（靜岡縣
燒津市）船員曝露在
輻射落塵之下，
引起輻射中毒。
真危險
呢。

久保山無線長在九月二十三日去世。其他還發生了受輻射污染的鮪魚遭廢棄之事件，引發話題。

《怪獸歌吉拉》便是象徵著這股核戰逐漸逼近的不安感。
從此時起，酒吧風格的居酒屋開始不斷增加…

第2章 漫畫《火箭人》終於大功告成

＊喀啦、叩囉

無法靠紙芝居糊口後，在加太浩二的介紹下，我在龜戶的宿舍落腳。
ガタン ゴトン
加太先生，我接下來究竟該如何是好？
現在東京的紙芝居也不行了呢，實在無法糊口呢。聽說相山正在畫※貸本漫畫，不如去找他吧。
啊，是那位關西紙芝居界的巨匠相山老師嗎？
沒錯，就連巨匠現在也只能過一天算一天了。總之不趕快去的話，會餓死的唷。

※「貸本漫畫」……有別於一般書籍，為專門出版來流通於租書店的出租漫畫。印刷品質較赤本漫畫高。全盛期約為一九五〇年代末至一九六〇年代。

餓死是嗎……雖然沒戰爭那麼嚴重，但果然還是不得了呢。
請給我最便宜的甜饅頭。
這個快壞掉了，我就算你便宜一點吧。
んじゅう
相山老師家不知該算是南千住還是北千住，當我前往拜訪時，老師正好在拆蘋果木箱，將之鋪成走廊…
啊，水木先生，不是什麼生面孔嘛，請進請進。
啊，這是…
我現在都在壁櫥裡作畫。

老實說，我打算改畫漫畫。
啊，你不是來幫我忙的啊？
不，我打算自己出來畫。
你雖然說要畫漫畫，但畫起來可不簡單唷。
我至少可以畫得跟這本漫畫一樣。
我從書桌旁拿起了看似畫得很差的漫畫一翻，這麼說出口之後，巨匠的心情突然變得很差。
明天再說吧，我很忙呢。
啊……我是不是說了什麼不該說的話……
たばこ

事情就是樣子。
去加太浩二家這麼一說之後，
啊，大事不妙了。那本看似畫得很差的漫畫，就是出自相山老師筆下。
不趕快帶威士忌跟他賠罪可不行呢。
這、這下子可不得了了！
隔天，當我帶著威士忌上門時，他正好要出門，
就帶我一起來水道橋，幫我介紹出版社。
水道橋駅
スキ

他是在關西畫紙芝居的新人，請多多關照。
這正是歷史性的一刻……以此為契機，我就此踏入了貸本漫畫界……

時間稍微往回，在昭和二十八年二月二十八日的眾議院預算委員會，面對右派社會黨西村榮一糾纏不休的發問，
吉田茂首相不禁**脫口說出**「混蛋」一詞，卻被麥克風收音了。
於是，作為藐視國會的發言，對他提出了懲罰動議。一般來說，在野黨提出的首相懲罰動議是不可能通過的。
但此時，執政黨內部的反吉田派透過缺席讓本案順利通過。接著演變成內閣不信任案，並解散國會，
世間稱之為「混蛋解散」。五月二十一日，在選後的組閣時，雖然成立了第五次吉田內閣，
吉田獨大體制的勢力卻已不如往昔了。

無論是好是壞，吉田茂都在戰後以強烈個性領導日本的保守政治，並創立了對美協調、輕武裝、重視經濟發展路線。
池田勇
在這條路線開始穩定的昭和二十九年他讓出了政權的寶座。

昭和三十年十一月十五日，內部始終紛爭不斷的保守陣營終於作出整頓，
自由民主党
在東京神田舉行保守合同新黨的結黨儀式，自由民主黨就此誕生。

此後逾三十年以來，日本政治就是由這個保守政黨所一肩扛起。保守合同的組成是因為分裂成左右兩派的社會黨，在昭和三十年十月完成統一，因此從中產生了危機感。社會黨在昭和二十六年十月的第八次臨時大會上，針對甫簽署的
舊金山和約、安保條約該如何應對，分裂成左右兩派，直到四年之後又重新統一。此後，從社會黨中雖然又分裂出民社黨、社民連等，但也當了三十年以上的在野黨。
昭和三十年七月二十七日起的三天，在東京代代木的日本共產黨本部召開了第六屆全國協議會，
對黨內分裂和極左路線進行反省，改為採取柔軟路線。此後，對此深感不滿、以學生為中心的激進派雖然紛紛離黨，
但共產黨的這條路線仍舊持續了三十年以上。
對於自民黨、社會黨、共產黨來說，昭和三十年都是分水嶺的一年。至於這時候的水木茂又在做什麼呢……

雖然以一集三萬元、稅後二萬七千元的價碼接案…
肚子餓扁了、荷包也空空，現實總是比漫畫劇情還來得更加刺激。
卻花了兩個月都畫不完一集。
ふはっ
* 呼哈
幾乎每天都上當鋪報到。
嘿，歡迎光臨。
今天當鞋子。
沒問題。

那間當鋪算是同情我，才會什麼都肯收，
總算保住兩個半月的命。
不過我總是缺錢，
最大的奢侈就是在喫茶店喝上一杯咖啡……
當完成第一本《火箭人》時，神戶的勝丸先生也終於受不了紙芝居的凋零，逃來東京了。
啊，勝丸先生……要不要去喫茶店…
喫茶店！
我已經有兩年沒去過那種地方了。
喔喔，這、這就是咖啡呢。

＊咕嘟咕嘟

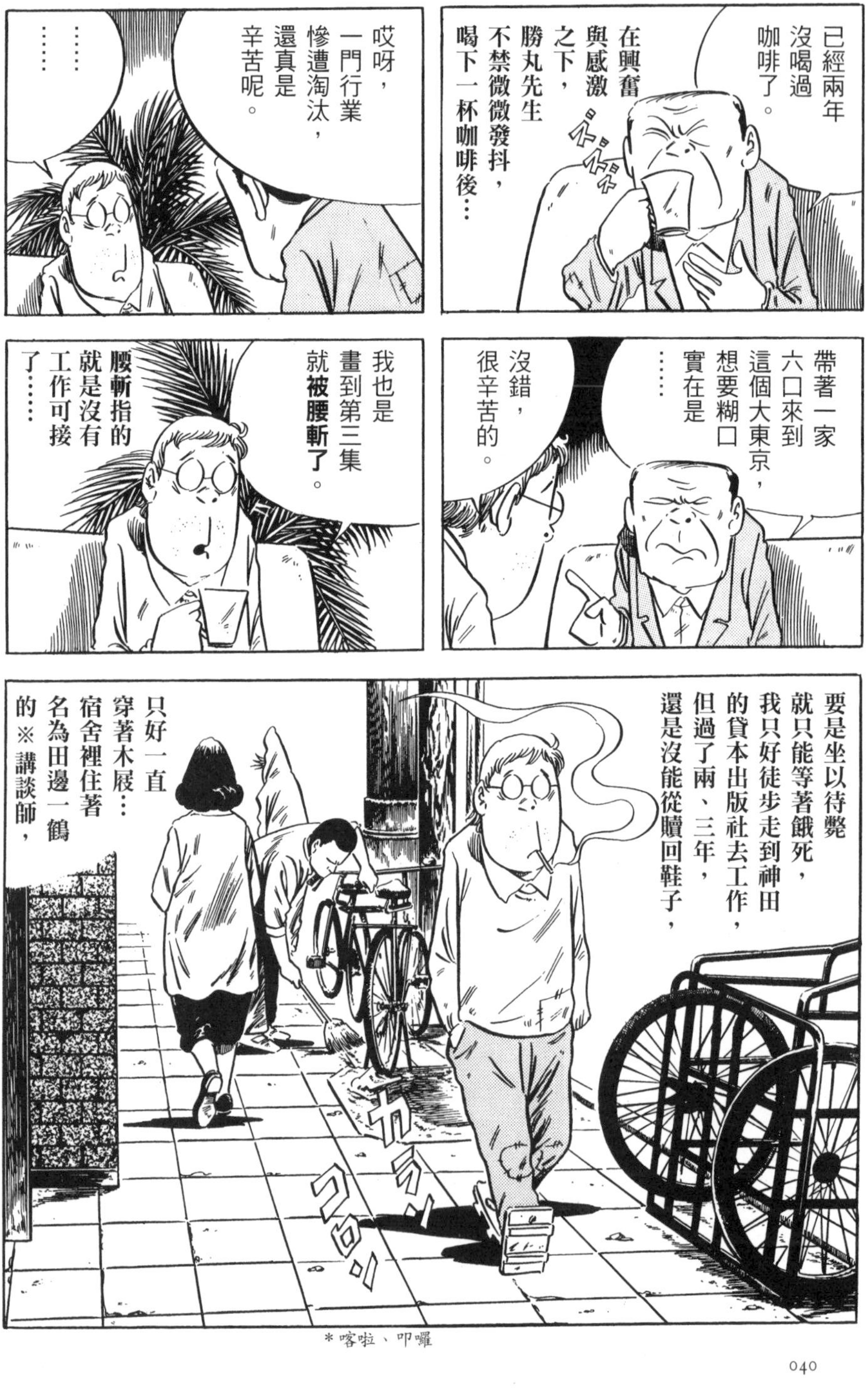
已經兩年沒喝過咖啡了。
在興奮與感激之下，勝丸先生不禁微微發抖，喝下一杯咖啡後……
哎呀，一門行業慘遭淘汰，還真是辛苦呢。
……
……
帶著一家六口來到這個大東京，想要糊口實在是……
沒錯，很辛苦的。
我也是畫到第三集就被腰斬了。
腰斬指的就是沒有工作可接了……
要是坐以待斃就只能等著餓死，我只好徒步走到神田的貸本出版社去工作，但過了兩、三年，還是沒能從贖回鞋子，
只好一直穿著木屐…宿舍裡住著名為田邊一鶴的※講談師，

＊喀啦、叩囉

※「講談師」……類似於說書人。「講談」為一種日本傳統藝能，講者會坐在擺有稱為釋台的小桌的台子上，一邊對著觀眾講述歷史相關軼事典故，一邊手持特殊的扇子不時敲打桌子發出聲響。

他後來雖貴為講談協會的會長，但當時我也曾請他來幫忙塗黑，試圖增加效率。
啊，原稿在發光，這是釉藥嗎？
＊噹——
啊，那是被我的鼻水給滴到了。
原來是鼻水跟墨汁混在一塊了。
啊，已經一點了。一鶴先生，要吃剩飯嗎……
好啊。
＊稀哩呼嚕
宿舍附早晚餐，每個月七千元
兩人早上都會睡過頭，都沒吃到早餐。
所以老是在半夜吃剩飯（外國米）跟醃白蘿蔔。

我女朋友在上野的裁縫店工作。
噫噫，女朋友！
我可以帶你去瞧瞧。
雖說帶你去瞧瞧，但不能跟她講話，
只是從她面前跑過去而已。
喔，先別提戀人了，工作呢……
完全不行呢。
如何，要不要幫我寫劇本？
劇本……
因為一鶴先生很喜歡棒球，所以我就寫了劇本，名為
〈波羅貢島的鳥糞〉。
只要讓球沾上鳥糞，就能自由閃過全壘打……
還真有趣呢。
他在※本牧亭表演了這個劇本。

※「本牧亭」……位於東京上野以講談為主的常設表演場地。已於二〇一一年關閉。

第3章 已經不再是戰後了

昭和三十一年（一九五六）七月十七日發表的該年度經濟白皮書，以「已經不再是戰後了，我們正面對著截然不同的
局勢。復興成長期已經結束了，今後的成長將由近代化來支撐。」作結。這一年呈現出史無前例的經濟成長，
可說是自神武天皇以來的創舉，因此命名為「神武景氣」，而「神武景氣」一年後就落幕了。
自翌年三十二年起，作為其反彈，則輪到「鍋底蕭條」登場，不過也沒多久就結束了。
改由「岩戶景氣」、「伊弉諾景氣」接連上陣。
不過這卻跟水木茂一點關係都沒有。
你哪位呀？
講談師田邊一鶴是也。

且容在下於此稍微解釋一番，
這場「神武景氣」可說是第一個徵兆，意思是戰後已經逐漸遠去了。
此外，不僅是經濟，就連政治、百姓生活和文化，都開始出現巨大的變化。
東映
而海外各國亦是如此，與第二次世界大戰剛結束時相比，時代已經在轉變了。
如果將目光轉向海外一看，

昭和二十八年（一九五三），蘇聯最高統治者史達林去世。
身為世上兩大對立勢力之一的最高領袖，也是對日本左翼運動帶來莫大影響的人物，在此與世長辭。

在三年後，日本開始流行起「已經不再是戰後了」這句話。
……指的是與戰後那個物質匱乏的時代相比，如今已大有起色。不，甚至是進步到就連戰前都無法與之相比的地步了。

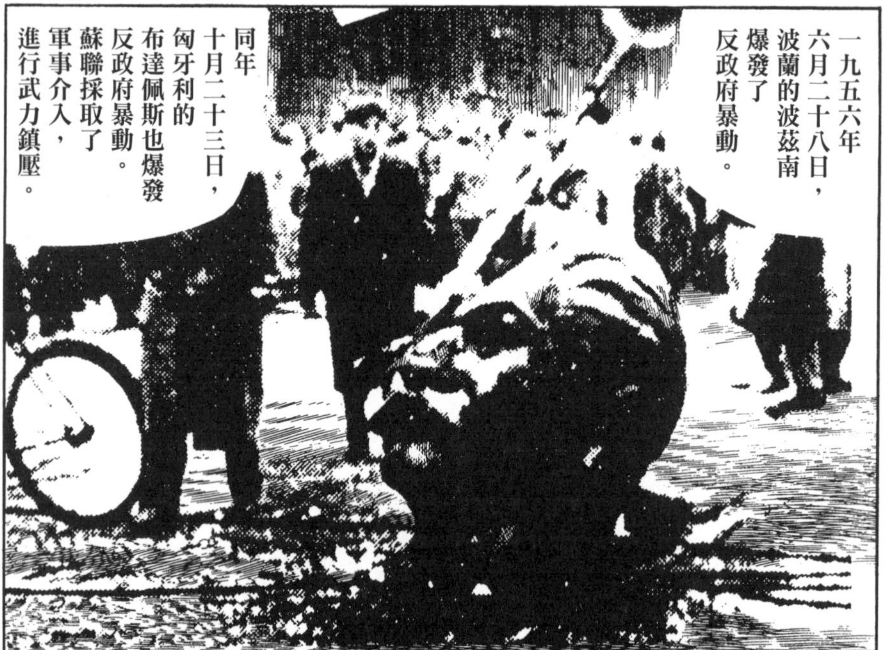
一九五六年六月二十八日，波蘭的波茲南爆發了反政府暴動。
同年十月二十三日，匈牙利的布達佩斯也爆發反政府暴動。蘇聯採取了軍事介入，進行武力鎮壓。

號稱團結一致的社會主義國在此展露出內部的龜裂，對全世界造成衝擊。
即使是在日本的左翼陣營中，學生及知識分子也嚴肅以待…
不僅對史達林主義大加批判，並開始尋思有別於蘇聯的社會主義。而數年之後，
※全學連等新左翼出現在六〇年安保一事，自然也是受到此事的影響。
失去了國際威信的蘇聯也採取了重拾威信的全新策略。
講得不錯嘛，暫時就先交給你了。

※「全學連」……全日本學生自治會總連合之簡稱。是由各大學的學生自治會於昭和二十三年（一九四八）組成的全國性聯合組織，成為五〇到六〇年代學生運動的核心力量。在六〇年安保改訂時採取了激烈的示威和抗議，引發世人關注。

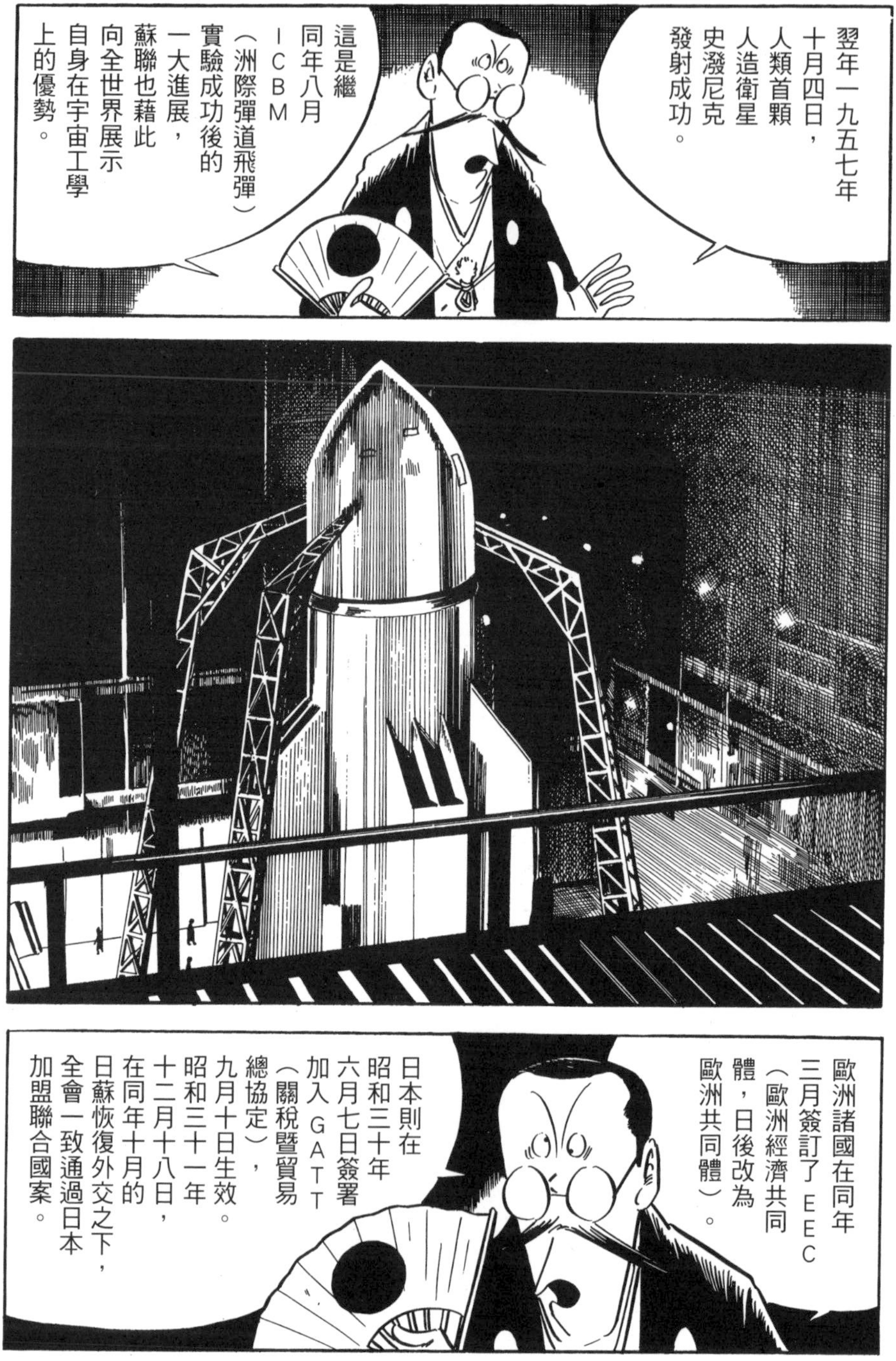

翌年一九五七年十月四日，人類首顆人造衛星史潑尼克發射成功。
這是繼同年八月ICBM（洲際彈道飛彈）實驗成功後的一大進展，蘇聯也藉此向全世界展示自身在宇宙工學上的優勢。
歐洲諸國在同年三月簽訂了EEC（歐洲經濟共同體，日後改為歐洲共同體）。
日本則在昭和三十年六月七日簽署加入GATT（關稅暨貿易總協定），九月十日生效。昭和三十一年十二月十八日，在同年十月的日蘇恢復外交之下，全會一致通過日本加盟聯合國案。

在重返國際社會之後，確實逐漸告別戰後。
生活上也開始出現轉變，而年輕人的風潮總是敏銳地反應出時代的脈動。石原慎太郎在昭和三十年七月的《文學界》上發表了〈太陽的季節〉，作品中呈現出年輕人向既成道德的挑戰。
尤其是用「命根子」戳破紙門的場面，作為結合了年輕人、反抗與性愛的三命題，在當時蔚為話題。
經歷過戰爭的戰中派則覺得現在的年輕人很幸運，能活在這麼好的時代。
石原當時還是一橋大學的學生，因此一舉躍升為知性偶像，而模仿他髮型的「慎太郎頭」也大為流行。
這就是「慎太郎頭」唷。

〈太陽的季節〉獲頒該年度的文學界新人獎，三十一年更摘下芥川獎，成為熱賣二十五萬冊的暢銷作品。
電影版《太陽的季節》（日活）也在五月上映，之後更接連推出了數部跟風之作。
銀座商店街

受此影響，年輕人也被稱為太陽族，頻頻受到※ＰＴＡ等的指責非難。

※「ＰＴＡ」……「Parent-Teacher Association」的縮寫，即家長教師會。由教師、家長與其他學校等教育相關志願者組成的組織，旨在促進與鼓勵家長參與學校的教育工作。

＊啪嗒
此時，「迪士尼樂園」在美國洛杉磯南方的安那翰開幕。
雖然看似沒什麼了不起的，但這可稱為全新發明。
從漫畫到電影，每當你沉浸在夢幻世界中的時候，
最後難免會想親自踏入那個世界。換言之，「遊樂園」可說是夢想的終點站。
＊呀—呀—呀—
昭和三十二年（一九五七）二月八日，日本劇場舉辦了第一屆西部嘉年華。米奇·柯蒂斯、平尾昌章、山下敬二郎等未滿二十歲的歌手們，
穿上華麗服飾、拿起吉他，令觀眾為之瘋狂，捲起一股「鄉村搖滾旋風」。
キャ
キャ
キャ

*Day-o, day-ay-ay-o

正當少女們為鄉村搖滾神魂顛倒的同時，
男兒們則為濱村美智子所唱的卡力騷舞曲〈香蕉船〉瘋狂。
歌中原本是在傾訴美國黑人搬運香蕉的苦楚，
在日本則是被視為性感的流行歌曲。
我當時人在新宿，一整天、不，連深夜都在作畫。凌晨三點的散步，成了我的一大樂趣。
當時的新宿每天都在動工，我的鞋子還押在當鋪，錢包裡也一如往常空空如也。

*痛喔、痛喔、哎哎哎喔（編注：這裡用同樣的旋律改編了歌詞）

之所以搬到新宿，是拜老爸的退休金之賜。
換言之，他已經不當進駐軍的翻譯了。即使處於這種貧窮狀態，
仍然住進了離新宿車站兩分鐘路程的高級公寓，所以房租一直付得很辛苦。
這也是出自我對**建築物**的喜好。
總而言之，我一整天都忙著工作（當然晚上也是），才終於繳得起房租。
雖然常常兩、三天沒吃飯，但人只要一餓肚子，腦中就會浮現天馬行空的靈感。
我就住在那間公寓，除了特別定食，還要點餃子三人份、魚翅五人份……
啊，一次點這麼多菜……

＊咔滋咔滋

畢竟期待已久的原稿終於就要在明天大功告成了……等中華料理店來收盤子跟錢的時候……
我已經在出版社了，房間裡沒半個人……不過在收到稿費的兩、三天之後——
啊，是某某莊的客人。
哎呀，我這兩、三天都不在家呢，哈哈哈哈哈。
就像這樣，好不容易才免於餓死……不知何時起，
因為老是埋首畫漫畫，於是漸漸分不清現實跟漫畫的界線了……

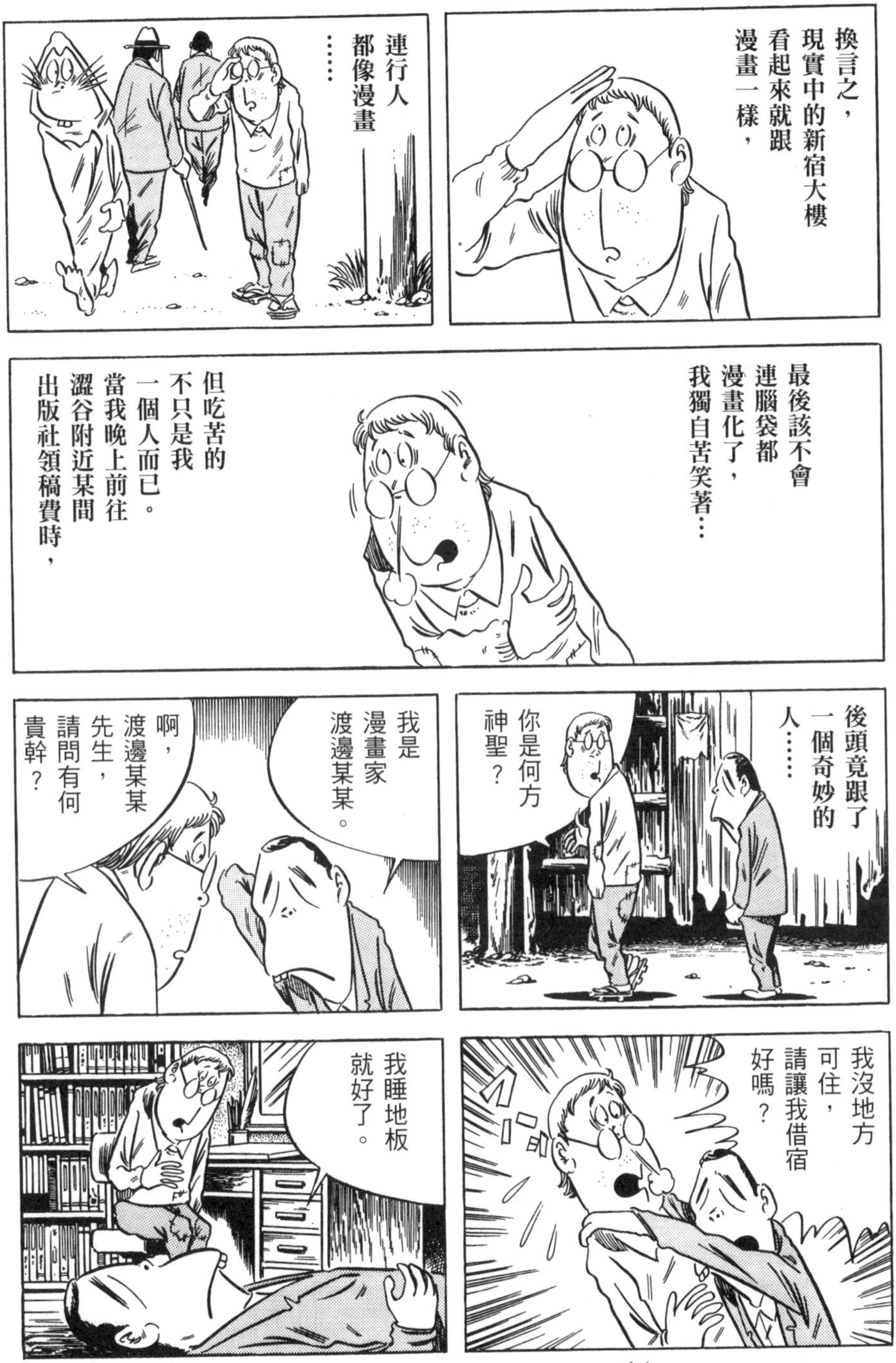
換言之，現實中的新宿大樓看起來就跟漫畫一樣，
連行人都像漫畫……
最後該不會連腦袋都漫畫化了，我獨自苦笑著……
但吃苦的不只是我一個人而已。當我晚上前往澀谷附近某間出版社領稿費時，
後頭竟跟了一個奇妙的人……
你是何方神聖？
我是漫畫家渡邊某某。
啊，渡邊某某先生，請問有何貴幹？
我沒地方可住，請讓我借宿好嗎？
我睡地板就好了。

呼哈

我本來住在哥哥那裡，只要一下雨，我睡覺的地方就會淹水。
晴天的話又如何呢？
晴天就沒事。可是我賺得很少，老是被嫂嫂欺負。
我心臟也不好……
＊呼——
過了八年，等我成名之後，有位高中生寫信給我。信中提到了渡邊某某餓死一事，
而他生前常常把水木先生的事情掛在嘴邊。提到「餓死」，一般人也許會大吃一驚……

但在貸本漫畫的世界裡，就算真有人餓死也不足為奇。
沒錯，我絕對不能餓死。
＊砰咚
乾脆雇用助手，提高生產力吧！
我立刻雇用了美術學校的學生……
不錯呢，要勤奮工作唷。
是，在下知道了。
＊呼哈—
呼哈—

*碰
*嘎哇哇哇哇哇
*叩咚
突如其來的變化令我嚇了一跳，試著伸手觸碰助手的身體。
他的身體已經像石頭一樣僵硬，嘴裡還冒著泡泡。
嚇壞的我忘了自己身無分文，急著跑去醫院。
不得了了！
今天是假日，這裡沒有半個人在。
你何不去隔壁的醫院試試看……
不得了了！

這裡有
急診患者，
醫生實在
騰不出手來。
病院
什麼
逼巴碰！
整整一個
半小時，我都
慌慌張張地
手足無措，
回家到一看
……
家中竟
空無一人，
只有倒地之處
留著一灘
黏稠的液體。
用毛巾擦完
這灘黏稠
液體之後，
竟然變得
非常黏滑。
我大吃了一驚，
用鍋子將毛巾
煮過
三次，
還是
無法
去除
那份黏滑。
該不會
是妖怪吧
……
怎麼可能。
自此之後，
我就不再
雇用助手了……

過了半年
我才終於發現，
在新宿之所以
這麼缺錢，
就是因為
房租太高了
……
我不是
為了付房租
而工作的，
於是我用分期
付款在調布
買了三十五萬
（土地附帶
建物）的家，
這是一場
全靠貸款的
大冒險。
因為我天生
就熱愛建築，

便心想
應該船到
橋頭自然直吧。
房子就蓋在
田地中央，
後方則是寺廟。

第4章 「岩戸景氣」登場

阿茂先生現在在做什麼呢？
阿茂現在在東京調布買了房子，在畫漫畫。
去年畫了《火箭人》這部漫畫，現在出到第十集，
大概就是這樣吧。
喔，畫漫畫……
已經闖出名號了。
想填飽肚子都很困難了，還說什麼闖出名號…
如果不這麼說，就不會有人想嫁過來了，他都已經三十七歲了……

嗯，再這樣拖下去的話，他就要四十歲了。
可是就算討到老婆，也是多一張嘴要餵，而且還是在東京……
他本來就很笨了，就算當上漫畫家，我也不覺得他會成功……
對喔，那我不多想些點子寄給他可不行。
就算笨老爸寄了點子給笨兒子，真的派得上用場嗎……
妳別這麼悲觀嘛，阿茂自然會有辦法的。
喂，東京蓋了一座東京鐵塔，成為世界第一了。
高度有三百三十三公尺呢，要不要去東京瞧瞧？

果然是笨老爸，
兒子連肚子都填不飽了，還想跑去東京玩。
報上寫，電視機總數已經破一百萬台了。
比起電視，現在「三神器」還比較吃香。
冰箱、吸塵器、洗衣機，家家戶戶都有呢。
那我來教點英文，好把「三神器」買回家吧。
就像這樣，老爸在鄉下開起了「英語塾」，當時他已經將近七十歲了……

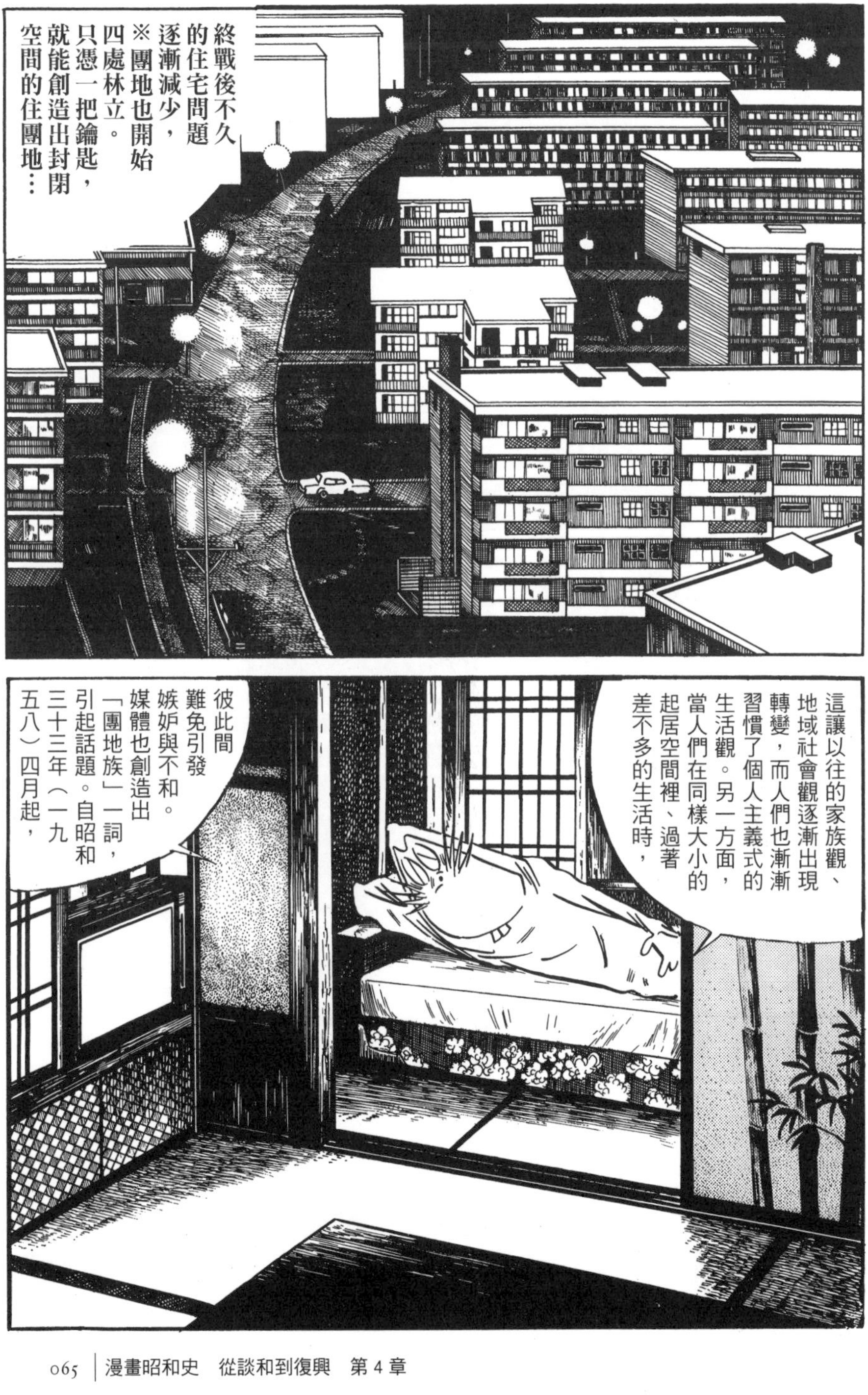
終戰後不久的住宅問題逐漸減少，※團地也開始四處林立。只憑一把鑰匙，就能創造出封閉空間的住團地…
這讓以往的家族觀、地域社會觀逐漸出現轉變，而人們也漸漸習慣了個人主義式的生活觀。另一方面，當人們在同樣大小的起居空間裡、過著差不多的生活時，
彼此間難免引發嫉妒與不和。媒體也創造出「團地族」一詞，引起話題。自昭和三十三年（一九五八）四月起，

※「團地」……一種社區型的集合住宅，通常以數棟大樓為一個單位，且外觀相似、排列整齊。

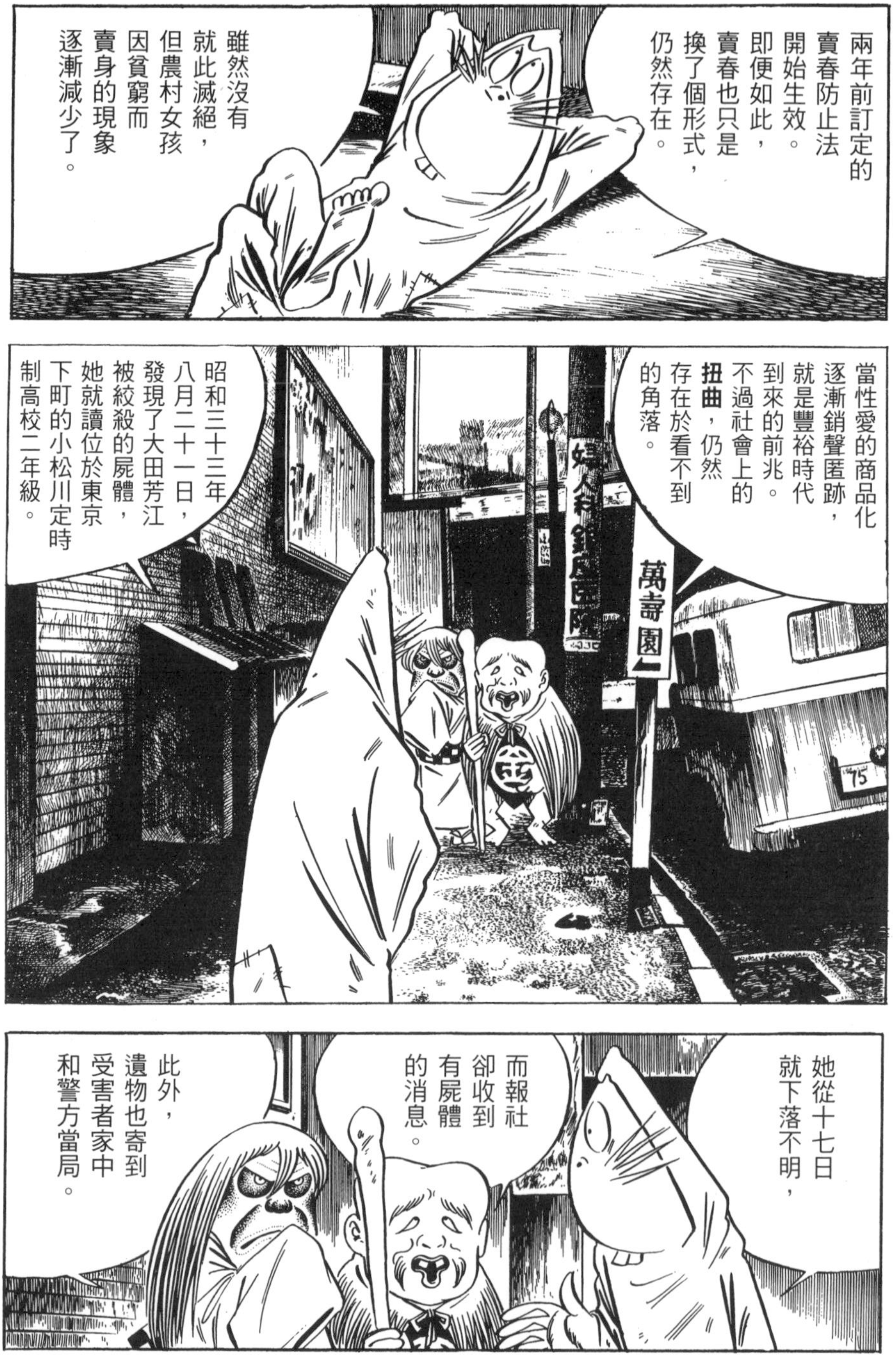
兩年前訂定的賣春防止法開始生效。即便如此，賣春也只是換了個形式，仍然存在。
雖然沒有就此滅絕，但農村女孩因貧窮而賣身的現象逐漸減少了。
當性愛的商品化逐漸銷聲匿跡，就是豐裕時代到來的前兆。不過社會上的**扭曲**，仍然存在於看不到的角落。
萬壽園
昭和三十三年八月二十一日，發現了被絞殺的大田芳江屍體，她就讀位於東京下町的小松川定時制高校二年級。
她從十七日就下落不明，
而報社卻收到有屍體的消息。
此外，遺物也寄到受害者家中和警方當局。

犯人具有嘲弄警察和社會的**傾向**，吸引了世人的注目。
九月一日，跟受害者同校就讀一年級的在日韓裔工人李珍宇遭到逮捕。
同時查出，李珍宇四月曾在自家附近掐死一名女傭人。
他就是犯人。
可是兩名受害者都未遭強姦。從事件的複雜程度中，可以看出李珍宇所身處的狀況有多麼複雜。
他在昭和十五年生於一貧如洗的在日朝鮮人家庭。
儘管處於最底層的生活之中，
但他頭腦明晰，在校成績也不錯，甚至還當上了班長。
不過自小學三年級以來，他曾數度因偷竊遭輔導。
他偷的都是書……

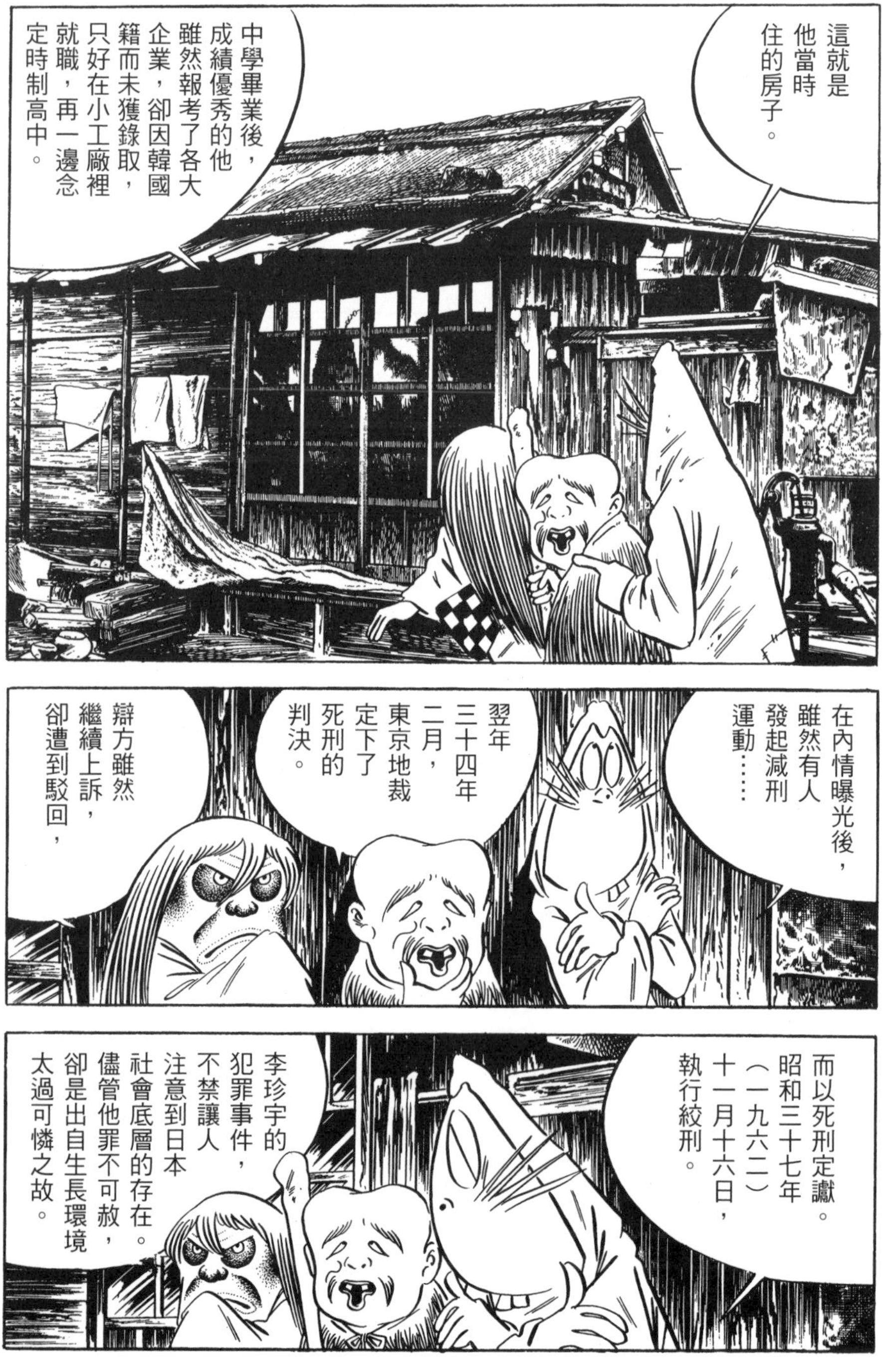
這就是他當時住的房子。
中學畢業後，成績優秀的他雖然報考了各大企業，卻因韓國籍而未獲錄取，只好在小工廠裡就職，再一邊念定時制高中。
在內情曝光後，雖然有人發起減刑運動……
翌年三十四年二月，東京地裁定下了死刑的判決。
辯方雖然繼續上訴，卻遭到駁回，
而以死刑定讞。昭和三十七年（一九六二）十一月十六日，執行絞刑。
李珍宇的犯罪事件，不禁讓人注意到日本社會底層的存在。儘管他罪不可赦，卻是出自生長環境太過可憐之故。

＊噹啷、噹啷、噹啷

至於此時的水木茂…
真不錯，阿茂好像已經買了房子呢。
布田駅
怎麼樣，我幫你找了個好對象。
我哪顧得了呀。
這房子還真小。

啊，皇太子好像要跟日清製粉的社長千金正田美智子結婚呢。
皇太子二十六歲，而你都已經三十七歲了，要不要考慮結婚呢？
皇太子似乎是前年夏天在輕井澤的網球場上遇到了美智子，若在戰前，這種事真是難以想像。
在記者會上，美智子說皇太子是「既高潔又誠實的人」還成了流行語。
……
我當時身無分文，只能埋首作畫，除此之外也別無他法了……
再這麼拖下去，你就結不了婚啦。
到了四十歲就沒人要嫁給你了。

沒有錢、沒有手、沒有腦袋，要幫「三缺」的人找老婆可不簡單。
吵死了，我要等到成功之後再結婚。
什麼嘛，原來是錢的問題。「只要養得起一個人，就能養活兩個人」，自古以來都是這麼說的。
阿茂，別擔心，只要討了老婆，事情總有辦法的。
……
兩人在昭和三十四年（一九五九）四月十日舉行婚禮，早上十點在皇居賢所登場。
下午二點半，皇太子這對新婚夫婦搭乘馬車從皇居出發，朝澀谷區的東宮御所前進。

隊伍全長一三九公尺，遊行了約九公里，沿途擠滿了祝賀的觀眾。
在二重橋前，一名青年衝向馬車、試圖扔擲石頭，但遭到警備們的壓制。

關於犯案動機，這名十九歲的青年坦承，是因為對這場無視於國民生活的華麗婚禮感到憤憤不平。他的心情雖是事實，
但為了觀賞御成婚遊行的轉播，買進電視的人因此增加了不少，這也是事實。

而從昭和三十四年起，持續了三年的「岩戶景氣」也就此登場。跟昭和三十一年的神武景氣相比，規模更加龐大，尤其年輕勞工不足的問題特別顯著。
始於神武景氣時期的※集團就職，將「金雞蛋」帶進城市。金雞蛋指的是中學畢業生，在升學率不斷高漲之下，
對企業而言，他們可說是相當寶貴的存在，因為他們是工資低廉的勞動力。隨著年輕勞工湧入城市，農村人口的平衡也遭到破壞。

※「集團就職」……日本於戰後的高度經濟成長時期在大型企業或地方政府斡旋之下，招募各地的年輕勞動力集體乘坐專車前往大都會就職的一種雇用型態。

到了昭和三〇年代末期，此問題
以「三阿農業」的形式浮上檯面，指的是只有阿公、阿嬤和阿母從事農業。四〇年代，甚至到了人口「過稀」的地步。
隨著生活逐漸豐裕，人們對娛樂、培養素養的欲望也開始高漲。
昭和三十四年也是週刊雜誌大為盛行的一年。
《週刊現代》、《朝日 Journal》、《週刊文春》、《週刊平凡》先後創刊。

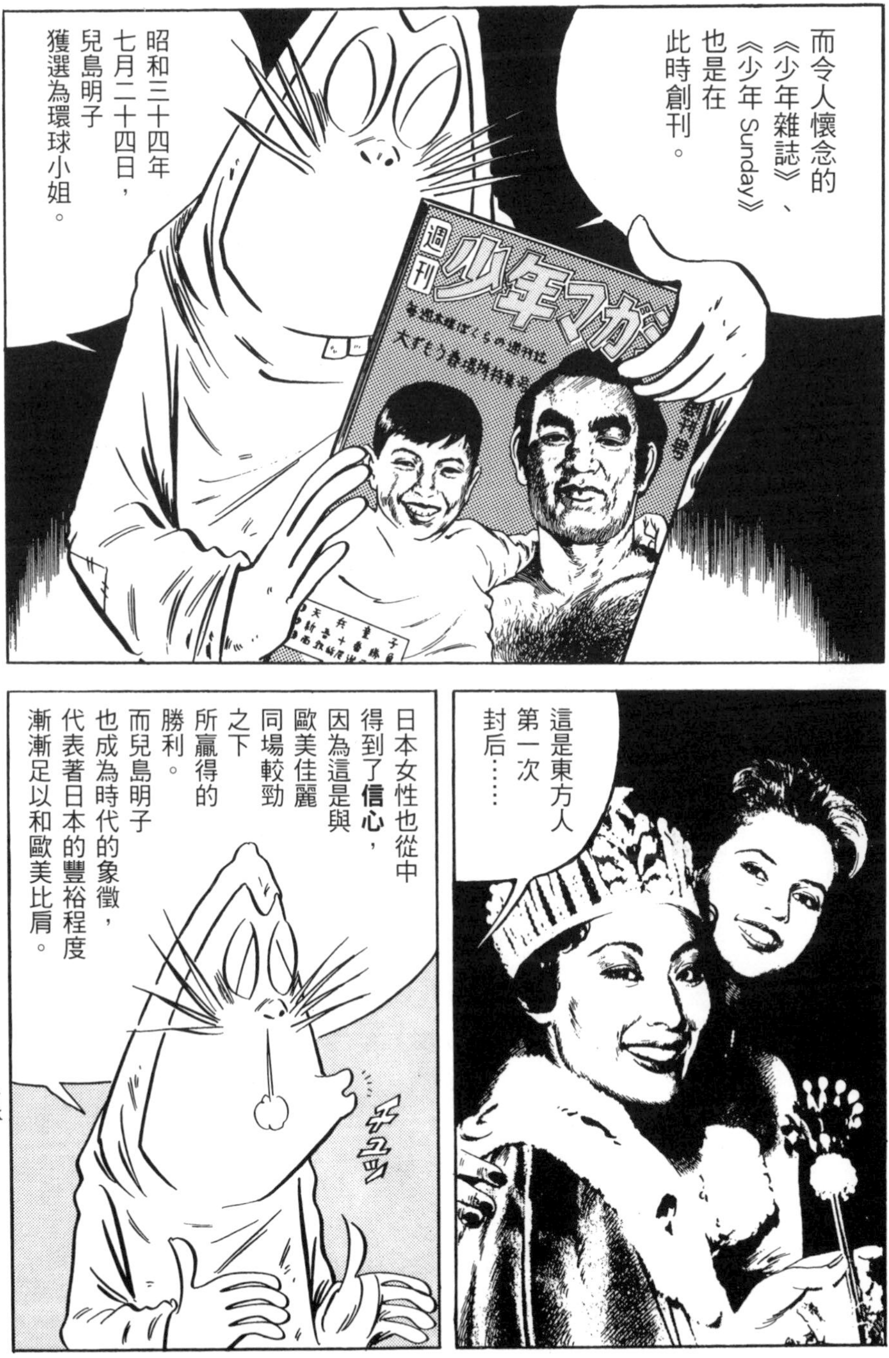

而令人懷念的《少年雜誌》、《少年 Sunday》也是在此時創刊。
昭和三十四年七月二十四日，兒島明子獲選為環球小姐。
週刊
少年マガジ
這是東方人第一次封后……
日本女性也從中得到了**信心**，因為這是與歐美佳麗同場較勁之下所贏得的勝利。
而兒島明子也成為時代的象徵，代表著日本的豐裕程度漸漸足以和歐美比肩。
チュッ

*啾

另一方面，昭和三十四年九月二十六日晚間，發生了一起巨大災害。
當晚，大型颱風在中部地方登陸，直到隔天黎明為止，造成了重大傷害，尤其名古屋南部更是嚴重受創。
在這場「伊勢灣颱風」的肆虐之下，死者、失蹤者約五千人，
經濟損失總額更高達五千億元（相當於現在的四兆日圓）。世間抨擊，這是在急速都市化之下，忘記要採取治水對策的結果。
而水木茂的生活，也彷彿處於颱風之中……

第5章 宛如「鼴鼠」般的生活

「鼴鼠」這種生物，如果每天沒吃到跟自己體重同等份量的食物，就活不下去了，所以整天都在地洞裡抓蚯蚓來吃。
就跟鼴鼠一樣，我也填不飽肚子，只好過著整天坐在書桌前的生活。過著宛如「鼴鼠」般的生活。
偶爾出門晃晃，也搞不清漫畫與現實的差異，甚至會擅自摘櫻花來玩。
你分得清楚嗎，現在是現實喔。
分不清楚，我現在不是在漫畫裡嗎？因為你就在這裡呀。

就像這樣，我過著只有漫畫的生活，總是恍恍惚惚。
即便如此，每個月的生活費都還是不足……
公益當鋪
這就拜託你了。
啊，是水木先生嗎？
已經有兩樣東西到期囉。
呼哈

欸，這個很低價喔……沒關係嗎？
低價……？
這已經不流行了。
那一千就好。
不，最多兩百元。
兩、兩百元！
好吧，就這樣吧。
……
コトン
ゴトン

＊喀隆、叩隆

我帶原稿過來了。
啊，原稿……
我們不需要了。
都請我作畫了，現在說不要是怎麼回事？
嗯……
那就稿費半價，之後付款。
哪有這種蠢事！
別這麼大聲嘛，你的作品都賣不出去。
噫噫。
要看看倉庫嗎？
那半價就好了。
別這麼說嘛，來看看退書回來的小山吧。
尤其是你的作品被退得最多。

這是《摩天樓》，
銷路非常好。
啊，是齋藤隆夫、辰巳嘉裕和佐藤雅旦。
所以呢……
你也用這種形式來畫畫看吧。
短篇集嗎？
沒錯，
你很適合畫戰記題材。
戰記題材……
沒錯，每個月出刊，編輯就交給你了。
不得了了，去日暮里的佐佐木骨次郎那裡瞧瞧吧。

骨次郎呀，水木先生來了。
不好意思。
啊，上來吧。
這次要做一本《少年戰記》的刊物。
ドッ ドッ
*咚、咚
請畫個三十頁左右……
這是件好事，我這裡有範本。
這是一頁五十元，這是兩百元，這是三百元。
原來如此，最便宜的就不畫背景了。
如果要好好畫背景，就得出三百元。
原來如此，價格便宜的話就偷工減料。

嗯，不這麼做的話，就會餓死。
原來如此，看你這麼瘦骨嶙峋，離餓死似乎也不遠了。
水木先生，要回去啦。我們家的骨次郎這樣是不行的。
貓山榮太郎有來過嗎？
榮太郎之前有跑來。
那傢伙總是嘮叨個不停，這樣是不行的。
貓山如果來了，請叫他來找我。
嗯，如何，要不要吃個烏龍麵再走？
好的，這裡的烏龍麵真好吃。

＊稀哩呼嚕

＊叩叩叩叩
トトトトト
啊，是貓山那傢伙來了嗎？
啊，是馬月書房的編輯呀。
可不可以把二樓租給他？
這蛋糕給您。
他本來是畫雜誌的，混不下去跑到大阪經商，也以失敗告終，現在上京來幫我們畫漫畫，請多多指教。
二樓本來是為了結婚才空下來的，但現在缺錢，不得已只好租人。
ひひひひひ
＊嘻嘻嘻嘻嘻
聽說接下來要畫戰記題材是嗎？
啊，嚇了我一跳，貓山，你是什麼時候來的？
我有個好點子。

這個怎麼樣？
什麼怎麼樣？
這是什麼？
紙飛機。
紙飛機？
只要這樣就組裝好了。
比模型便宜，又好玩。
這是要幹嘛的？
《少年戰記》的……抽獎。
漫畫雜誌哪來的抽獎。
很有賺頭唷。
好痛。
可以大賺一筆唷。

啊，這裡貓好多。
這裡變成貓的通道了。
這個嘛，一天至少有二十隻貓會經過吧。
呼哈。
幹嘛這麼吃驚？
不，一天二十隻貓的話……
只要抓去給京都的三味線店，可以賣到不少錢唷。
不能就這麼放過，
任何事情都要想辦法換錢才行。
貓山先生，你負責畫三十頁的飛機漫畫。
真可惜呢。

你是漫畫家，不能就這樣改行去抓貓吧。
跟你說，世間唯錢是問。
錢是萬能的，如果不抱著萬物都能換錢的心態，你就賺不到錢了。
這我知道，我也是為了要在新宿玩，才會租下公寓，結果反而被錢逼得喘不過氣，無法踏出家門一步，過著鼴鼠般的生活。
知道的話就辦抽獎吧！
靠飛機來大賺一筆吧！
自此之後，貓山仍然帶來了各種撈錢主意，
不幸的是，從沒有半個點子成功過。
這種無法理解的熱忱，是對金錢深不見底的熱情……我不禁心想，
這就是臭鼠男應該要有的面貌。因此便以他作為雛形，而臭鼠男就這麼誕生了。

*碰咚、碰咚、碰咚
ゴ ゴ ゴ
到底是誰！
我決定，這次一定要讓你結婚。
才會不管身上沒錢，還兩個人一起跑來東京。
我現在顧不了這檔事。
四十歲之後，就來不及了。
我找到好對象了。
就是她。
這女人臉還真長。
*呼——

總之，已經跟對方敲定相親的日期了。
噫噫！
這次非成功不可！
反正我當天會回去的啦……
我們已經老了。
聽你這麼說就安心了。
結婚嗎……
噫，你要結婚了嗎？
東考社
不，只是回去相親而已。
先進來吧。

*碰

水木先生，請你也幫我們家作畫吧？
不了，我得回去相親，我手上還有之前畫過的短篇……
我在口袋裡塞了一萬元，就這麼搭上了火車……
ガタンゴトン
＊喀隆、叩隆
我日後才得知，一共寄來了三張照片，雙親則挑了拍得最好的那一張給我看……
相親是在妻子家中舉辦……
地點在出雲國安來的村外。
爸，這裡還真鄉下呀。
嗯，這裡有一位叫藤兵衛的長臉大叔。
有這麼長嗎……
不，不用擔心。人家也是身穿和服、腳踩榻榻米鞋面的木屐喔。

啊，這不是酒鋪嗎，好老的房子呀。
你要記得遵守禮數唷。
因為一旁岳父的臉實在太長了，相形之下，妻子的臉顯得小多了，因此立刻拍板定案！
哈哈哈，這個村子向來都過得很悠哉……
那就明天舉辦婚禮吧……
噫、噫！
總而言之，我們以工作繁忙為由，儘快完婚。
ポ
嗚——

第6章 六〇年安保動亂

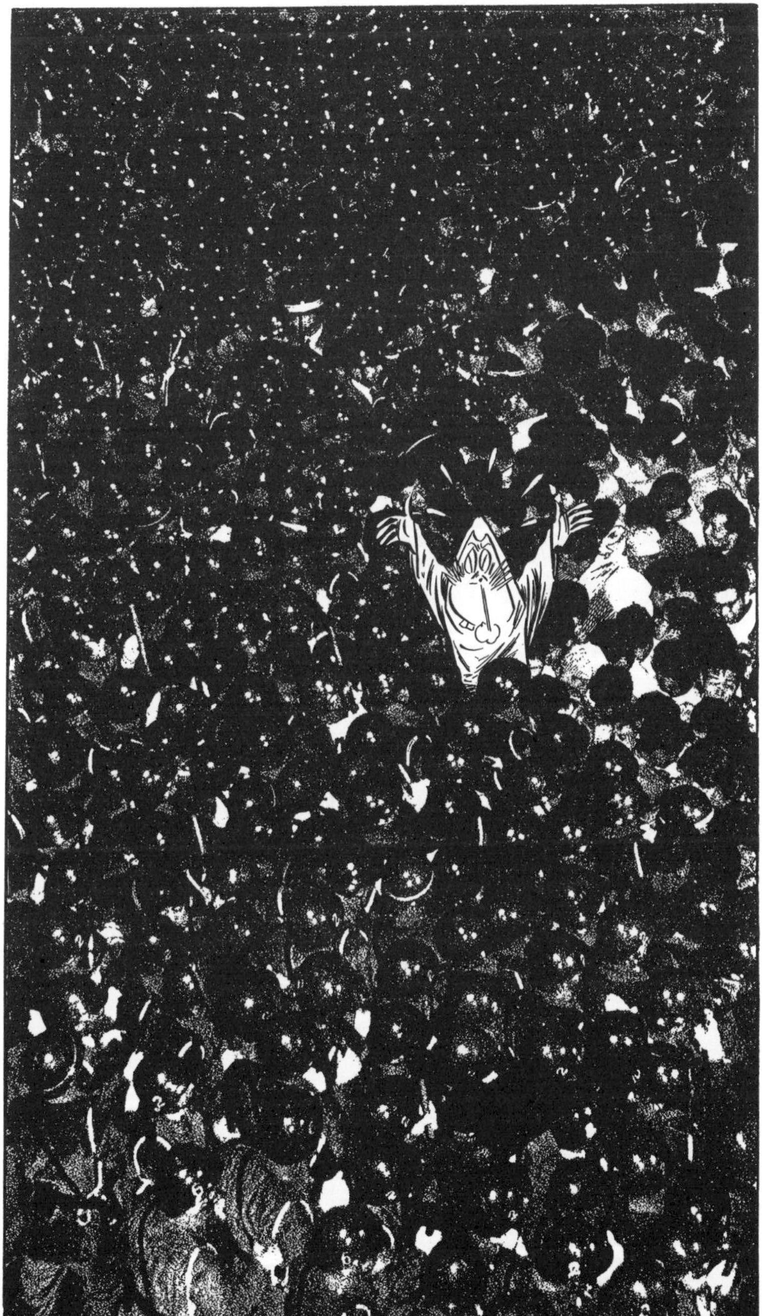

他們沒去蜜月旅行，因為工作實在太忙碌了，
但真正的原因是太缺錢了。而父親也在婚禮上扯開喉嚨大叫，
酒只要用二級酒就好囉！
因為實在太大聲了，所以都深深印在大家腦海裡了……
我被灌了太多二級酒，因此醉倒在廁所裡，似乎是品質相當差的二級酒。
至於社會現在又是什麼樣子呢……
……該怎麼說呢。

＊嘔——

雖然現在大家都用得很習慣了，但不採年號、改以西曆來標示年份，其實始於昭和三十五年（一九六〇）前後。
尤其是在昭和三十五年，因修訂※日本安保條約而爆發的「六〇年安保鬥爭」中，
更推廣了使用西曆的習慣。在這場政治鬥爭中，學生、學者、媒體人等都廣為參加，
也為戰後的大眾運動開創了全新時代，影響極為深遠。
昭和三十四年四月八日，自民黨政府敲定了預計在隔年改訂美日安全保障條約的要綱。
我當時正埋首於漫畫之中，對外界一律不聞不問……

※「美日安保條約改訂」……起初為簽訂舊金山和約之際一併簽署的條約，明文規定美軍有駐留日本的權利，保障日本安全。昭和三十五年（一九六〇）改訂的新約宣示兩國將共同維持與發展武力以聯合抵禦武裝攻擊。但這次卻引發激烈社論，甚至爆發大規模的反對運動。

就像是一回過神來，才發現自己已經年紀不輕的感覺……
個人感想就先到此為止吧……接著在十五日，一直以來持續批判自民黨政府對美協調外交的……
社會黨、共產黨、勞工團體等，展開了阻止安保改訂國民會議的首次行動，
在東京日比谷公園召開了中央集會。此後一年多來，反對安保的集會運動也擴散到了日本各地。
在以社共為中心的反安保運動之同時，「全學連」也上演了激烈鬥爭。

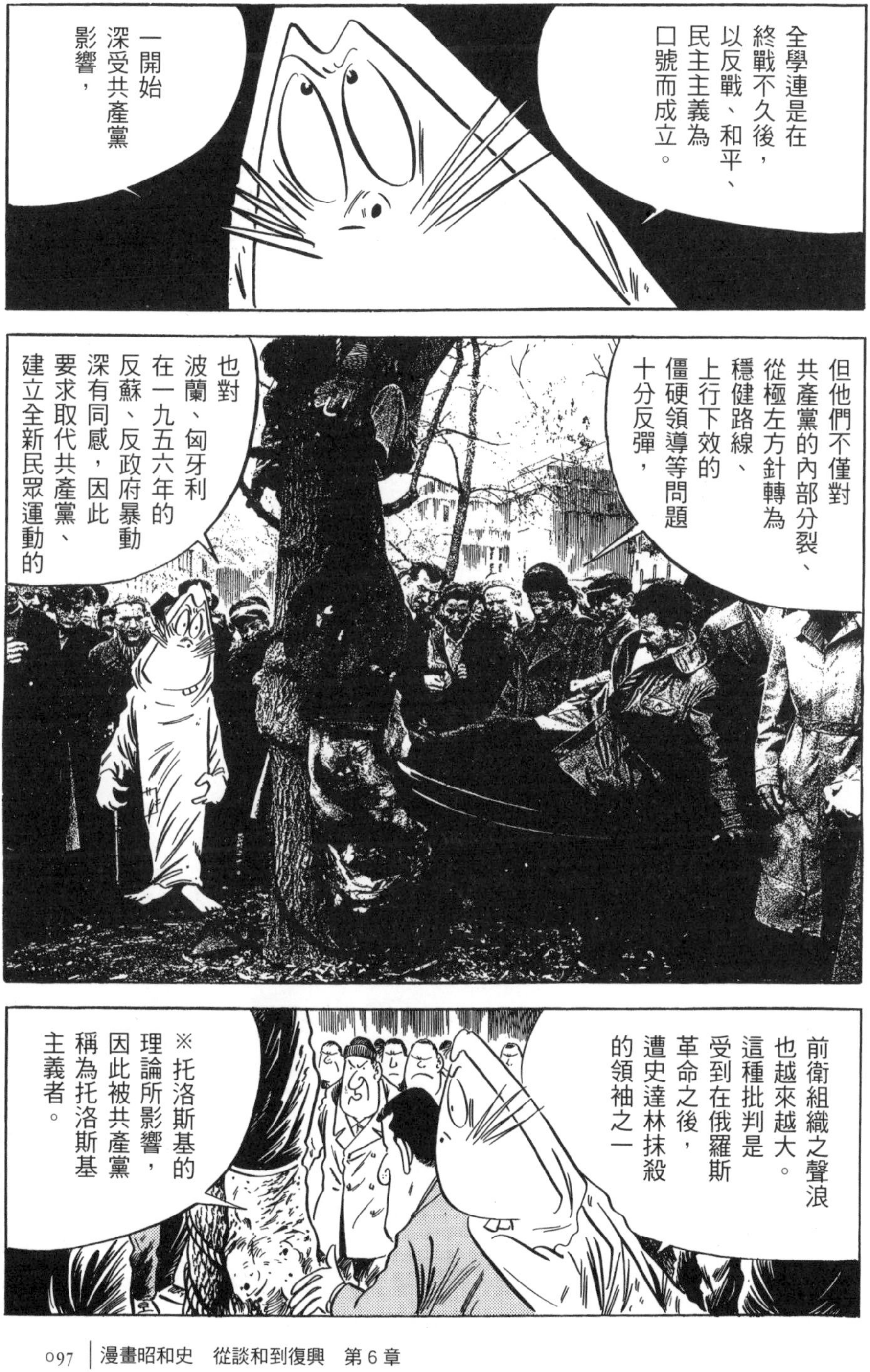
全學連是在終戰不久後，以反戰、和平、民主主義為口號而成立。
一開始深受共產黨影響，
但他們不僅對共產黨的內部分裂、從極左方針轉為穩健路線、上行下效的僵硬領導等問題十分反彈，
也對波蘭、匈牙利在一九五六年的反蘇、反政府暴動深有同感，因此要求取代共產黨、建立全新民眾運動的
前衛組織之聲浪也越來越大。這種批判是受到在俄羅斯革命之後，遭史達林抹殺的領袖之一
※托洛斯基的理論所影響，因此被共產黨稱為托洛斯基主義者。

※「托洛斯基」（一八七九～一九四〇）……俄羅斯革命家、軍事家。十月革命的領導人之一，在俄國內戰中組織並領導蘇聯紅軍獲得勝利。因反對史達林的獨裁政策主張世界革命而遭開除黨籍，流亡多國後因暗殺不治身亡。

昭和三十三年（一九五八）十一月十日，對共產黨不滿的學生們組織了共產主義者同盟。
在安保鬥爭中，同盟成為全學連的中心。同盟成立的翌年三十四年六月五日，
在全學連第十四屆大會上，北海道大學的唐牛健太郎獲選為委員長，而同盟就此掌握了全學連的主導權。
該年十一月二十七日，
阻止安保國民會議的第八次行動中，全學連對社共的穩健路線不滿，因此突破了警官隊的警戒線衝入國會。在思想上，社共主張反美獨立，全學連則主張阻止日本帝國主義。

兩者路線雖然不同，但一般國民幾乎分不出差別，
而運動口號也都在高喊反對安保、打倒岸內閣。不過，學生們的一無反顧、年輕氣盛，翻越裝甲車的姿態，讓一般國民不由得為他們加油打氣。

全學連這個名字也從此廣為人知，隔年甚至連英文報紙都大加報導。
到了三十五年一月十六日，※岸信介首相率領新安保簽署全權團從羽田機場出發。

＊哇—哇—哇—

全學連動員了七百名學生，在機場大廳靜坐抗議，並與警官隊爆發衝突！
うわ
うわ
うわ

※「岸信介」（一八九六～一九八七）……政治家。太平洋戰爭期間曾任東條內閣的商工大臣。戰後亦重返政壇擔任首相，在六〇年安保改訂時，其領導的自民黨利用議會多數強行通過安保條約。雖在數個月後遭右派人士刺傷，但安保條約最終仍自動通過。

四月，正當反對
安保的聲音傳遍
日本大街小巷時，
奇妙的是，
鄰國韓國也在
反對李承晚總統
的獨裁統治，
學生抗爭
更是極盡火爆。
四月二十六日，
李承晚宣佈辭職，
四月二十九日
亡命夏威夷，
韓國稱此為
四月革命。

阿茂終於
結婚了，
不過……
雖然放下了重擔，
但我們往後又該
如何糊口呢？
你天性悠哉，
應該會長命百歲吧。

就靠這個了，「武良英語塾」。
原來如此，教孩子們學英語，好以此糊口。
武良英
學生們正因為無關緊要的小事大鬧。韓國反李承晚運動的盛況與成功，激勵了學生們。
「反安保鬥爭」好像每天都在集會呢。
六月十日，美國總統的新聞秘書哈格提訪日，他乘坐的汽車卻在羽田機場遭到全學連反主流派學生所包圍，
動彈不得的哈格提只好搭上美軍直昇機逃出生天。
「ハガチー ゴーホーム」
「ハガチー ゴーホーム」

*哈格提—回—家—去
哈格提—回—家—去

全學連反主流派又是什麼？
反主流派是由共產黨系的學生們所組成。他們受到主流派（同盟）的刺激，不肯接受
共產黨的指揮，因此做出激進行動。
真笨呢。
就是說呀。
戰爭也一樣很笨。
在電視上看到哈格提遭受學生包圍，因而困擾的模樣，被全體日本國民當作笑話來看。

無論全學連主流派（同盟）
再怎麼高聲疾呼，反對安保
絕非民族主義運動，而是與
全球民眾團結一致的運動；
但日本民眾仍然受到了
民族主義的刺激，
不斷為學生們加油打氣。
這或許跟太平洋戰爭
以來的空襲，
甚至是——
跟對原子彈
攻擊的怨念
有關也不一定。

＊嗚哇—嗚哇—

六月十五日，反安保遊行盛大登場。全學連七千人打算衝入國會，示威者也和警官隊、右翼團體爆發激烈衝突。除了東大生樺美智子不幸
喪命之外，傷者也不在少數。六月十八日，當示威者徹夜包圍國會之時，安保條約卻自動通過。

以此為開端，敗北感、無力感開始在反安保勢力之間蔓延，讓運動步上消滅一途。
而在北九州的煤礦地帶，被稱為戰後勞資總對決的三池爭議也就此登場。
昭和史

隨著日本能源政策的重心從以往的煤炭，轉移至先進國所使用的石油，煤礦也不得不大幅裁員。
昭和三十四年八月，三井礦山不顧工會反對，大量募集志願退休者，人數將近五千，唯有三池煤礦未能達到預期人數。

公司打算在年底進行指名裁員，其中有許多都是工會活動家。工會則是等到過年、進入三十五年一月後立刻展開全面罷工，公司則以停工作為回應。
到了三月，新成立的第二工會打算重新復工，因此和佈下糾察線的第一工會之間爆發了慘烈衝突，演變成流血事件。

此外，據傳為了解除罷工而雇用的黑幫分子，更刺殺了第一工會的成員。
爭議陷入泥沼，七月起進入停戰狀態。罷工已持續十個月。十一月一日，工會接受了※中勞委的斡旋案，事件終於落幕。

※「中勞委」……「中央勞動委員會」的簡稱。為日本厚生勞動省的外局（管理特定事務並具有獨立的法人地位）。負責各種勞務問題或爭議之調停與仲裁事宜。

三十五年十月十二日，爆發了社會黨委員長※淺沼稻次郎的暗殺事件。
日本社
自民、民社、社會三黨黨主席的選前演講會，當天在東京日比谷公會堂登場。當淺沼上台時，場內一陣騷動。右翼突然激烈叫罵，此時有名男子衝上台，即前大日本愛國黨員山口二矢。他以短刀刺向淺沼，當場被捕。
*哎咿
但淺沼不久便死於醫院。當時才十七歲的山口為了接受調查，被移送至練馬少年鑑別所。但在十一月二日，卻被人發現他已在獨囚房裡上吊自殺。
右翼的恐怖攻擊並沒有就此打住。三十六年二月一日，前大日本愛國黨員小森一孝造訪了中央公論社社長嶋中鵬二的住家，

※「淺沼稻次郎」（一八九八～一九六〇）……日本政治家。大學時期便積極參與農民與工人運動，戰後則作為社會黨黨員十分活躍，對政壇具有一定影響力。在一次演講中遭暗殺喪命。

不僅刺殺了女傭人，嶋中夫人也身受重傷，而嶋中社長則剛好不在家。
在中央公論社發行的《中央公論》昭和三十五年十二月號中，刊載了深澤七郎筆下的〈風流夢譚〉。
內容寫到夢見天皇一族遭到處刑之事，而小森則是為了要求嶋中為此謝罪，而主動上門。小森在事件隔天自首，被判處十五年徒刑。
而他也是個少年，令世人為之震驚不已。右翼之所以會如此敏感，既是因為半年前，國民們才因反安保而激動不已，可說是三池爭議的長期化。
可是在昭和三十五年七月十五日，新安保自動通過還不到一個月，岸信介便步下了政權寶座。
在由※池田勇人組織內閣之下，日美新同盟關係就輕易被國民所接受了。

※「池田勇人」（一八九九～一九六五）……日本政治家。曾任首相，以「國民所得倍增計畫」引起廣泛注意，揭開六〇年代日本高度經濟成長期的序幕。

說起來，始於三十四年的岩戶景氣，即便遇上安保騷動也絲毫不見頹勢，直至三十六年為止，一共持續了約三年。
池田內閣則主打重視經濟，提倡「所得倍增計劃」，而所謂的「高度成長」也是由此而來。
池田的功勞很大呢。
當全學連示威隊正在國會周邊和警官隊爆發激烈衝突之時，
「抱抱人偶」則在日本各地的玩具店大為風行。
它是個可以掛在手臂上的塑膠人偶，因此年輕女性都流行抱著它在街上走。
附有濾嘴的長形香煙「Hi-Lite」也開始販售，此後長達十年高居人氣第一名。

第7章 谷底生活的每一天

喂，有電車錢嗎？
一毛錢都沒有呢。
那就拿和服去當吧。
和服早就沒了，只剩下腰卷。這樣沒問題嗎？
不用擔心，隔了一個半月，終於完成一百三十六頁的原稿了，不是嗎？
錢會一口氣（？）進來的。
每天都不禁覺得「金錢」這玩意兒好像已經從世上消失了一樣……
精肉
グリンアート
フルカワ
イタリヤ
塩

＊當鋪
質
提質店
＊嗅、嗅
クン クン
五百元，
如何？
上頭還留著小便的味道呢。
兩百元行不行？
不能算三百元嗎？
可是你好像已經積了不少當票呢……
那兩百元就好。
錢今天終於要進來了，進來後就要大花特花！

無論如何，都要大花特花！
すいどうばし
水道橋
いいだばし
IIDABASHI
おちゃのみず
OCHANOMIZU
原稿畫好了。
寺島商店
啊……已經不需要了。公司已經不行了。
說什麼不需要了……這是怎麼回事？我把一個月前委託的原稿畫好了。
不，公司已經破產了。
噫噫！
這麼一來…
雖然很抱歉，但一切都結束了。
這麼一來，三個月前收到的本票就要跳票了嗎？
沒錯，就是這樣。我真的覺得很抱歉。
兩、三天內就會召開債權人會議…

呼哈。
跳票……
……這，接下來……該怎麼辦呢。
等一等。
幹嘛啦！
不要突然擋住別人去路。
請看看那個。
啊，是紅燈啊……

總之，我得去收下本票的不動產公司一趟。
什麼，破產了…本票要跳票了！

沒辦法了，就請你們搬走吧。
哪有這種蠢事……
說蠢是什麼意思，我可不是在做慈善事業的。
居然叫我們馬上搬走，
就算漫畫都沒有這麼蠢的劇情。
我又不是在畫漫畫。沒辦法，既然你都這麼說了，
那就法院見吧！
什麼，法院！
對簿公堂吧！
事情鬧得越來越大了。

請給我兩串一串五十元的香蕉。
接下來究竟該如何是好呢？
ガープッ
*大口咬
モグモグ
*嚼嚼
總之得先把這份原稿賣出去……

對了，去「╳之丸文庫」看看吧。
哈哈哈，水木先生，最近新人都會帶便宜的原稿過來。
要不要吃？
這香蕉還真大呢。
不過已經有一半腐爛了。
我曾經在南方吃過香蕉，
香蕉都是越爛越好吃。

對了，這部《便秘的糞太郎》怎麼樣？
嗯，
我們現在手頭上的原稿太多了。
怎麼了，你不吃香蕉嗎……
不，事實上……
我親戚曾經吃了腐爛的香蕉，因此罹患「傷寒」而死。
是喔？
那把香蕉還我。
真不好意思呢。
不會。
他日後改以漫畫家「政岡稔也」的身份活躍……而等我失望返家之後……

我好像快要生了。
噫！
早知道就不買香蕉了……
反正，區區兩百元是沒有用的。
沒辦法了，只好跟二樓的（漫畫家）大叔追討積欠的房租了……
請他掏點錢出來吧。
啊，請進。

啊，你這裡有咖啡呢。
啊。
就我的立場來說，好像不該有錢買咖啡呢。
要來一杯嗎？
到了中年才畫貸本漫畫，
如果連咖啡都沒得喝，
就真的幹不下去了。
對世上哪有報酬這麼少的工作。
那個…馬月書房倒閉了，而我太太的肚子也……
已經是隨時都有可能生產的狀態了。
果然是這樣啊，我從以前就感覺到了……
請看一下這封信。
是大阪的家人寄來的，嗚咽。
……
……
……

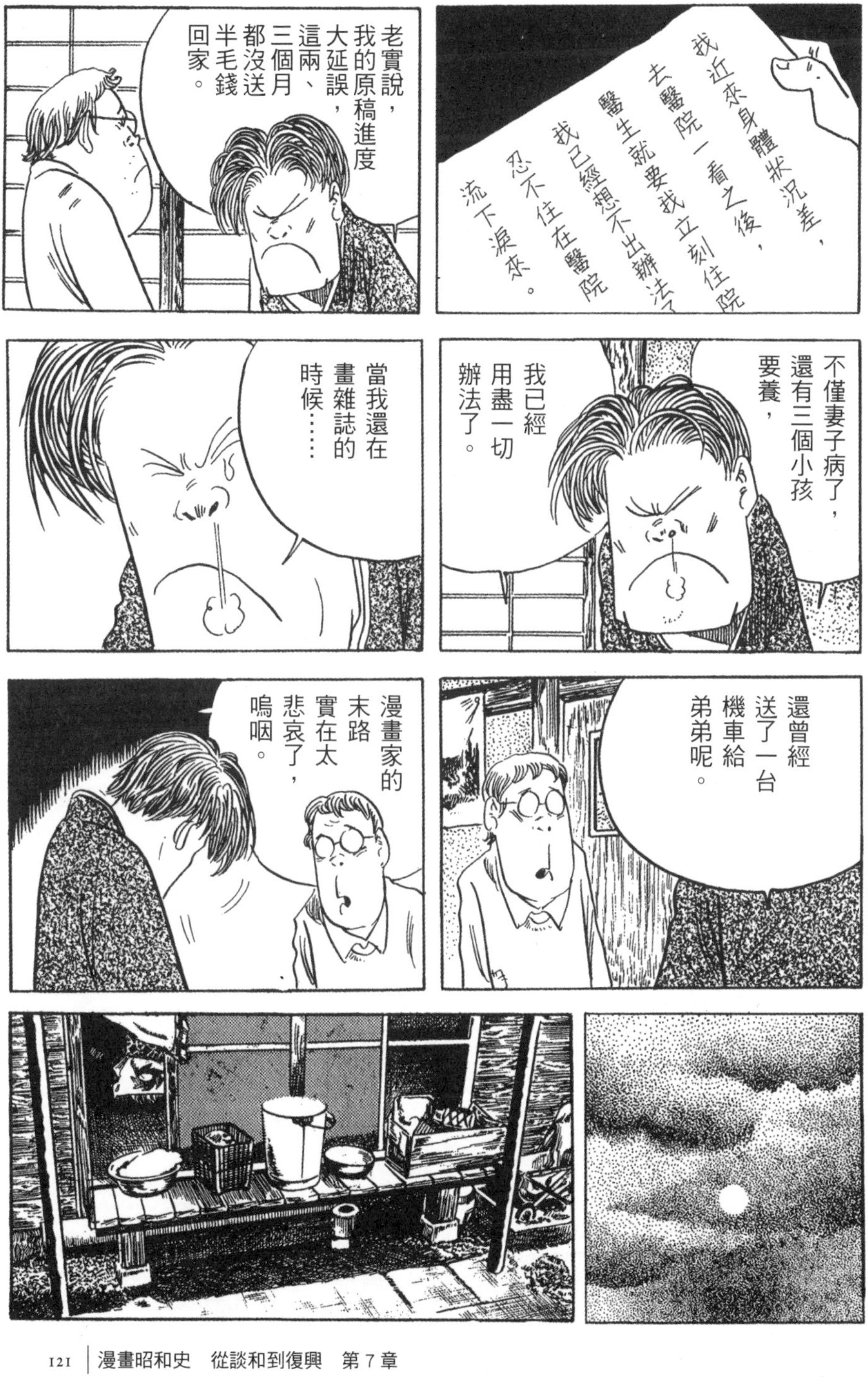
我近來身體狀況差，
去醫院一看之後，
醫生就要我立刻住院
我已經想不出辦法
忍不住在醫院
流下淚來。
老實說，我的原稿進度大延誤，這兩、三個月都沒送半毛錢回家。
不僅妻子病了，還有三個小孩要養，
我已經用盡一切辦法了。
當我還在畫雜誌的時候……
還曾經送了一台機車給弟弟呢。
漫畫家的末路實在太悲哀了，嗚咽。

肚子的狀況怎麼樣？
現在還很穩定，比起這個，我被當掉的和服沒問題吧？
嗯…再這麼拖下去的話，應該會有一打被流當吧。
對了，把《糞太郎》帶去珍珠社吧。
有掛號。
喂，好像有掛號信呢。
掛號信？真奇怪。
說不定是寄給我的。
*咚咚咚咚咚
有寫說要寄給誰嗎？
上面什麼都沒寫。
啊，這是「存證信函」。

「存證信函」？沒聽說過這種掛號信。
是律師寄來的。
我好像沒有親戚在當律師吧⋯
上面說要你儘早搬離唷。
這下可不得了了。
妳就儘量繃緊肚子，能晚一天生是一天。
那我就帶著這封信去找律師了。
工作量明明是別人的兩倍，
為什麼非落得這麼心驚膽跳不可呢⋯
果然都是這個世道不好⋯都怪這世道⋯

不管怎麼說，錯都在你身上，因為你付不出錢。就算鬧上法院，你也必輸無疑。
呼哈。
呼哈什麼……你有在認真聽我講話嗎？
是。
要付多少錢，你才肯搬出那間房子？五萬？十萬？
怎麼可以叫我搬出去！
不然那張跳票的二十萬元本票，看你要不要跟朋友借一下，在兩、三天內拿過來…
這個嘛……我有這麼有錢的朋友嗎？
你說什麼傻話！

在兩、三天內給我一個正式的答覆。
是。
總之，不把這部《便秘的糞太郎》賣掉的話，
明天就沒飯吃了。
對了，就選
珍洋社吧。
珍洋社

哇哈哈哈哈，
這太有趣了。
真的很有趣。
稱讚我原稿的人只有你一個而已。
那就由我們收下了。
我可以接著畫後篇嗎？
什麼！後篇！
這就有趣了，
請你繼續畫吧。
真令人振奮，
那麼就立刻，
來談稿費的事吧……
什麼，稿費？
沒錯，就是稿費。
這個嘛，要不要拿個五百元走……

五百元……？
一集不是三萬元嗎？
是三萬元沒錯，但得等到後續畫完再付。
那就先拿五百元吧。
不，這只是先借給你而已。
那就給我一千元吧。
別得寸進尺了，我一天只用兩百元。
五百元就夠活兩天半了。
兩天半是吧……
啊！
喔！

啊，「荊道」先生，你還活著嗎？
真是彼此彼此呀……
能靠漫畫維生，簡直就像奇蹟。
就是說呀。
世上哪有像畫漫畫這麼痛苦的工作。
我深有同感。
我太太因為無法糊口，
只好去酒吧打工，
小費隨便都有上千元呢。
一千元！
沒錯，一千元。
而且只是幫人點煙而已。
嗯，這社會果然已經瘋了。
沒錯，想想我們要賺一千元的話，得畫多少頁才夠。

說的沒錯。
我剛剛才去過「珍洋社」，一集的原稿只拿到五百元而已。
「珍洋社」！那裡有點危險唷。
怎麼樣？
要不要去我住的國分寺？那裡有家東考社。
哎呀，這條路很危險……
？

哎呀，這條路也不行。
中通り商店街
キリン
為什麼？
FUCK
我跟很多地方都借了錢。
原來如此，果然是**荊棘之道**呢。
哎呀，就是這裡。
畢竟我借了太多錢，能走的路不多，所以必須走得像迷宮一樣。
喔喔，真是不得了。

我沒辦法走一般的路，我太太也一樣。
是喔，真是越聽越不得了呢。
啊，這條路可以走。
我家裡可是有兩個小孩呢。
這可辛苦了。
不讓他們喝牛奶可不行。
畫漫畫這條路說不定已經行不通了。

是呢。
已經有很多漫畫出版社都破產了。
東考社沒問題嗎？
總比死來得好吧。
啊，櫻井社長正好在⋯

水木先生，歡迎。
進來吧。
國分寺的話，可以從調布騎腳踏車過來呢。
別小看三十元的電車錢。
三十元可不是什麼小錢呢。
的確不是小錢。
可以買一瓶彈珠汽水。
說得沒錯。
我從以前就是水木先生的書迷了，就拜託你畫個一集吧。
沒有問題。
在此之前，能不能先給個一千⋯
喂，水木老師問說有沒有一千元⋯⋯

一千元！三百元的話倒是有……
呃，拿三百元就好了。
那能不能在兩、三天內先交個封面……
是、是，因為我太太隨時都有可能生產…我先告辭了。
那麼，
就來玩吧。
你們又要下將棋啦。
他們就算陷入困境，也總是顯得悠哉。當世間喊著「某某景氣」、奧運工程吵吵鬧鬧的時候，我們每天都過著窘困的生活。
ガラガラ
ドンドンドン

*嘎啦嘎啦—砰隆砰隆砰隆

第8章 比起喝咖啡，更想吃蕎麥麵

我當時無法就這麼坐困家中，只好為了籌錢而不斷奔走。
如此一來，就會遇到相同處境的同業——
嗨。
我們去蕎麥麵店吧。
對於喫茶店這種無法填飽肚子的地方，
我已經不去了。
我們之所以會這麼傷腦筋…
是不是代表推銷技術不夠呢？
不，都是這世道不好。這世界的運作方式錯了。

＊稀哩呼嚕

說起來都是政治不好。
沒錯，財富分配的方式有問題。
就是說呀，大錯特錯。
因為他個性認真，每次只要一碰面，他都會大呼小叫。
我雖然很愛吃水道橋兩個十元的「鬆鬆軟軟甜饅頭」……
饅頭
ふくふく
現在就連想吃個甜饅頭，都彷彿只有在遙遠「樂園」才能實現。
＊颼
某天，當我帶著三百元回家時……
フギャー
フギャー
フギャー
＊哇—哇—哇—
フギャー
フギャー
啊，出生了！

是個女娃兒。
啊，終於…
生下來了。可是……只有三百元的話……
不好意思。
請問哪位？
我們來自大藏省。
大藏省？
有何貴幹？
其實這塊土地，有一半屬於大藏省。
你、你說什麼？
在這份地圖上也有清楚標示，通道已經變成山林了呢。
農地是在這裡……
這樣會怎樣呢？
有一半是大藏省的土地。
你是說，我們不能再住這裡了嗎？

你是要我們全家自殺嗎！
你再激動也沒有用。
我們只是依照法律，主張理所當然的權利罷了。
這樣的話，怎麼不去找在這塊土地上蓋房子的建設公司呢？
現在名義上已經屬於你了。
你要麼就付錢、要麼就搬家，已經沒有別的方法了。
オギャー
オギャー
*哇——哇——
哪有這種事，跟我一點關係都沒有，去找不動產公司吧。
我今天很忙呢…
家裡有沒有東西吃？
那裡有鄉下寄來的麻糬吧？
啊，這個嗎？
府上的存證信函！

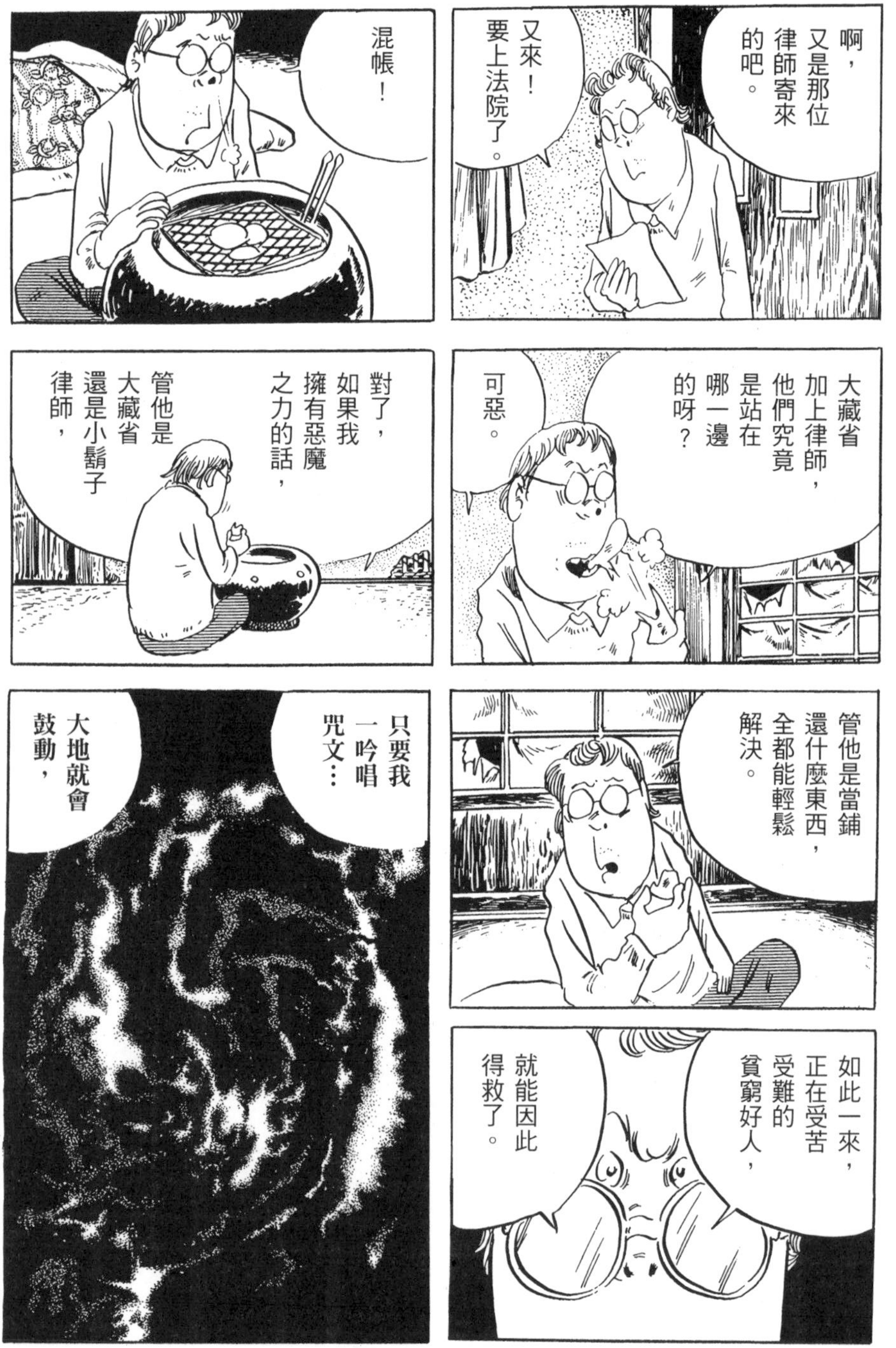
啊，又是那位律師寄來的吧。
又來！要上法院了。
混帳！
大藏省加上律師，他們究竟是站在哪一邊的呀？
可惡。
對了，如果我擁有惡魔之力的話，
管他是大藏省還是小鬍子律師，
管他是當鋪還什麼東西，全都能輕鬆解決。
只要我一吟唱咒文…
大地就會鼓動，
如此一來，正在受苦受難的貧窮好人，
就能因此得救了。

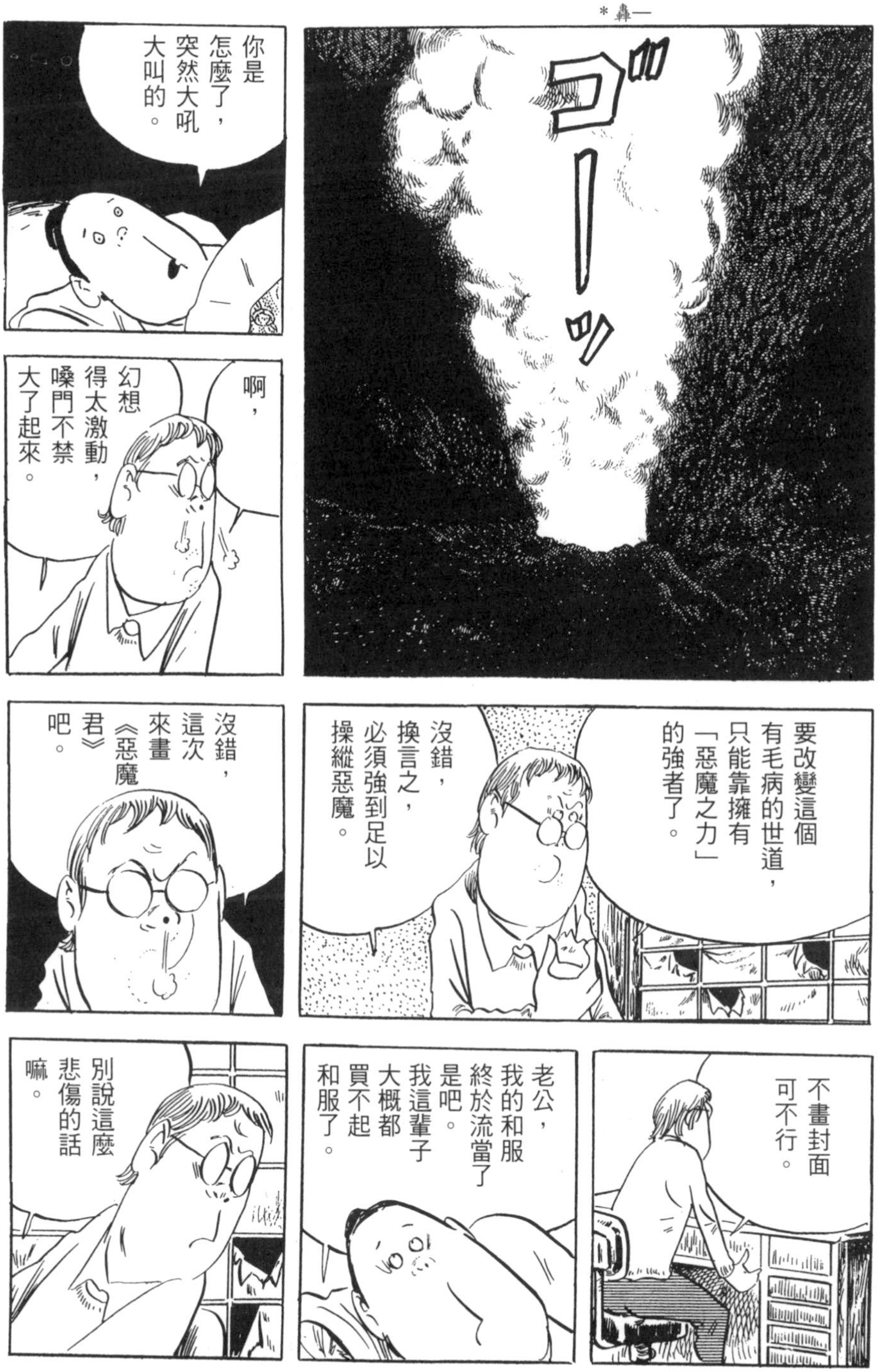
*轟—
ゴーッ
你是怎麼了，突然大吼大叫的。
啊，幻想得太激動，嗓門不禁大了起來。
要改變這個有毛病的世道，只能靠擁有「惡魔之力」的強者了。
沒錯，換言之，必須強到足以操縱惡魔。
沒錯，這次來畫《惡魔君》吧。
不畫封面可不行。
老公，我的和服終於流當了是吧。我這輩子大概都買不起和服了。
別說這麼悲傷的話嘛。

我遲早會擁有像「惡魔君」一樣強大的力量，
別說和服了，就連房子都會保住給妳看。
你都已經四十歲了，未來早就可以想像了。
笨蛋！
自此之後，我就被強大的惡魔之力所附身，管他是大藏省還是律師，不管任何事物都要砸個稀巴爛。神明呀、惡魔呀，請聆聽我的請求！
你腦袋沒問題吧？
給我閉嘴！
吵死人了！

＊砰砰砰砰

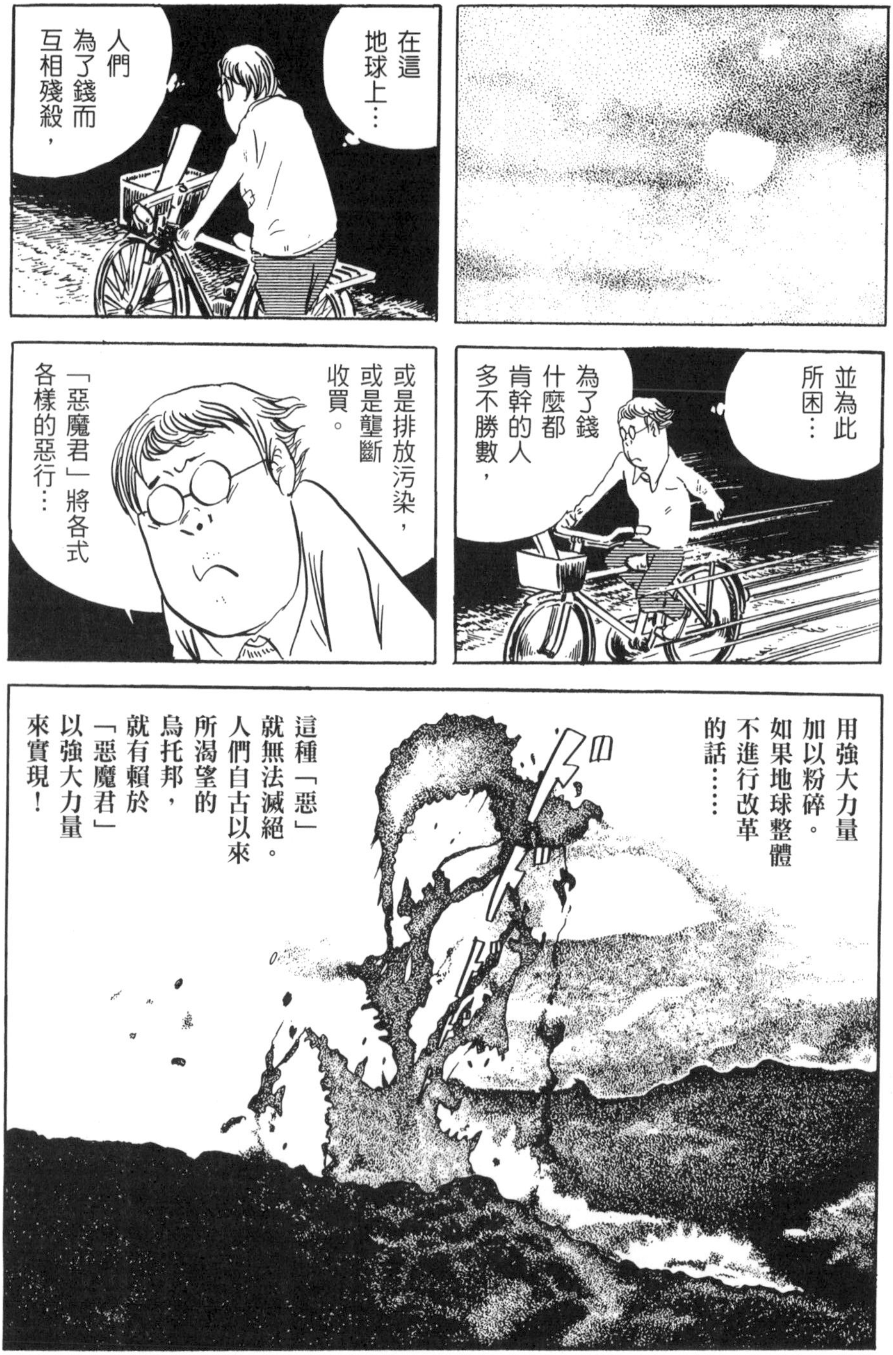
在這地球上…
人們為了錢而互相殘殺，
並為此所困…
為了錢什麼都肯幹的人多不勝數，
或是排放污染，或是壟斷收買。
「惡魔君」將各式各樣的惡行…
用強大力量加以粉碎。如果地球整體不進行改革的話……
這種「惡」就無法滅絕。人們自古以來所渴望的烏托邦，就有賴於「惡魔君」以強大力量來實現！

＊砰砰砰砰砰

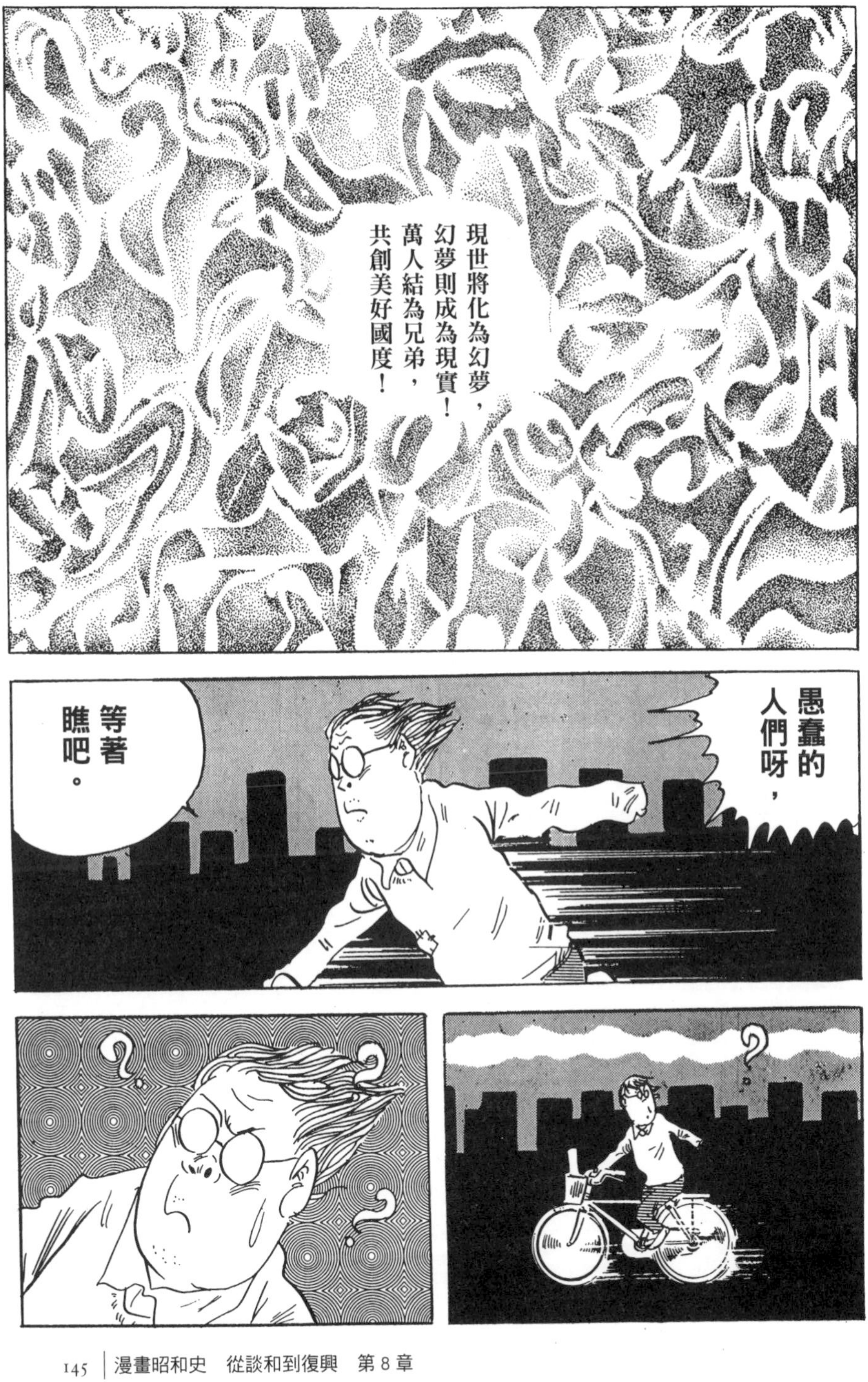
現世將化為幻夢，
幻夢則成為現實！
萬人結為兄弟，
共創美好國度！
愚蠢的人們呀，
等著瞧吧。

我該不會是迷路了吧。
啊…果然迷路了！
啊！
啊，水木先生，我正打算拿封面去印刷廠呢。
即便如此，真虧我們能碰到面呢。
居然在這種地方……
說不定是冥冥之中自有注定呢。
我把書名取為《惡魔君》。
《惡魔君》，這還真是個好名字！
一定會大受好評的。
之後，原訂出版五集的《惡魔君》，在這間出版社以二集告終。筆記雖然寫滿了五本，卻只用上了二本，真是不上不下。而大藏省的問題，原來只是帳簿出錯而已。至於不動產公司和律師這邊，之後也不斷找上門來，最後我們家也被搶走了一半。

＊哦呵呵呵、呵—

第9章 東京奧運和新幹線的背後

昭和三十四年起持續了三年的岩戶景氣，雖然促進了日本的經濟發展，但在其背後，
卻潛藏了公害和人心的荒廢，可說是豐裕的代價。進入四〇年代，公害也成為社會的關注焦點，

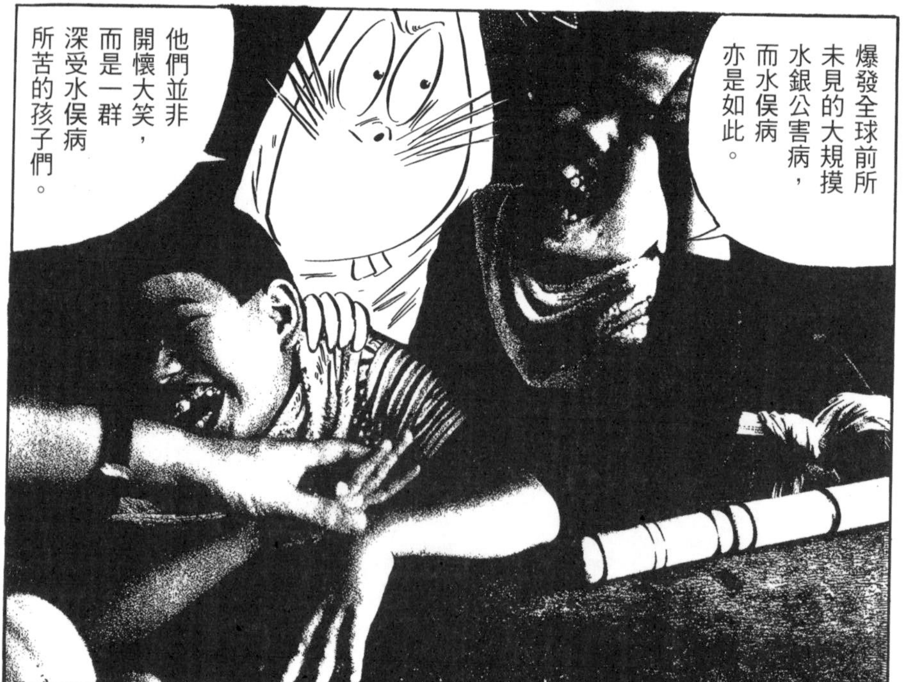
爆發全球前所未見的大規摸水銀公害病，而水俣病亦是如此。
他們並非開懷大笑，而是一群深受水俣病所苦的孩子們。

熊本縣水俣市是一座風光明媚的濱海城市，但自昭和二十八年（一九五三）起，水俣灣內浮現了大量死魚，漁鎮上也出現了發狂而死的情況。
昭和三十一年，開始出現罹患手足麻痺症狀的「奇妙病患」。
位於同市的
新日本窒素（日後改為Chisso）之工廠排水被視為病因，因此要求他們妥善處置，公司方面卻試圖迴避責任。昭和三十三年，熊本大學醫學系終於證明，奇病出自工廠廢水裡的有機汞。此外……
工廠附屬醫院的細川院長也指出，原因在於製造乙醛過程中之廢水含有的有機汞。

這個嘛，受害者應該是吃了腐壞的魚吧。
至於公司方面，
一心只想推卸責任。
水俣·病慰霊及び
三十四年底，新日本窒素雖然發下了慰問金和賠償金，卻以「就算未來發現病因出自工廠廢水，也不會再多加賠償」，就此切割責任。進入昭和四〇年代，隨著輿論不斷高漲，
遲遲沒有動作的中央、地方政府也終於出面。不過將水俣市視為「城下町」的Chisso，卻始終不曾改變態度。
水俣市是水源遭到污染，大都市東京則是空氣污染。昭和三十七年（一九六二）十二月，東京日復一日處於煙霧環繞之下。

由Smoke（煙）
和Fog（霧）
結合而成的
「Smog」一詞，
從此時開始
廣為人知。
東京都公佈，這團
煙霧對人體有害，
而自此十年以上，
東京的空污
問題也益發
嚴重。

公害不只存在於海裡和空中，
甚至在個人生活中隨處可見。
昭和三十七年，安眠藥
易速眠（沙利竇邁）
被指控會造成胎兒
四肢缺損，五月
二十七日製藥廠
停止出貨。
對此一無所知的
水木先生還把這種藥
買回家，想讓懷孕期間
無法入睡的妻子服用，
因此被親戚唸了一頓。
還好只吃了一次藥，
所以沒生下殘疾嬰兒。

但已經生下殘疾嬰兒的家庭，則對厚生省、藥廠提起訴訟，到了昭和四十九年（一九七四）才終於和解。這與三十九年大量爆發的亞急性脊髓視神經痛（SMON）並稱，都是典型的藥物公害事件。

在豐裕的背景之下，世間開始
從昭和三十六年起提倡「休閒」這個字眼。保齡球大盛行，到了三十八年，保齡球場有如雨後春筍一般急速增加。
ゴロン

＊叩隆

※編注：大鵬的優勝記錄日後為白鵬所超越。

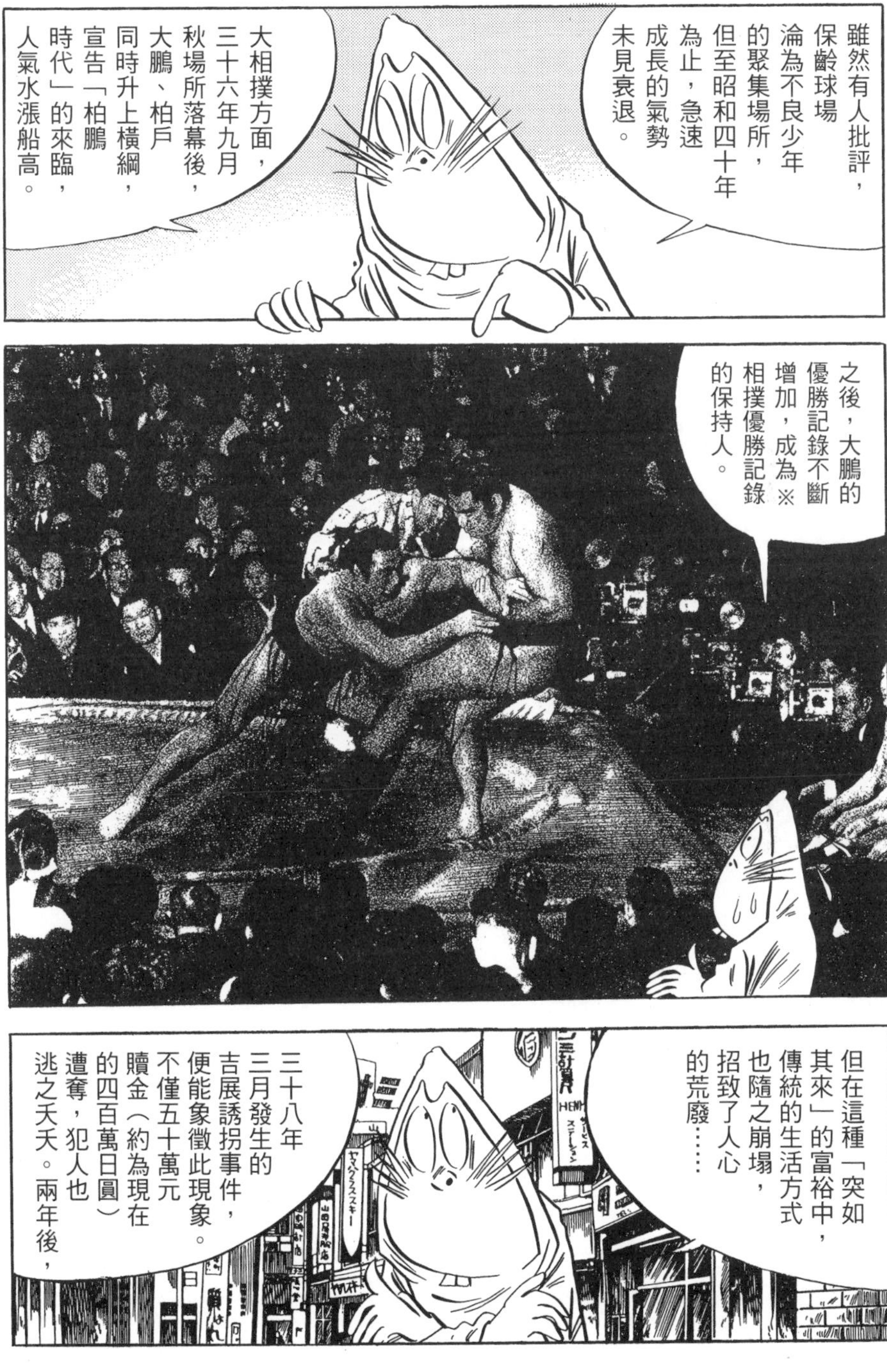
雖然有人批評，保齡球場淪為不良少年的聚集場所，但至昭和四十年為止，急速成長的氣勢未見衰退。
大相撲方面，三十六年九月秋場所落幕後，大鵬、柏戶同時升上橫綱，宣告「柏鵬時代」的來臨，人氣水漲船高。
之後，大鵬的優勝記錄不斷增加，成為※相撲優勝記錄的保持人。
但在這種「突如其來」的富裕中，傳統的生活方式也隨之崩塌，招致了人心的荒廢……
三十八年三月發生的吉展誘拐事件，便能象徵此現象。不僅五十萬元贖金（約為現在的四百萬日圓）遭奪，犯人也逃之夭夭。兩年後，

因竊盜事件而服刑的小原保
才坦承犯行，吉展小弟化為
白骨的屍體也終於出土。
在事件發生當時，雖然
展開大規模的搜查，
卻一再失誤，對此有關
當局的責任也相當重大。
而以此為開端，
刑法在以往的
營利誘拐罪之外，
株式会社
コクヨ事務用品
林医院
栗原質店
吉
展
ちゃん
吉展ちゃんやーい
吉展ちゃんをかえして!!
この子を探して!!
又新增了刑期
更重的贖金誘拐罪。
而在昭和三十九年
（一九六四）的
東京奧運上，
日本終於可以
對海內外大舉誇耀
本國的豐裕。
質店
十月十日至
二十四日的
奧運期間，
全球九十四國、
五千五百人
共襄盛舉。

以女子排球為首，
日本一共奪下了
十六面金牌。
但相反的，傳家
寶刀的柔道方面，

卻被海辛克
奪下無差別級
金牌。透過
衛星轉播，
全世界都能
即時欣賞到
奧運賽事。
而以此
為契機，
彩色電視
也開始在
日本普及。
東京奧運是一場
巨大的國家事業，

大大改變了日本。為了不見笑於外國遊客，首都東京的街景經過一番整頓，地下鐵、高速公路、旅館等
建築物也一一林立，展現出截然不同的面貌。為了趕上奧運賽程…

超特急「光號」風馳電掣的新幹線也在十月一日開通，從東京到大阪只需四小時，兩大都市間的一日往返也不成問題。

*轟—

而這對經濟活動的
影響之大，自然不在話下。新幹線從此成為國鐵的搖錢樹，一直相當活躍。

在此將焦點移向國外，中南半島上飄起一片烏雲。一九六三年八月五日——
美英蘇簽署了部分禁止核試驗條約，歷史的巨輪開始稍微朝著避免核戰的方向轉動。
但在約一年後的一九六四年八月二日，美軍驅逐艦在越南東京灣遭受北越哨戒艇攻擊，

＊砰砰砰砰

ドドドド
美軍也加以應戰，此即為東京灣事件。
兩天之後，美軍轟炸機為了報復，
BAN!
BAN!
BAN!
對北越海軍基地進行攻擊，
越戰就此爆發。日本也因提供※特需基地、反戰運動，而被捲入這場世界大勢之中。兩個月後，東京奧運開幕。

※「特需」……特別需要的略稱，一般用來指如戰爭等非經濟因素所帶來的市場需求。像是駐日美軍滯留期間的開支以及韓戰時的物資調度與勞力需求都屬於特需，也成為日本戰後經濟成長的一大推動力。

第10章 「貧窮戰爭」末期

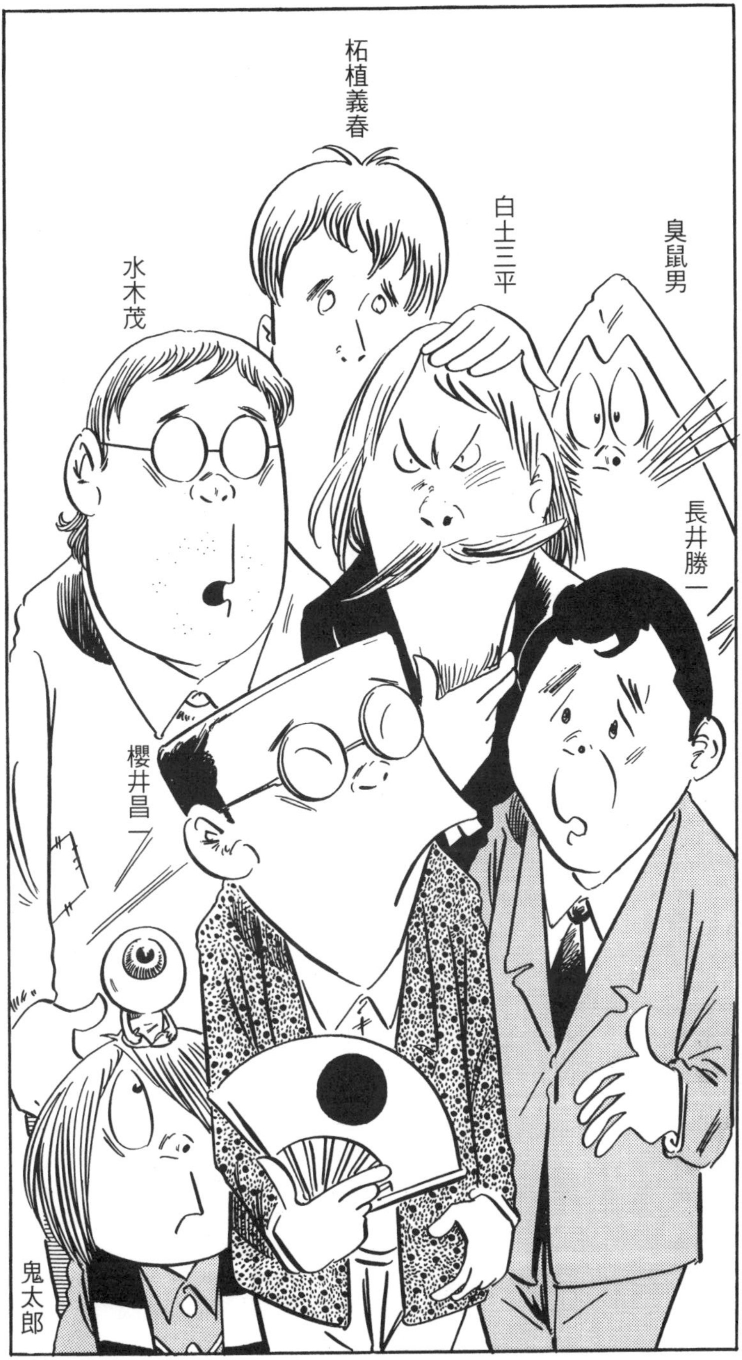
柘植義春
白土三平
臭鼠男
水木茂
長井勝一
櫻井昌一
鬼太郎

＊靜悄悄

不好意思，打擾了。
好像有人來了。
哪會有人上門呀。
不好意思，我是青林堂的長井。
有位長井先生來了。
啊，是青林堂！
好久不見……
那個，這次我們打算推出刊物《GARO》。

什麼，BERO？
不，是《GARO》。
請務必為我們作畫，我們出五百元。
咦，一頁五百元！
這不是雜誌的行情嗎？
對，《GARO》就是雜誌喔，哈哈哈。
雜誌！
三平先生會畫，剛夕也打算加入。
這米菓給你們……
哇──喂，快端醃白蘿蔔出來。
啊，醃白蘿蔔今天早上吃光了。
不不不，不用了。那我們就先告辭了。
正因沒有工作而發愁時，《GARO》就上門了……
喂，我出門散步了。

提到我當時的興趣，就是「參拜墳墓」和「軍艦模型」，並在剪貼簿上收集繪畫和照片。
當時調布附近保留了許多密佈的墳墓。雖然搞不清這些古墳的來歷，但我總是能跟它們進行心靈交流。

偶爾還會發現「某某行者」的洞穴，讓我大吃一驚。此外還在附近找到※「近藤勇之墓」，嚇了一跳。
當時還有些道場曾受過近藤勇的指導，因此對他總有一種親近的感覺。

※「近藤勇」（一八三四～一八六八）……新選組局長。對幕府十分忠心，帶領新選組在京都剷除倒幕派志士並維持地方秩序，一時聲望大增。日後因戰敗被俘，在江戶的板橋一帶遭到斬首。

就像是近藤勇在對我說：「總有一天要畫我的故事喔。」
那時在交稿後，我跟太太總是埋首製作軍艦模型。在喘不過氣的生活中，也有這麼悠哉的一面⋯
啊—巴拔拔
小孩子不能碰，這是大人的玩具。
只要一有空，就將「妖怪」、「異次元世界」、「昆蟲」這類的照片繪畫加以分門別類，好黏在
剪貼簿裡，這種「工作」也令我忙得不可開交。當時我一共收集了上百冊的剪貼簿（現在有三百冊）。

當時，我老是到了中午才起床。因為我都在半夜工作。我在畫《河童三平》時，
總是一邊放著神社太鼓聲和笛聲交奏的唱片。只要聽著音樂，就會自然地沉浸其中。
什麼，長井先生打電話來？
他說，畫雜誌和貸本漫畫的人要齊聚一堂，白土三平先生也在車站等著呢。
什麼，三平先生？連櫻井昌一先生也……
那不去可不行了。
爸比。

據說他在板橋還是哪裡的月台上等著。
下車之後，月台上卻沒半個人。
真奇怪。
打電話問長井先生，但他說人就在那裡……
但月台上只有一位遊民。
黑抹抹的腳底，
ググー
快磨平的拖鞋……
該不會這個男人就是……我這麼心想……

＊鼾——鼾——

＊鼾──鼾──
你好，請問是三平先生嗎？
グーグー
請問是三平先生嗎？
ぐがーッ
嗯哈。
＊沙沙──
我就是三平。
水木先生，
走吧，我們走吧。
你現在在雜誌上……
三平先生比我早先一步，已經在畫雜誌了。
畫雜誌可以賺大錢呢。
這樣啊…果然如此。

啊，三平先生。
要吃什麼？
喔喔，
吃義大利麵好了。
那就吃義大利麵吧。
我還以為那裡會請我們吃午餐……
當時，三平先生因為在畫雜誌，看起來比較有錢，
所以請大家吃義大利麵，這對貸本漫畫家來說實在是無法想像……
呼——
稀哩呼嚕稀哩呼嚕
到了會場，手塚治虫、石之森章太郎大師也都在，
在一番沒頭沒腦的你問我答後，大夥就解散了。

吃了一頓
免費義大利麵
而大大滿足之下，
來到了回程
的月台上，
那裡站了
一個陰鬱的人。
這是
柘植先生。
啊，
是柘植
先生嗎？
我
已經
不畫
漫畫了。
不畫
了！
真是
太可惜了。
這樣就好。
他好像欠了
一屁股債
（主要是房租）
……
經過
一番推敲之後，
他的名作《Chiko》
（二年後的作品），
便是在描寫
和心上人
分離的故事。
仔細一想，
那應該就是
發生在這個時候，
難怪他這麼陰鬱。
柘植
先生，
你不畫
漫畫實在
太可惜了。
可是
……

當時的貸本漫畫界正處於一個束手無策的時代。
就算有人不想幹了，也不是什麼稀奇的事……
至新宿駅

就像是表面上平靜，內心卻有如颱風肆虐一般……
関運丸

*反對調漲

東京奧運結束後沒多久，昭和三十九年（一九六四）也隨之落幕了。才剛邁入四十年，卻發生了一起令人**意外**的事件。
値上げ反対!!
良家子弟所就讀的私立名門慶應大學，竟爆發了反對學費調漲的全校罷課事件。

*哇—哇—哇—

在教養部座落的日吉校舍，學生們從教室丟出了書桌椅子，就地設起了路障，將入口封鎖。大學附近商店的人，都為慶應學生的丕變，大吃一驚。
ワーワーワー

說起來，日本的學生運動自三十五年（一九六〇）的安保鬥爭落幕以來，
一直處於停滯不前的狀態，少見罷課事件登上報章頭條。

更何況還是由慶應男孩設下的路障，
世人自然大吃一驚。校方提出了讓步方案，學生們才於二月五日解除罷課。
人們只視其為偶發事件，幾乎對此不以為意。
然而這起事件，卻是貫穿四〇年代的「學生造反時代」之前兆。
至於學生造反的理由，當時身為通產官僚的堺屋太一則解釋，這是團塊世代即將步入社會時所產生的摩擦。

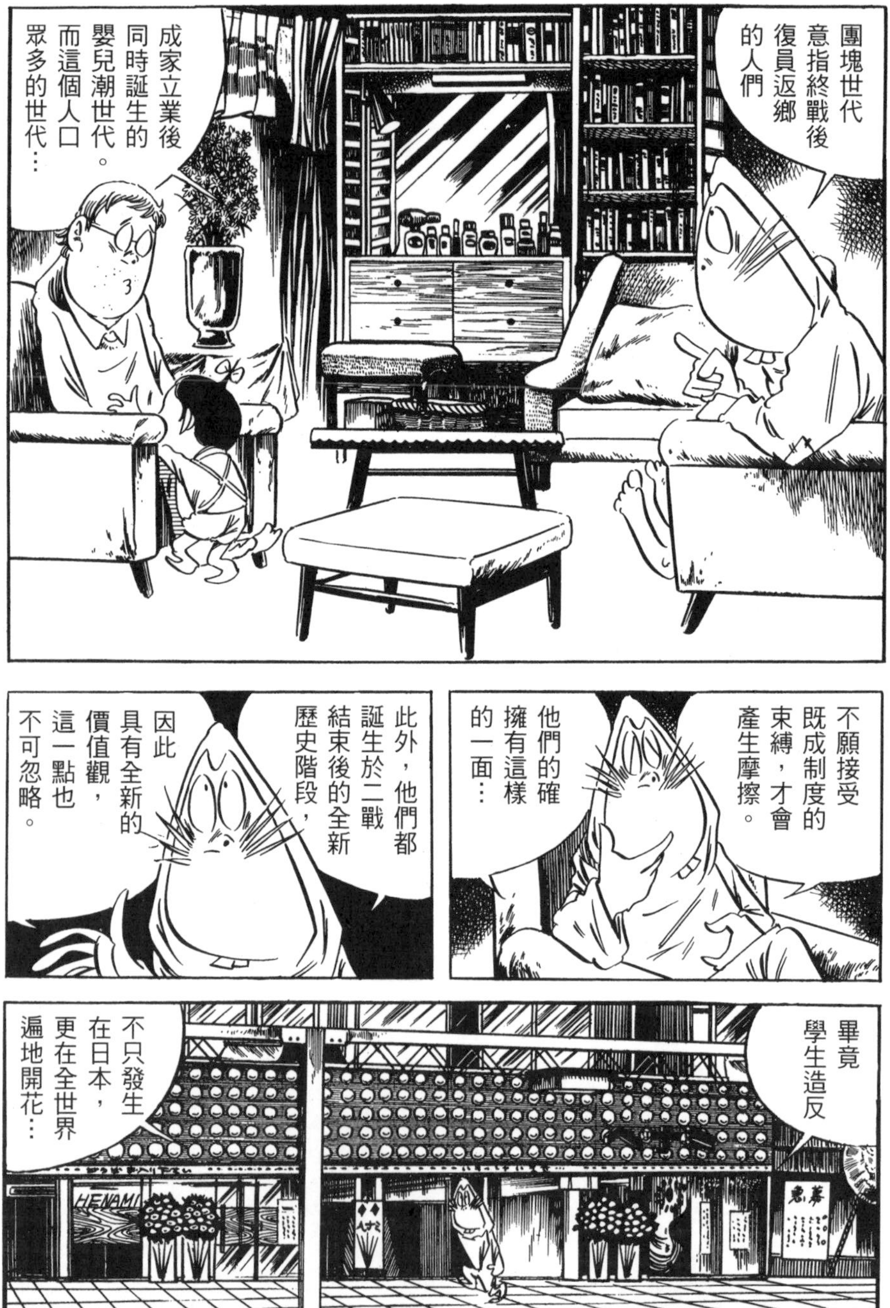
團塊世代意指終戰後復員返鄉的人們
成家立業後同時誕生的嬰兒潮世代。而這個人口眾多的世代……
不願接受既成制度的束縛，才會產生摩擦。
他們的確擁有這樣的一面……
此外，他們都誕生於二戰結束後的全新歷史階段，
因此具有全新的價值觀，這一點也不可忽略。
畢竟學生造反
不只發生在日本，更在全世界遍地開花……
HENAMI

第11章 造反的學生們

＊嘩嘩—嘩—

＊砰隆
＊磅磅磅磅
美國在一九六五年二月，對北越洞海展開轟炸，這就是「北爆」的開始。
以此為開端，反越戰運動也開始大為盛行。這是因為在當時存在徵兵制度的美國，
＊砰砰砰砰
非但得被迫參與他國內戰、甚至可能因此喪命，令年輕人感到十分不滿。而且被派到戰爭最前線的，大多都是黑人，

反越戰運動於是跟黑人公民權運動、原住民復權運動聯手。在此同時，在搖滾和民謠、電影、藝術等各個領域，
以學生為中心的青年們也開始否定既有的秩序。
LOVE & PEACE
法國也爆發了學生造反事件。一九六八年五月，主張大學改革的學生們將拉丁區稱為解放區，和警方發生衝突。
工會和知識分子也支持學生這一方，甚至演變成政治問題。
至於在中國方面……

＊毛主席萬歲——

一九六六年四月，爆發了※文化大革命。紅衛兵主張，建國後過了十七年，革命精神日漸薄弱，特權腐敗橫行，
毛主席バンザーイ
便一邊高喊著毛澤東萬歲，一邊四處作亂。
這些國際動向不管是部份性或全面性地，都對日本學生造成了影響。
昭和四十一年，慶應大學全校罷課後正好一年，這次則換早稻田大學因學費調漲
而爆發全校罷課。大學當局十分頑固，而學生們無限期罷課的立場也絲毫不肯退讓。
隨著期末考、入學考的時間逐漸逼近，緊張情勢升高。除了校舍之外，學生們甚至對大學本部進行路障封鎖。
反対!!

※「文化大革命」……簡稱文革。始自一九六六年發生於中華人民共和國境內長達十年的政治運動，由時任中共主席毛澤東帶領紅衛兵發動全方位的階級鬥爭。以激進手段試圖對整個社會進行批鬥改造，在各方面都造成難以挽回的破壞。

二月二日，
大學當局
找來機動隊，
一舉逮捕
上百名學生。
入學測驗
雖然在嚴陣
戒備之下
順利落幕⋯
但四月之後，
再度重啟罷課。
結果事態一路
延燒到六月，
演變成長達
五個月的重大
紛爭。
而連
一般學生
都廣為參與的
共鬥會議模式，
以及由
反日共系左翼
（新左翼）帶頭
指揮這兩點，
值得特別注意。
日後的
學生造反中，
都具有此特徵。

當時，我出席了破產書店的債權人會議。
可是不管開幾次會，沒錢就是沒錢……
總之，**確實**一毛錢都掏不出來。
告辭……
啊，要回去了嗎…對你真不好意思。
總而言之，就是不要跟缺乏**財運**的人共處太久。
彷彿連自己的財運都會被奪走。自此之後，我就對破產的書店敬而遠之了。

當我就快到家的時候，抬頭往天空一看，「金靈」居然正在空中飛舞……

金靈是自古以來便存在的妖怪，一般人雖然看不到……
但偶爾看得到。
這是一種金錢從倉庫窗戶列隊飛向空中，跑進其他家倉庫的現象。等到發現時，倉庫裡已經堆成小金山了。

咿嘻嘻嘻，真令人羨慕呢。
這個嘛，松下幸之助和堤一族也曾經被附身過，肯定沒錯。
它居然會附在水木茂身上…
哪有可能。
如果長期都很窮的話，只要一點小事，就會讓人誤以為是「金靈」來了。
是「金靈」呢，一定會發生好事的。
我都辛苦這麼久了，說不定會從此轉運呢。
……當我誇下豪語，一邊走進家門時，有一位奇妙的大叔正在等我……
我來自講談社…
ふはッ
ガラッ
＊呼哈
＊喀啦

原來如此，讓我自由發揮三十二頁，
那就來畫吧。
你是金靈社，對吧？
不，是講談社。
不好意思。
怎麼了嗎？
那個…可以讓我喝杯水嗎？
啊，這麼說來，今天天氣很熱呢。
忘記為重要的編輯端茶了。我便跑去找我太太……
因為講談社的人跑來，讓我嚇了一跳，就閃到腰了。
……就是這樣。
請講談社的人喝杯水後，就打道回府了。

接下來門庭若市，繼第一部的《電視君》後是《墓場的鬼太郎》。
昭和四十年，以《電視君》摘下講談社兒童漫畫獎之後，忙碌程度又更上一層樓了。
贖回了押在當鋪裡的大量物品，睽違了十五年，我終於可以告別當票了。
長井先生，我正愁著助手不夠，請拜託柘植先生吧。
此外……
啊，東考社，
請拜託在「日之丸」作畫的那個人。

我慌忙地召集助手，終於找到七、八個人……
平和クリニック
新日本証券
……因為脖子上有個大頭，所以很重。
柘植先生這麼說道。
能不能想點辦法？
那應該是……引力的關係，不是嗎？
不，是因為頭壓在脖子上，才很重。
……這麼說來，是因為脖子承受不住重量嗎……

何不靠在這上面，怎麼樣？
啊，好像輕鬆許多……
柘植先生是個很認真的人……
即便是脖子的問題。
仔細想想，原來是因為頭壓在脖子上，才會重……
……原來如此，這是繼牛頓之後的大發現……
人們以為頭跟脖子本來就彼此相連，因此覺得別無他法……
可是仔細一想，這才發現是因為頭壓在脖子上，所以這麼重。
從來沒有人察覺到這件事。
都召集了這麼多人手，稿費才兩千，實在太廉價了。
可是我都得漫畫獎了，應該有調漲吧。
只有五百元。
擔任經紀人的弟弟真囉嗦……

那就問比我早踏入雜誌世界的
三平先生看看吧。
那個……我想請對方調高稿費，你覺得怎麼樣？
太危險了！
危險？
危險是指什麼？
不管是請對方調高稿費，
還是對方主動調高稿費……
都很危險！
是喔——
是這麼一回事嗎？
不，其中存在著各種的力學關係……
無法一概而論。
原來如此，那我就先暫時按兵不動了……
老師，請讓我當你的助手……

三平先生那邊怎麼樣？
還是不行。
我也曾待過那裡，但我受不了「止宿人規定」。
「止宿人規定」？
就是指助手的規定囉。
啊，原來如此，是走新選組風格呀。
就是這樣。
這裡已經額滿了，你年紀也不小了……之前是幹什麼的？
現在二十七歲之前是銀行員。
那還是當銀行員比較好，
趕快回東北吧。
可是我已經下定決心，不能再回頭了。
是喔…你叫什麼名字？
我叫矢口高雄。
不久後他也在《GARO》作畫，一舉成名。

啊，小孩又在舔廁所拖鞋了！
＊舔舔舔
不久後，《鬼太郎》、《惡魔君》接連改編成動畫，連《河童三平》都登上了螢幕，忙到連睡覺的時間都沒有。我這才發覺，忙過頭也不是什麼好事。
總而言之，面向書桌、抬起頭遙望隔壁寺院的樹，成了我唯一的樂趣。
雖然只不過短短數秒鐘，但我一天頂多只能看上兩次，
實在是忙到焦頭爛額了。除此之外，

啊，居然還是白紙一片！
我還會被這樣脅迫。
突然跑來大呼小叫，嚇了我一大跳！
不，趕不上了！
根本來不及啦！
バタンッ
*碰
咖啡！
已經擺在這裡了。
啊。
每天都過得這麼忙碌，實在不想活了⋯⋯

不知為何，只要過得越忙，腦海中就浮現南方的悠哉生活。那個悠哉的世界如今還存在嗎？之前雖說七年後就會回去，但現在都已經過了二十年。
那裡有著名為「多庫多庫」的舞。伊卡莉妍當時就已經是老太太了，現在還活著嗎？托培托羅跟艾蒲蓓…
不知道現在過得怎麼樣…
回去一趟吧！

請問發生了什麼事？
怎麼了嗎……
你好像在大吼大叫。
不，沒事……
什麼事都沒有。
你知道今天是截稿期限吧？
啊，你是猛談館對吧……
為什麼要讓我們等這麼久……
……
……
……？

第12章 奇怪的助手們

*潑剌潑剌
*嗚呃
*呼—
うぅっ
ホー
WC
早上一起來就煙抽不停，這樣不太好吧……
這樣無法長命百歲唷。
長命百歲？
我從來沒想過要長命百歲。
*呼—

你老是在廁所的洗手台洗臉，弄得廁所到處都是水。
……
都叫你別穿我的拖鞋了，你還照穿不誤。
我沒拖鞋嘛。
*呼—
池上，其實我的拖鞋也被他穿爛了。
你都十九歲了，做事前不多想想可不行。

北山，去幫他買雙便宜的拖鞋吧。
我為什麼要特別去幫新來的助手買拖鞋？
老師叫你去，你就去吧。
你說什麼！
大家別吵了！
總之，你不要再穿池上的木屐了。
這種事我很清楚。
比起這個，二樓只有三疊大，如果我把行李都搬來的話，
就放不下了。
那你就只好另外找地方了。

畫好了。
啊，柘植先生。
柘植先生，你知道哪裡有空房嗎？
空房？
這個嘛，我最近打算搬家，之後可以讓給你住……
大概何時呢？
這個嘛，大概月底吧。
你很急嗎？
家裡叫我趕快把行李全部搬走。
老爸也上年紀了，如果不少張嘴吃飯，家裡就無法糊口了。
フーッ
原來你是被趕出來的啊！

＊呼——

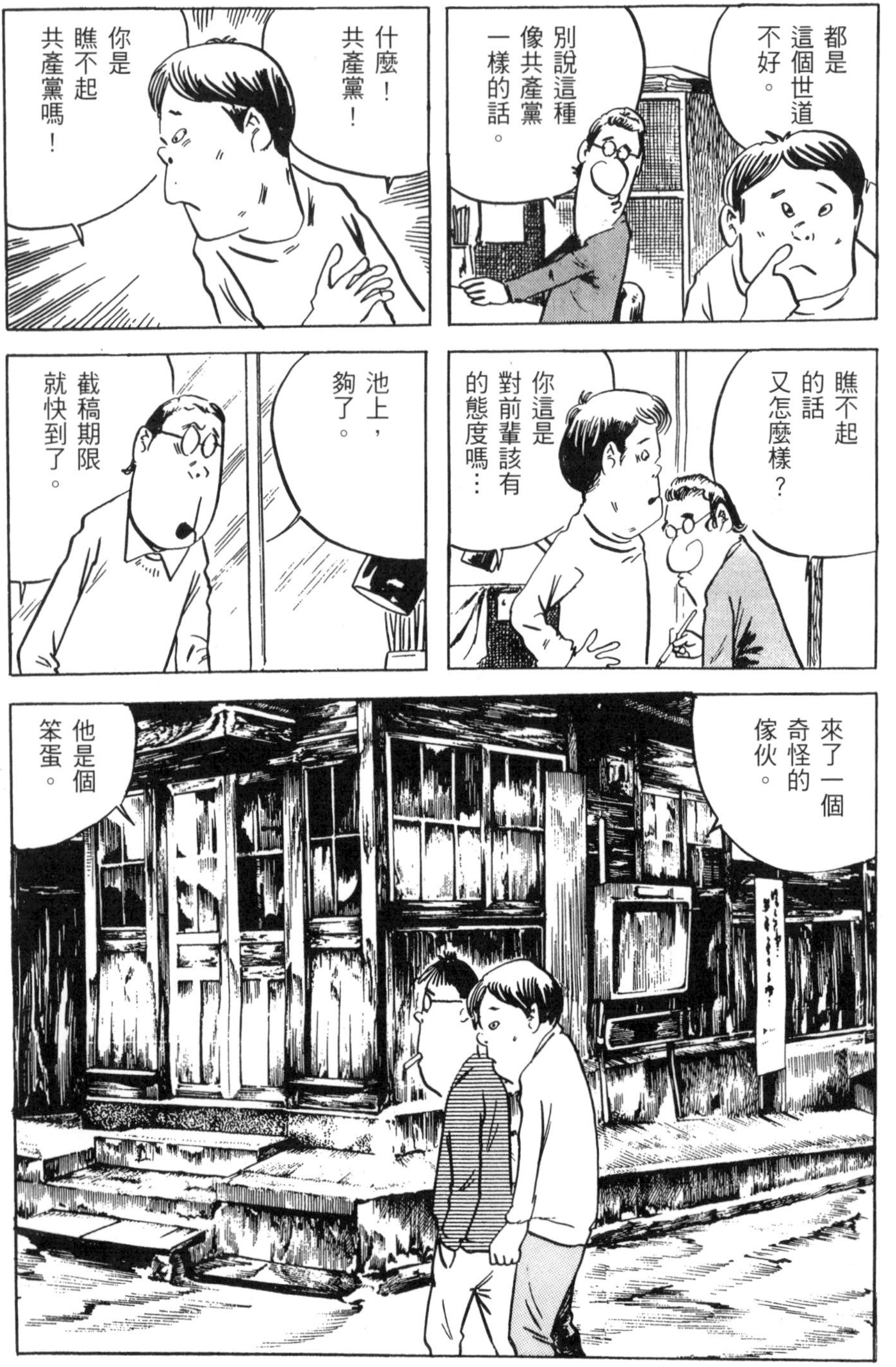
都是這個世道不好。
別說這種像共產黨一樣的話。
什麼！共產黨！
你是瞧不起共產黨嗎！
瞧不起的話又怎麼樣？
你這是對前輩該有的態度嗎…
池上，夠了。
截稿期限就快到了。
來了一個奇怪的傢伙。
他是個笨蛋。

*JINX（厄運）

純喫茶
ジンクス
北山先生，要喝點什麼？
我要咖啡。
來杯酒。
居然不把前輩放在眼裡……
嗯。
真讓人不爽。
那傢伙才十七歲就入選※二科展了呢。
呃。
すぽっ
這是真的嗎……
聽說還登上了在地的報紙……
哼——
還真是強敵呢。

*碰

※「二科展」……日本三大公募展之一，每年舉辦，分為繪畫、雕塑、設計和攝影四個部門。

啊，柘植先生。
房子的事怎麼樣了？
這個嘛……這個月似乎沒辦法呢。
下個月怎麼樣？
這個嘛…
你不是跟我說，房間會空出來嗎？
……
下個月底應該沒問題吧。
你是說真的嗎？
應該吧。
那就拜託你了。

又過了一、兩個月……
啊，柘植先生。
距上次已經兩個月了……
房間還沒空出來嗎……
……
＊呼—
柘植先生！
……
……
柘植小弟。

你居然敢對鼎鼎大名的柘植老師說這種話！
你不懂什麼叫禮貌嗎…
就算你這麼說……
但我只不過是在問房間的事。
蠢蛋。
叫柘植小弟是怎麼回事？怎麼回事？
要叫柘植老師，是柘植老師！
哈呼。
フー

＊呼——

*咳咳咳咳

*窸窣

＊呼—
父親病危，立刻返家。
什麼，令尊過世了嗎？
不，只是病危而已，還活著。
＊呼—
啊，一堆狗屁倒灶的事，真累人……

*JINX（厄運）

純喫茶
ジンクス
啊，柘植先生。
……
……
？
那個……
只要豐川待在這裡，池上跟北山
都說不想幹了……
就連我也……
噫噫—
現在這麼忙，助手如果都不做了，事情可就不得了了。
音楽喫茶劇場・ラ・セーヌ
キャバレー
リド

就在這時，豐川一臉蒼白地回來了。
*呼—
父親去世了。
フーッ
我雖然輸了血給他，但還是回天乏術。
*喀啦
ガラッ
啊。
柘植先生！

對了，我終於把所有行李都送過來了。
……
……
柘植先生，
沒問題吧？
*別過頭
クル
スタスタスタ
*噠噠噠噠
那個遲鈍的豐川，又對柘植先生……

居然敢對纖細的柘植先生
口出暴言！
北山呀，去他家看一看比較好吧？
豐川啊，你要不要去別的地方試試看？
什麼？
就算突然對我這麼說……
你這什麼回話的態度！
バタン
*啪噠
大事不妙了！
怎麼？
柘植先生只留下一封信，人就不見了。

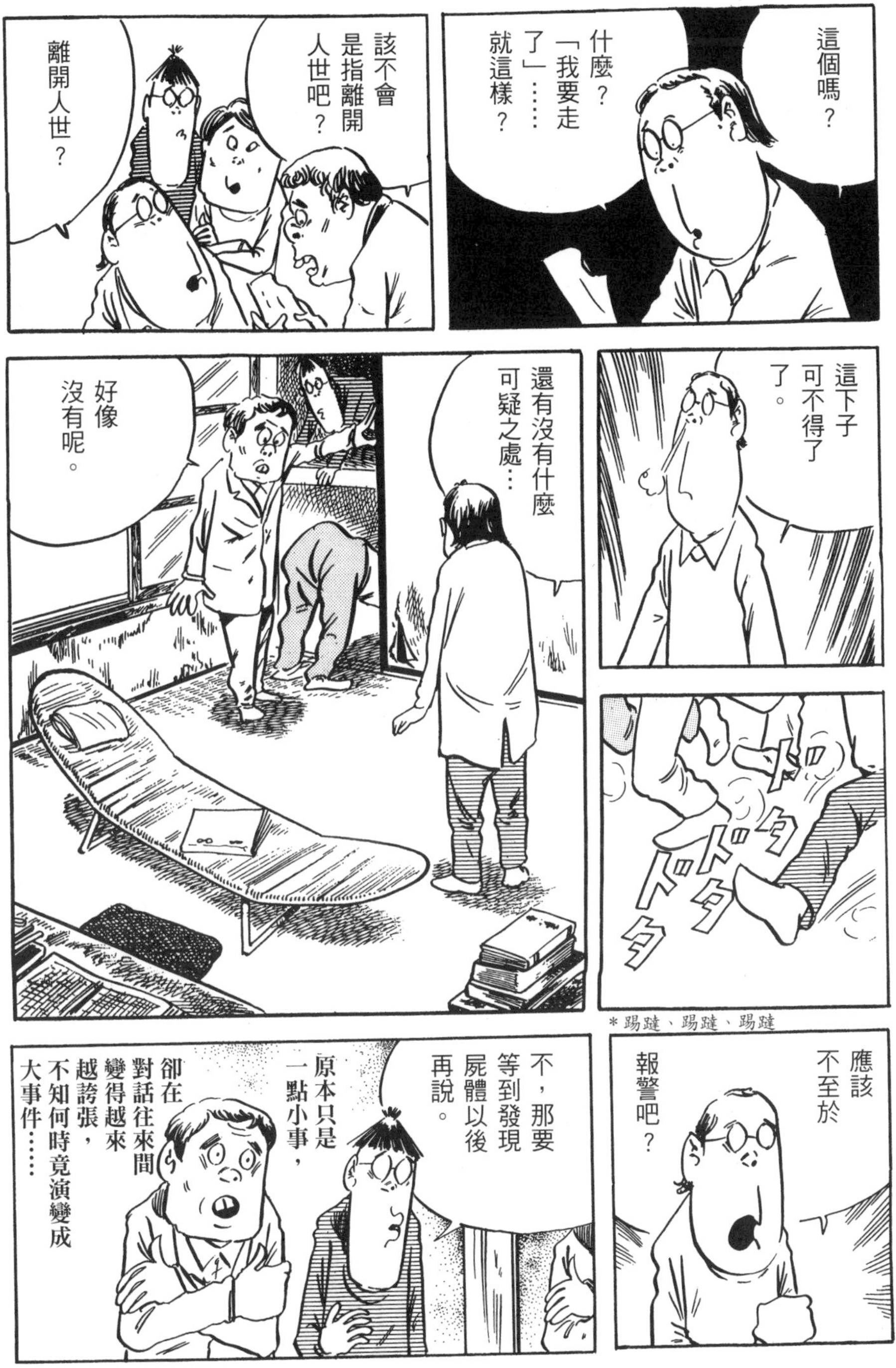
這個嗎？
什麼？「我要走了」……就這樣？
該不會是指離開人世吧？
離開人世？
這下子可不得了了。
ドタドタドタ
＊踢躂、踢躂、踢躂
還有沒有什麼可疑之處…
好像沒有呢。
應該不至於報警吧？
不，那要等到發現屍體以後再說。
原本只是一點小事，卻在對話往來間變得越來越誇張，不知何時竟演變成大事件……

能夠獨自尋死之人，實在很幸福……
如此台詞一出，妄想就變得更加一發不可收拾。
我去京王線鐵軌那邊找找看。
嗯。
如果找到屍體的話，立刻送到葬儀社去。
畢竟他纖細得就像詩人一樣……
即便如此，豐川那傢伙……！
沒錯，豐川，你就跟著柘植先生一起下黃泉吧。
我可沒說過要搬去黃泉呢。
フーッ
豐川，都是你不好！
快滾吧！

*呼——

叫我滾，是要滾去哪裡？
當然是這地球上。
助手們都在胡搞瞎搞，交稿也延誤了。
乾脆去南方看看吧……托培托羅和艾蒲蓓都在等著呢……
柘植先生回來了嗎？
他似乎踏上沒有終點的旅行了。
柘植先生果然是天才呢……
麵包還沒好嗎……
バタ
啊，都烤焦了。

* 跳起

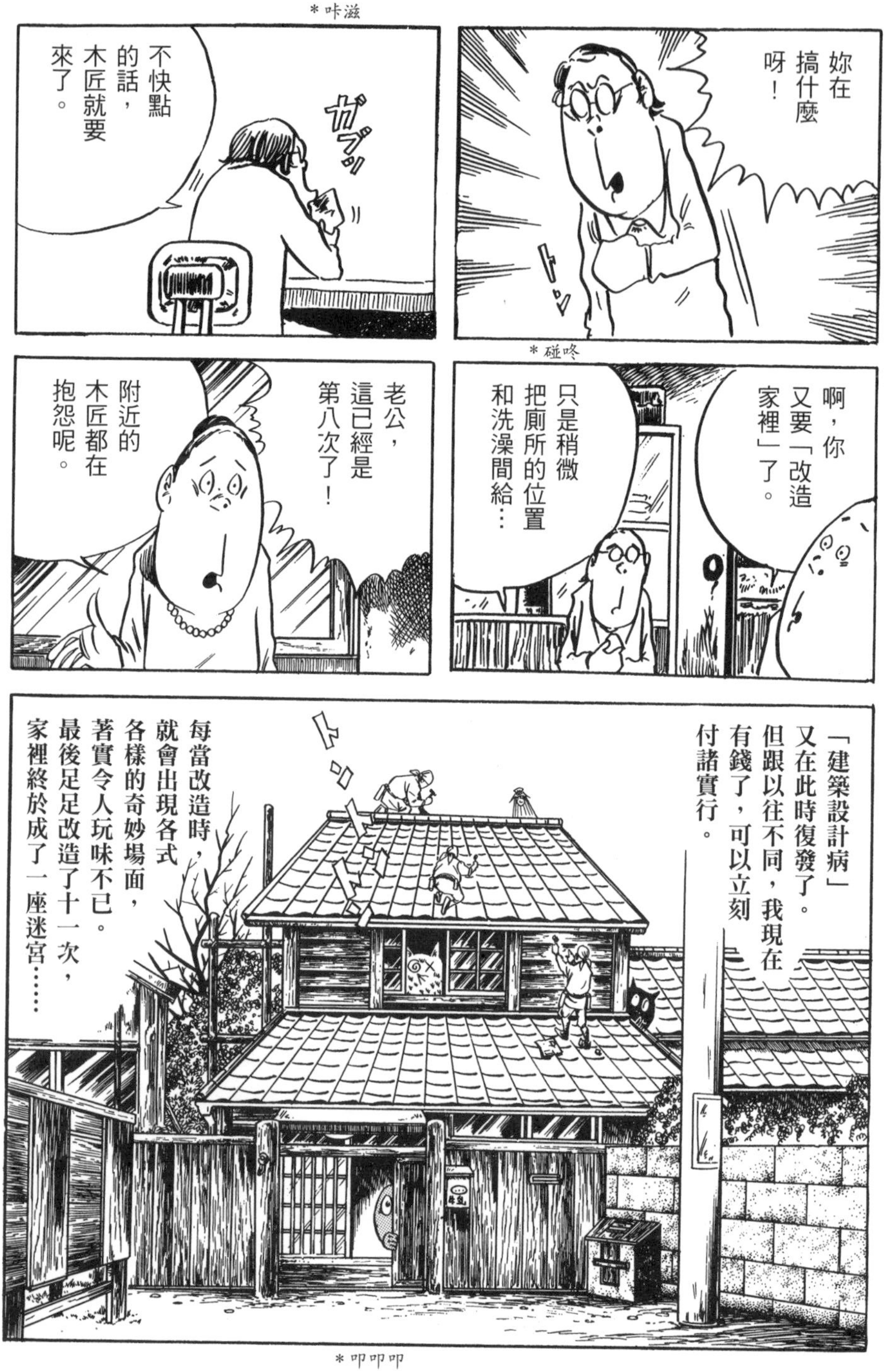
＊咔滋
妳在搞什麼呀！
不快點的話，木匠就要來了。
＊碰咚
啊，你又要「改造家裡」了。
只是稍微把廁所的位置和洗澡間給⋯⋯
老公，這已經是第八次了！
附近的木匠都在抱怨呢。
「建築設計病」又在此時復發了。但跟以往不同，我現在有錢了，可以立刻付諸實行。
每當改造時，就會出現各式各樣的奇妙場面，著實令人玩味不已。最後足足改造了十一次，家裡終於成了一座迷宮⋯⋯
＊叩叩叩

第13章 高度成長的矛盾

昭和四十二年（一九六七）四月十五日，在統一地方選舉中，東京都由社共兩黨推薦的※美濃部亮吉當選。
自此時起，各地紛紛誕生了革新知事。原因之一在於，隨著學生運動高漲之下，市民運動也開始抬頭。
時序在此稍微回溯，昭和四十年四月，為了抗議美國轟炸北越，市民和文人成立了※「越平連（為越南帶來和平！市民連合）」。
這是為了打破社會運動至今為止的封閉性，也成為市民運動的帶路先鋒。
另一點就是經濟擴張，以及背後隨之而來的公害。東京奧運之後，景氣雖然暫時下滑，但沒多久就恢復了。
自四十年秋天以降，出現了持續五年的經濟擴張期（伊弉諾景氣）。所謂的高度成長在此進入巔峰。

※「美濃部亮吉」（一九〇四～一九八四）……日本經濟學家、政治家。曾連任三屆東京都知事，在長達十二年的任期中實現許多劃時代創舉。主張天皇機關說的知名憲法學者美濃部達吉正是其父。

＊咳咳咳、咳咳咳

景氣擴張也提升了國民的文化水準，最後反倒將高度成長的矛盾曝露在國民眼前，
真是諷刺的現象。公害也變得更加嚴重，昭和四十二年八月，公佈了公害對策基本法。
公害白書
景氣擴張也有一部份是受到越南特需的支撐，
而作為反省，市民們發起的反戰運動也越來越盛行。四十二年十月八日，佐藤首相出發訪問包含越南在內的東南亞各國，
但反日共系全學連的學生們則視此舉為支持越戰，在羽田機場附近和機動隊爆發衝突，一名學生喪生。
羽田觀光
以這起羽田事件為開端，學生運動開始越演越烈。

※「越平連」……成立於昭和四十年（一九六五）的民間反越戰運動團體。廣泛獲得一般市民自發性的支持，展開各種街頭遊行、宣傳、呼籲與援助活動。於昭和四十九年（一九七四）解散。

*嗚哇—嗚哇—

在十月八日之後，※佐藤首相又於十一月十二日踏上訪美之旅，而前往阻止的抗議學生人數比上一次更多，
動員了大量的參加者，和機動隊爆發衝突。此時，學生們為了防止頭部被警棒打中，

而戴上頭盔；為了防止催淚瓦斯攻擊，而綁上毛巾…一律採用這種裝扮。
昭和四十三年一月十九日，核動力航母企業號在長崎縣佐世保入港，艦上不僅可能載有核彈，還是一艘越戰實戰配備的航母，

*砰砰砰砰砰

※「佐藤榮作」（一九〇一～一九七五）……日本政治家，岸信介之弟。昭和三十九年（一九六四）接任首相，維持了長達七年八個月的政權，任期間迎來日本高速成長的黃金時代。於昭和四十九年（一九七四）獲頒諾貝爾和平獎。

＊砰砰砰砰砰砰

因此爆發了激烈的反對運動。警方在航母入港日搶先一步，
在東京的重點大學和反對集會場所採取了預防性管束，進行大量逮捕，

但反日共系全學連的學生們仍然在佐世保展開了大規模鬥爭。此時，即便是一般國民，也多半對學生抱持著同情支援之意，
積極捐款的人不在少數。而反日共系全學連的學生們，

也在千葉縣成田市的三里塚發起運動。
三里塚雖然是綠意盎然的農業地帶，但在昭和四十一年的閣議決定下，訂為新國際機場的預定地。

政府不曾聽取農民的意見，便擅自拍板定案，
自然引來了抗議運動，甚至謠傳當地將移作軍事基地之用，農民和學生於是結為同盟。在反企業號鬥爭的兩個月之後，於三月十日召開反對機場大集會，學生和機動隊爆發衝突。

此後，在這場成田鬥爭中，學生、機動隊雙方都不斷出現死傷者，
即便是在昭和五十三年五月新機場開航之後，仍然衝突不斷。
NEW TOKYO INTERNATIONAL AIRPORT

佐世保與成田事件先後爆發，昭和四十三年的學生運動在入秋之後…
甚至演變成東大、日大紛爭。東大方面，批判醫學系的老舊體質。學生自前一年開始對校方開砲，
該年秋天，甚至發展成質疑東大存在的鬥爭。日本多半的精英分子出自東大，國策也皆由東大學閥把持，因此成為批判對象。
另一方面，日大則爆發了假帳問題。而學生們主張這是※大量生產式「大學產業」的病理現象，
因此發動罷課。超級精英大學東大以及作為超級大量生產大學的日大，日本大學的矛盾全都集中出現在這兩校上。

※「大量生產」（マスプロ）……意指超過一百名學生、坐在大教室聽老師麥克講課的模式，這種單向授課的方式忽視了學習交流，為人所詬病。

※「新宿車站動亂事件」……昭和四十三年（一九六八）十月二十一日的國際反戰日傍晚，新左派的諸派人士召集了數千人集結於新宿車站並闖入站內滋事，在出口放火或是向列車及各種設施扔擲石頭，導致車站嚴重損害、交通癱瘓。

其他大學雖然在程度上不盡相同，但多半介於東大和日大之間的情況，
因為相同議題而陷入罷課的大學層出不窮，學生們於是成立了全共鬥（全學共鬥會議）。
全共鬥帶動了全國性結盟，而這些運動又跟反越戰運動互通……
昭和四十三年十月二十一日的國際反戰日上，甚至在新宿車站爆發※動亂事件，因為美軍的軍需物資都是由國鐵負責運送的。
同時，名為「瘋癲族」的日本嬉皮族，以及戲劇、音樂青年所聚集的喫茶店和酒館，有不少都設於新宿車站周遭，

成為年輕人文化的中心，這也是本事件的背景之一。隔年，站前廣場
果実店
召開了演唱反戰歌曲的民謠集會，並和出面取締的警官隊產生摩擦。

這裡是動亂事件爆發當下的新宿車站月台，年輕人在此扔擲石頭……
しんじゅく
四十三年十二月十日早上九點半，在東京都府中市府中監獄旁的路上，日本信託銀行國分寺分行的

運鈔車，被白色警用摩托車下令停車。騎車的警官宣稱車上裝有定時炸彈，
要行員趕快下車，自己卻坐上車揚長而去。原來警官的摩托車是偽造的，運鈔車上裝的三億元
則就此被盜走。犯人的犯行既大膽又鮮明，因此贏得了世人的注目。
警方始終致力於鎮壓學生運動，開始有部份人嘲笑警察的失態。甚至有人謠傳，是學生運動內部所為。
警視庁
七年後時效到期，至今仍真相未明。
四十四年一月十八日，東大紛爭迎向最大的高潮。為了清除困守於東大象徵※安田講堂中的全共鬥學生，

※「安田講堂」……位於日本東京大學本鄉校區，由安田財團創辦人安田善次郎所捐贈，設計人是後來曾擔任東大校長的建築家內田祥三。東大安田講堂事件發生後陷入長期荒廢，直到一九九四年修復完成後才再度啟用。

*嗚哇—嗚哇—

而出動
機動部隊。
投石、汽油彈、
瓦斯彈、噴水……
防禦比想像中
來得堅固，
直到隔天
十九日
傍晚，才
解除封鎖，
一共逮捕
六三一人。
「安田砦」
經電視轉播，
帶給全國強烈
的衝擊。

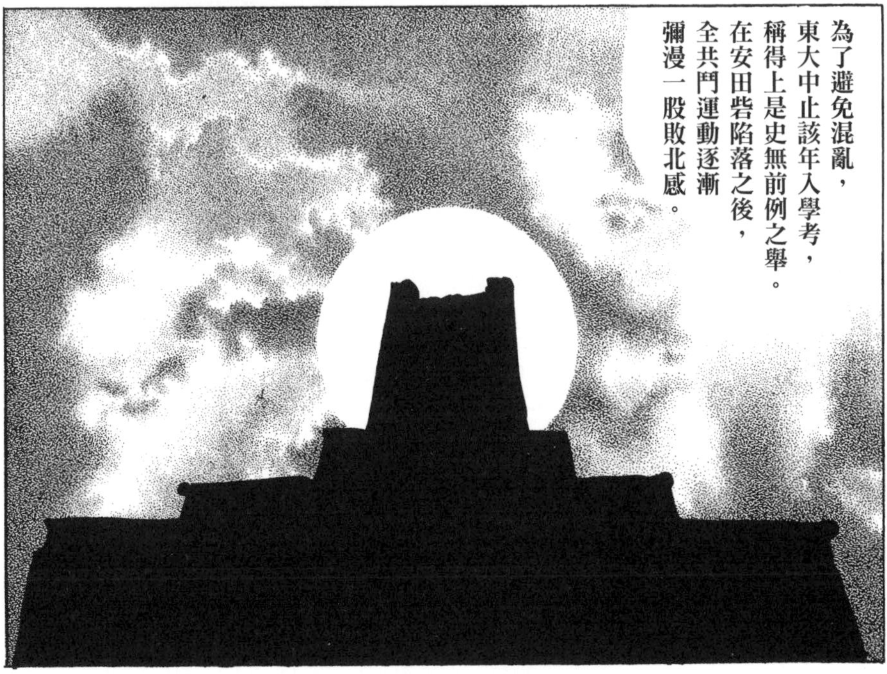
為了避免混亂，
東大中止該年入學考，
稱得上是史無前例之舉。
在安田砦陷落之後，
全共鬥運動逐漸
彌漫一股敗北感。

而作為反動，在新左翼全共鬥中也出現了主張要更激進行動的團體，於是組成赤軍派。
珈琲
乗客はタクシーのりばをご利用下さい
タクシー協会
到了秋天，更在大菩薩嶺舉行軍事訓練，遭到警方逮捕。

第14章 終於，倒下！

＊呼—

啊，分鏡似乎還沒畫好呢。
啊，你來啦…
嗯，馬上就畫好了。
啊——根本還是一片白紙嘛！該怎麼辦？
嗯，馬上就畫好了……馬上……
可是現在已經十點了。
你不是說十點一定沒問題嗎？
嗯，馬上就好。

啊，要去哪？
呃，我都是一邊騎腳踏車，一邊構思分鏡。
這種踩著踏板的腿部運動，
能促進我大腦的節奏。
啊，不行。時間已經很緊迫了……
就算你說不行也沒有用！
我現在的腦細胞就跟豆渣沒兩樣，什麼東西都擠不出來。
那我就在這裡等你一整晚。

＊嘰哩咕嚕
啊，不妙了，肚子痛！
ゴロゴロ
沒辦法，就在這裡上吧。
雖然全速朝家裡前進，但還是撐不住了！

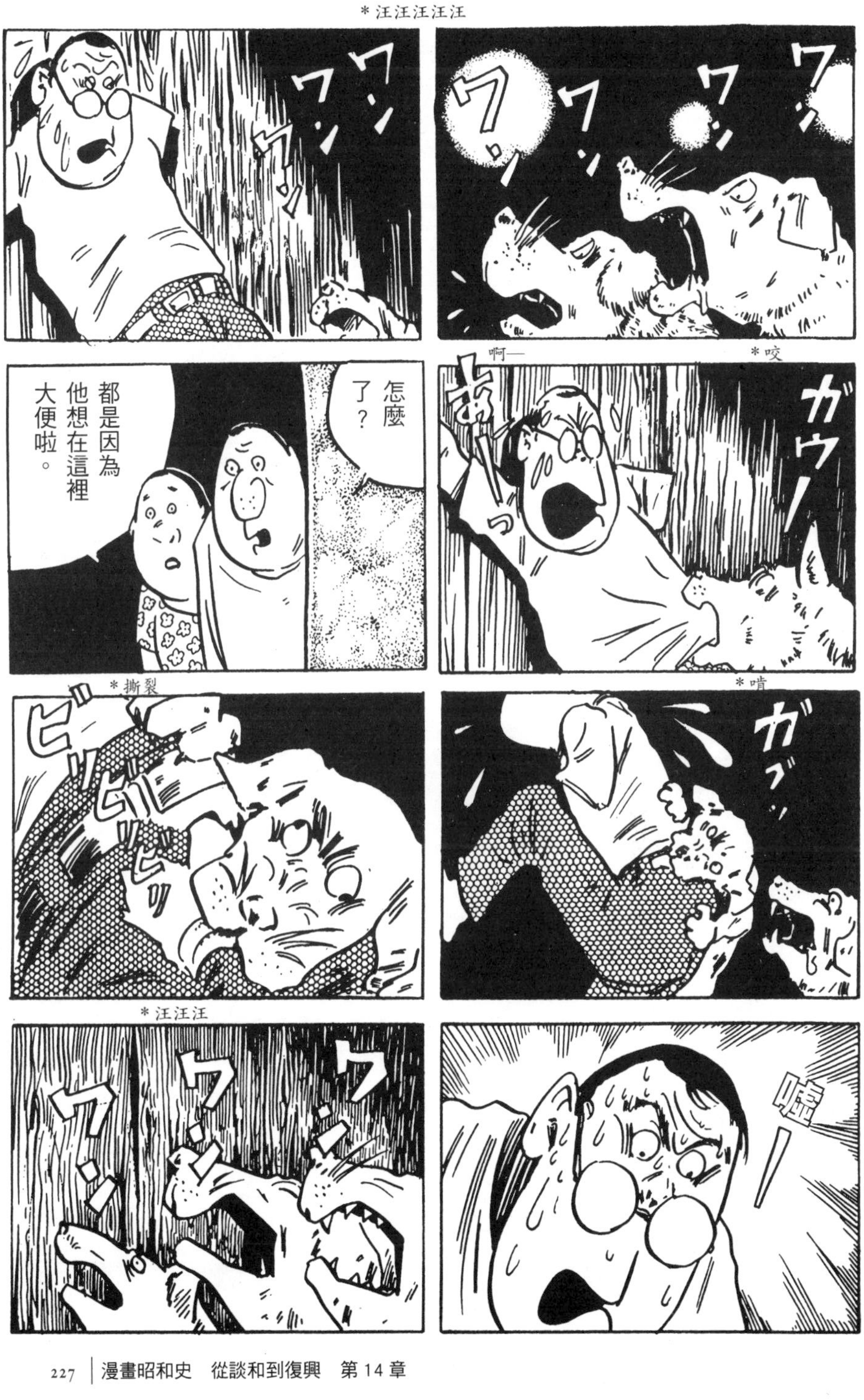

*汪汪汪汪汪
*咬
啊—
怎麼了？
都是因為他想在這裡大便啦。
*啃
*撕裂
噓！
*汪汪汪

這裡
實在
行不通！
食
堂
營業中
ワワワワワン
ンンンンン
* 汪汪汪汪汪汪
不好意思，
我想借廁所！
我是所謂的
直腸子型，
只要一有便意
就會馬上拉出來，
只好去認識的書店。

請、
請等
一下。
我家廁所
很髒喔，
而且……
拜託你
了。
廁所簡直
就像迷宮
一樣……
請
讓一讓，
我憋不住了。
入口
在哪裡？
就是那扇
窗戶。
窗戶？

＊喀

是癩蛤蟆！
真是不好意思。
不會。
混帳，廁所竟然沒衛生紙……
這還是頭一遭。
感覺真不舒服。
得趕快回去擦屁股才行。

嗯？有什麼事嗎？
還問什麼事，晚上騎車要開燈，這不是常識嗎？
喂。
啊，昨天就故障了。
昨天就故障了？
你以為這麼說有用嗎？
是，我會多加注意。
居然在這種重要關頭掃我的興。
今晚如果想不出分鏡的話，你打算怎麼辦！

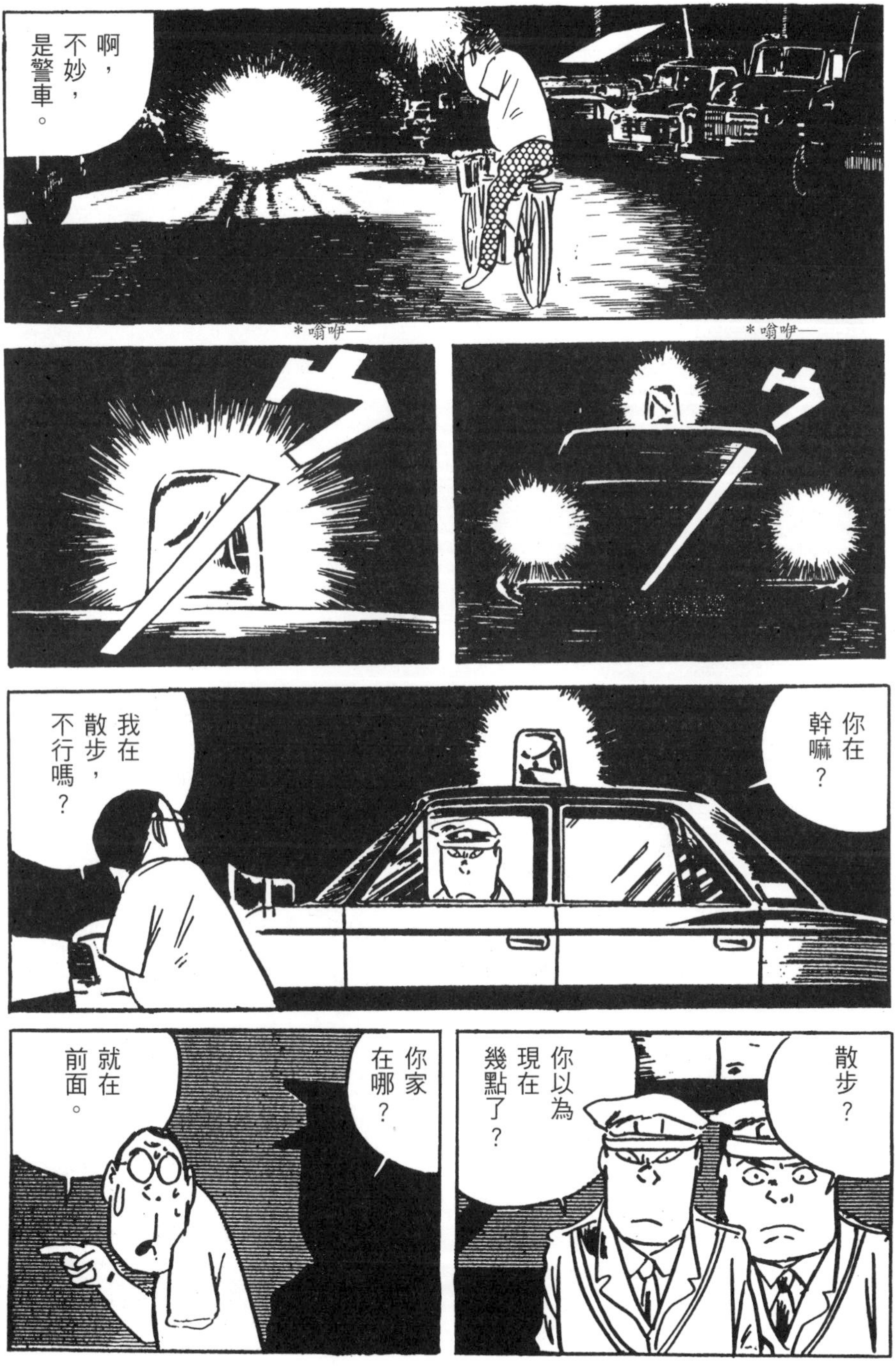
啊，不妙，是警車。
＊嗡咿—
＊嗡咿—
你在幹嘛？
我在散步，不行嗎？
散步？
你以為現在幾點了？
你家在哪？
就在前面。

你是做什麼的？
我在畫漫畫。
是這樣嗎，讓我們盤查一下吧。
你身上好像沒有女性內褲呢。
女性內褲？
中年變態近來很猖獗。
這麼一來，我是被……當成偷內褲的變態了……
好啦好啦，趕快回家吧。
這傢伙還真失禮。
這就回去。
真是亂七八糟。

＊呼——

你這趟散步去了真久。
＊汗涔涔
有辦法在早上之前趕出來嗎？
……
……
……
今年夏天還真熱呢……
フー
＊呼—

*搖搖晃晃
*碰咚—
呼哈，你怎麼了？
我看到好多人影……
發生什麼事了！
*噠噠
他昏倒在地了！

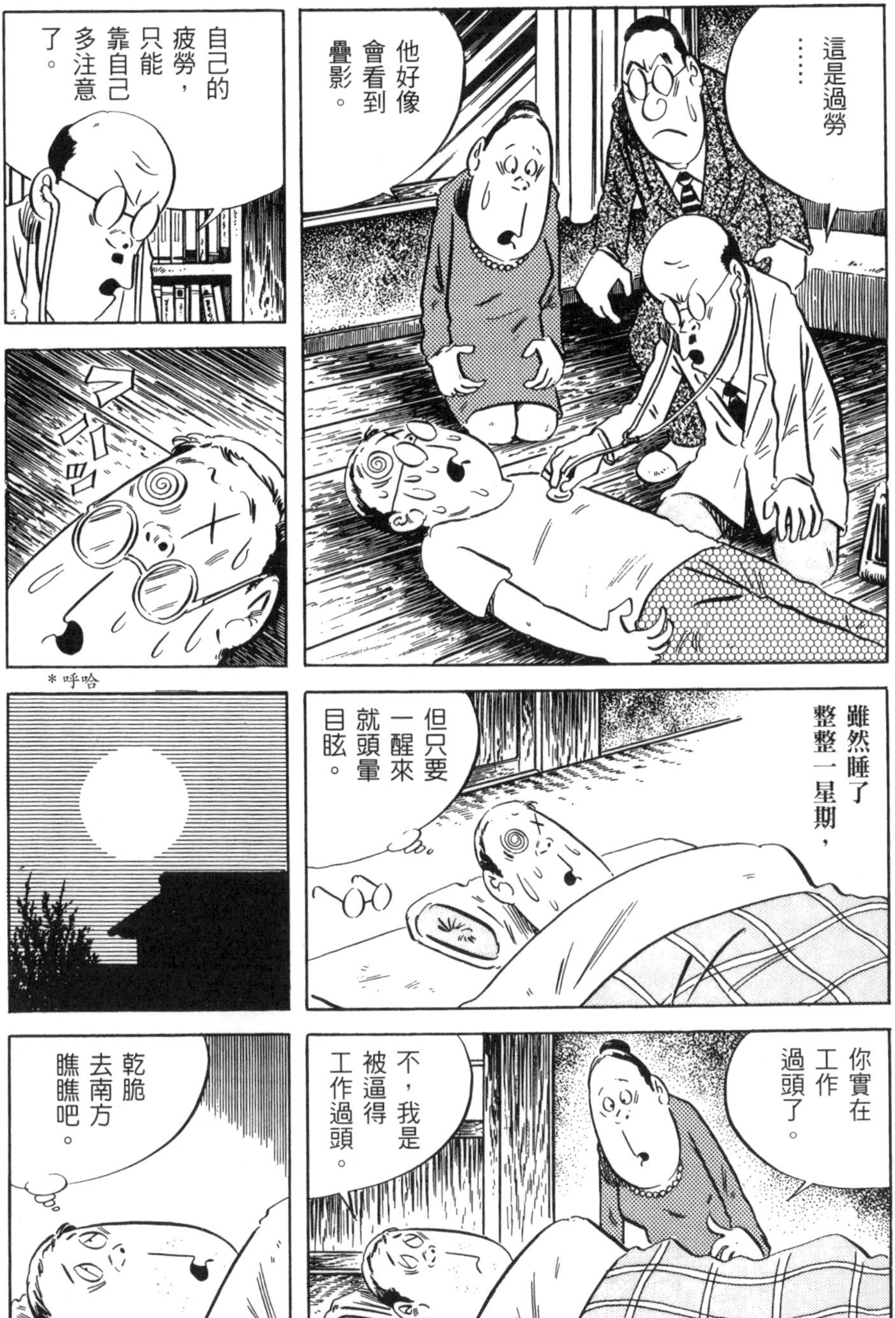
這是過勞……
他好像會看到疊影。
自己的疲勞，只能靠自己多注意了。
＊呼哈
雖然睡了整整一星期，
但只要一醒來就頭暈目眩。
你實在工作過頭了。
不，我是被逼得工作過頭。
乾脆去南方瞧瞧吧。

總之，你得休息才行。
不，編輯都會騙我，逼得我晚上徹夜工作。
カリカリ
可是因為各式各樣的理由，不能就這麼不幹了。
＊沙沙沙沙
只不過睡了一星期，又得再次工作個不停……
就在此時……
カリカリ
＊沙沙沙沙
阪急的「寶塚家庭遊樂園」打電話來，說他們想要做《鬼太郎》……
我就一口答應了。等我去了「寶塚」，竟有想像不到的事情正在等著我……

第15章 睽違三十年的戰場

活動就要開始了，於是我去了寶塚一趟……

哇，是鬼太郎！
第1会場
ゲゲゲの鬼太郎の
妖怪大作戦
水木しげる

哦，你近來可好？
啊，這不是宮軍曹嗎！
你還活著嗎！
我在阪急工作呢。
你現在也出人頭地了呢。
你是董事嗎？
不，我是寶塚的次長。
那就約在旅館……
嗯，好啊。

我晚餐時去找你。
於是乎，到了傍晚，宮軍曹就出現了。
剛好石橋也說想見見你。
那就餐廳見了。
石橋原來沒有戰死呀。
我還活得好好的呢。
雖然好像發下了「玉碎命令」……
我還真想回去瞧瞧。
我們也聊過這件事。
會花上一個月嗎？
不，不用這麼久。

沒想到我們還有機會再活著回去。
就是說呀。
總之先去問問航空公司吧。
什麼時候要去？
十二月比較好，因為是旱季。雨季去的話，就什麼事都做不了了⋯⋯那就⋯⋯再見了⋯⋯
⋯⋯雖然是這麼說，但真的去得成嗎？
你如果去了的話，當心被亡靈拉住不放。
說得沒錯。

不知為何，差點讓人送命的地方，就是這麼吸引人。
這是因為靈魂在召喚你啦……
士兵們一向很喜歡造訪戰爭時的戰場。
除了戰友之靈召喚之外，實在想不出其他可能了。
在危急關頭時，我也曾跟靈魂通話……
啊，是我正在逃跑的時候…
此事暫且不提，我也想跟托培托羅再見上一次面。
沒錯。
托培托羅他們是你的恩人。
沒錯。
我以前就曾經想過，要全家搬去那裡住。
搬去哪裡住？
托培托羅那裡。
你傻啦？
老公，孩子們要怎麼辦？

而且墳墓也……
這個嘛，總而言之那裡是個很悠哉的地方…
可是說要搬家就太過份了。
什麼！妳反對嗎！
啊，有五、六位編輯在等你。
老公，工作太認真的話，當心又倒下喔。
這我清楚得很。
所以我才說要全家搬去托培托羅那裡住，去托培托羅那裡！

之後又過了半年，當我差點忘了這檔事的時候……
因為要申請護照，
叫你寄戶籍謄本過去。
啊，他們真的打算要去呀。
以上班族來說，他們也未免太有活力了。
應該是太想去了吧。
該不會是要在那裡定居吧？
我嗎？我是打算回來啦。
總而言之，得先去瞧瞧托培托羅的土地。
終於在昭和四十五年（一九七〇）十二月十四日，從羽田出發前往南方。首先是去戰場……

*嗡—

キャッ
キャッ
終於來到這裡了……
看來在那之後都沒人來過，仍是一片荒蕪。
鐵飯盒也滿地都是。
到處都看得到枯骨。
被丟在這裡快三十年了，真可憐。

*嘰嘰

*縹緲——

＊唧唧唧唧
那就躺進睡袋裡，準備睡覺吧。
最好還是在頭上罩個蚊帳吧。
＊唧唧唧唧
誰？是誰？

我們已經等了將近三十年，看有沒有人會來……我們究竟抱著何種心情，你們是不會懂的。
呼哈。
宮軍曹！
石橋！
喂，你到底是懂，還是不懂……
吁——吁——
我懂了，我懂了！
不要再靠近了。
我們才二十二、三歲，一生就結束了。
我知道，是我們活太久了。
喂，宮軍曹！

現在可不是睡覺的時候。
啊！
石橋！
宮軍曹變成一具白骨了。
あーっ
*啊——
這究竟是怎麼回事？
呼哈……

* 啊啊啊

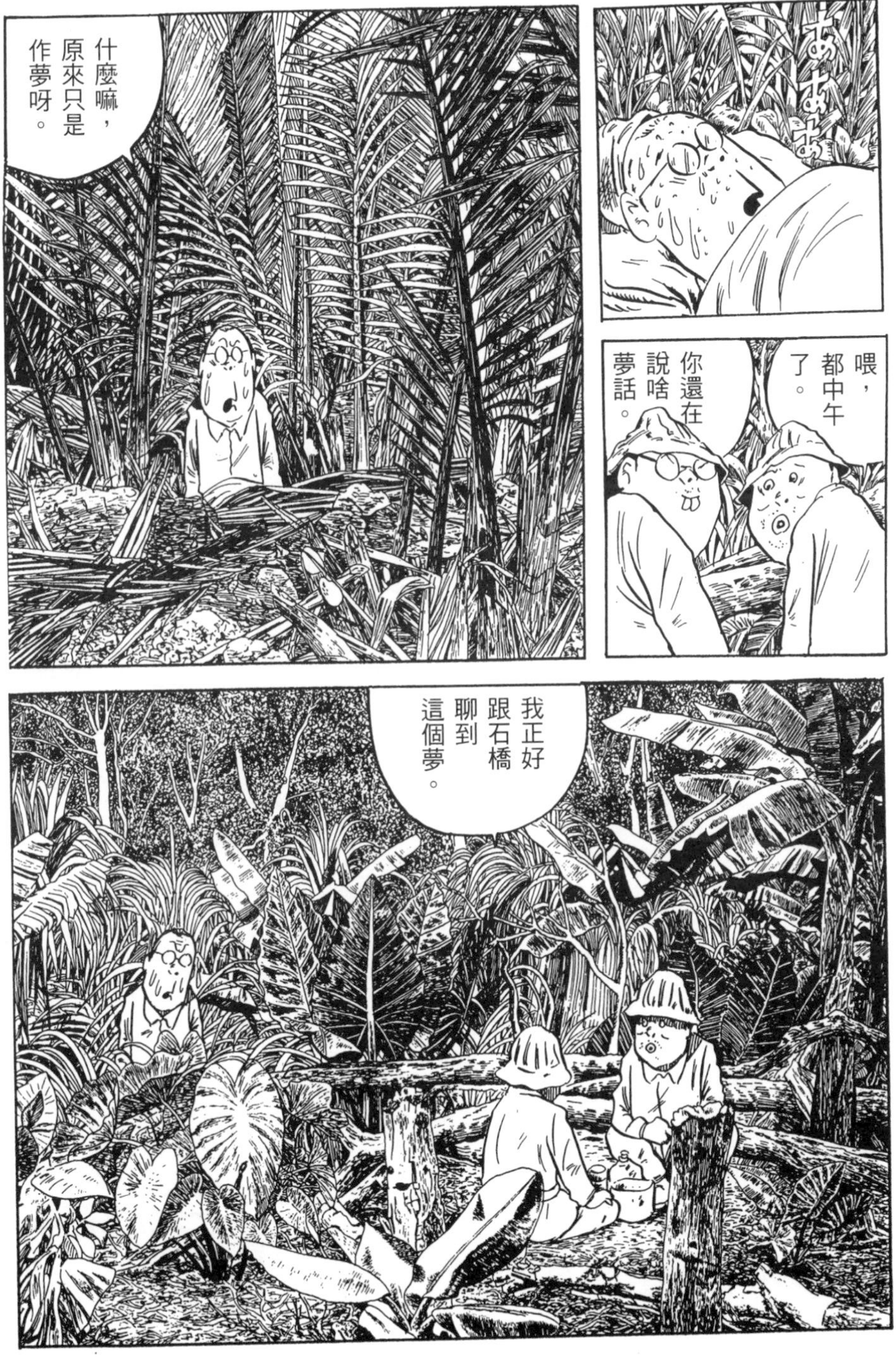

あああ
什麼嘛，原來只是作夢呀。
喂，都中午了。
你還在說啥夢話。
我正好跟石橋聊到這個夢。

一問之下，才發現三人都作了相同的夢……
這個嘛，不過是偶然罷了。
不，就算是偶然，也太湊巧了。一定是被託夢了。
我從內地帶了日本酒過來，好好祭拜大家。
那就一起收集骨頭，好好加以供養吧……啊，好癢。
蚊子真多。
沒多久，我們就把白骨和水壺等收集起來，埋進洞裡、再灑上酒，加以供養……然後……

不知從哪
飛來的
大批蝴蝶，
一齊停在
這座墳塚上。
啊！
這是怎麼回事！

世上還真有這種怪事，靈魂跟蝴蝶不知道有什麼關係。即便如此，還真不可思議。
不，那絕對是靈魂。
是因為酒嗎？
蝴蝶喜歡喝酒嗎？
我跟兩人別過，獨自前往托培托羅的地方……

第16章 與托培托羅再相會

搭乘小型飛機三十分鐘，抵達了拉包爾。
我想找托培托羅。
哈哈哈，交給我吧。
這已經是將近三十年前的事了。
喔喔，戰爭中的……真懷念。

*喀噠、喀噠

阿覽甘
莫拉拉。
阿波拉
卡米奇拉。
雖然一路
詢問
當地人
……
拿佩佩
嗚魯卡
伊。
卻始終不得
其門而入…
過了
兩、三小時
後……
你要
去哪？

我要回去了。
再繼續找找吧。
時間已經是傍晚，我也快放棄了，試著向最後一位當地人詢問。
哦，托培托羅還在喔。你是保羅嗎？認得我嗎！
……
……
我是托瑪里爾啦！
在雨天拿水果給我的……
實在想不起來呢……
保羅，來！

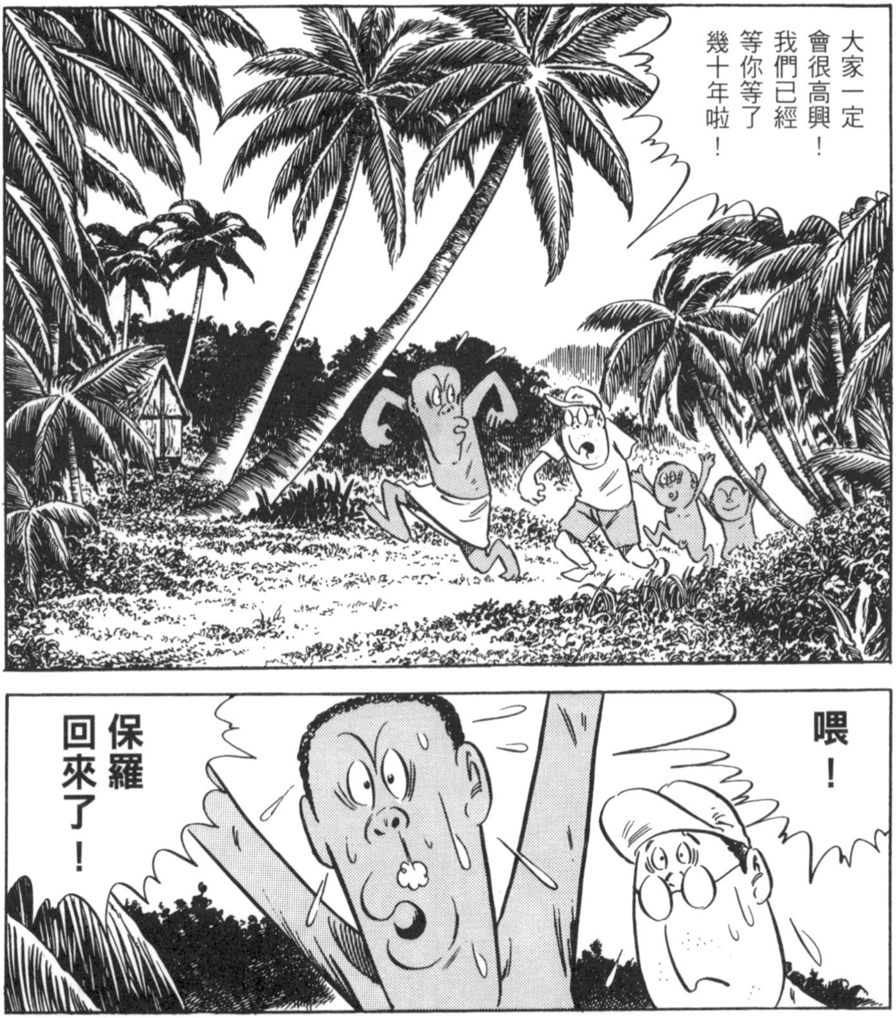
大家一定會很高興！我們已經等你等了幾十年啦！
喂！
保羅回來了！

*嗚哇—嗚哇—嗚哇—

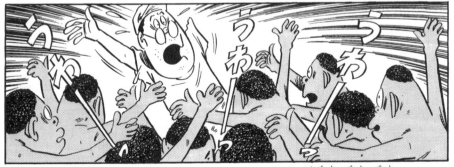

＊嗚哇—

沒想到竟遇上一大群小孩……
うわ！
嗚哇！
……
這是托培托羅。
……
……
……
喂，托培托羅。
……
一握手，雖然他手勁很強，卻一言不發。
認得我嗎？
認得，認得。
他說話的聲音就像食用青蛙一樣。二十五年前的那位美少年，
如今已經變成中年大叔了。

一回過神來，眼前已經站著前村長托瓦魯瓦拉、滿頭白髮的富翁（說是富翁，也只是貝幣比較多）奇阿拉，以及被稱為基督教大師、鬍子留得像木喰佛的老人。
每個都是在日本罕見的寶貴人物。

保羅，歡迎歡迎。
很高興見到你。
在簡短的詞句中，藏有在文明社會中所難以見到的真實……

伊卡莉妍怎麼了？
達伊皮尼斯（已經去世了）。

她一直都在等你回來呢。

保羅，
吃飯吧。

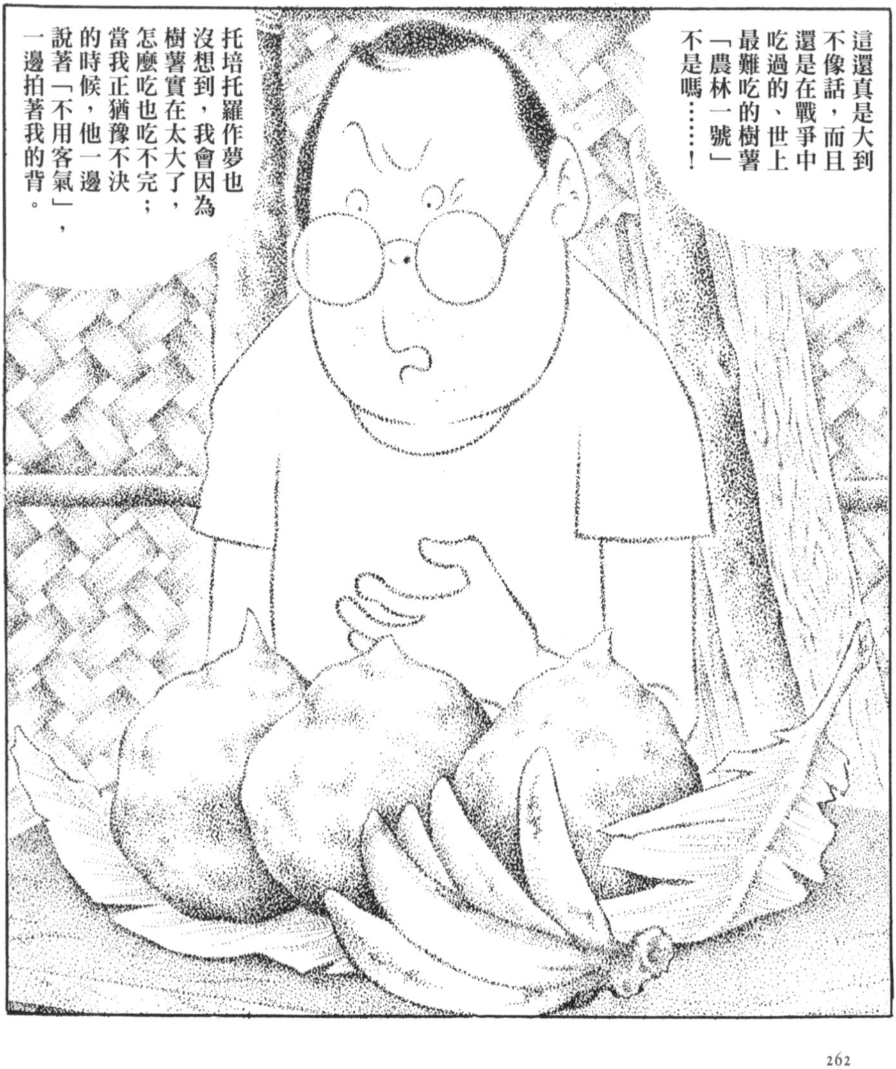
這還真是大到不像話，而且還是在戰爭中吃過的、世上最難吃的樹薯「農林一號」不是嗎……！
托培托羅作夢也沒想到，我會因為樹薯實在太大了，怎麼吃也吃不完；當我正猶豫不決的時候，他一邊說著「不用客氣」，一邊拍著我的背。

村子裡彷彿出現
稀有動物一樣，
跑來二、三十
位村民，
一起偷看
我的睡相。
在人類的體溫
和異臭之下，
屋子裡呈現一種奇妙
的感覺，他們更對我
拋出各種的問題。
而且每個
問題都
出乎預料，
面對這種
宇宙人般
的問題，
我不禁
退縮了⋯⋯
幸好燈油燒盡，
四下變得
一片漆黑，
讓我獲得解放。
當我半夜
打算把吃剩
的樹薯
丟進山裡，
假裝吃完
的時候，
腳往
地上一踏
⋯驚覺
地板就像
橡膠一樣⋯⋯

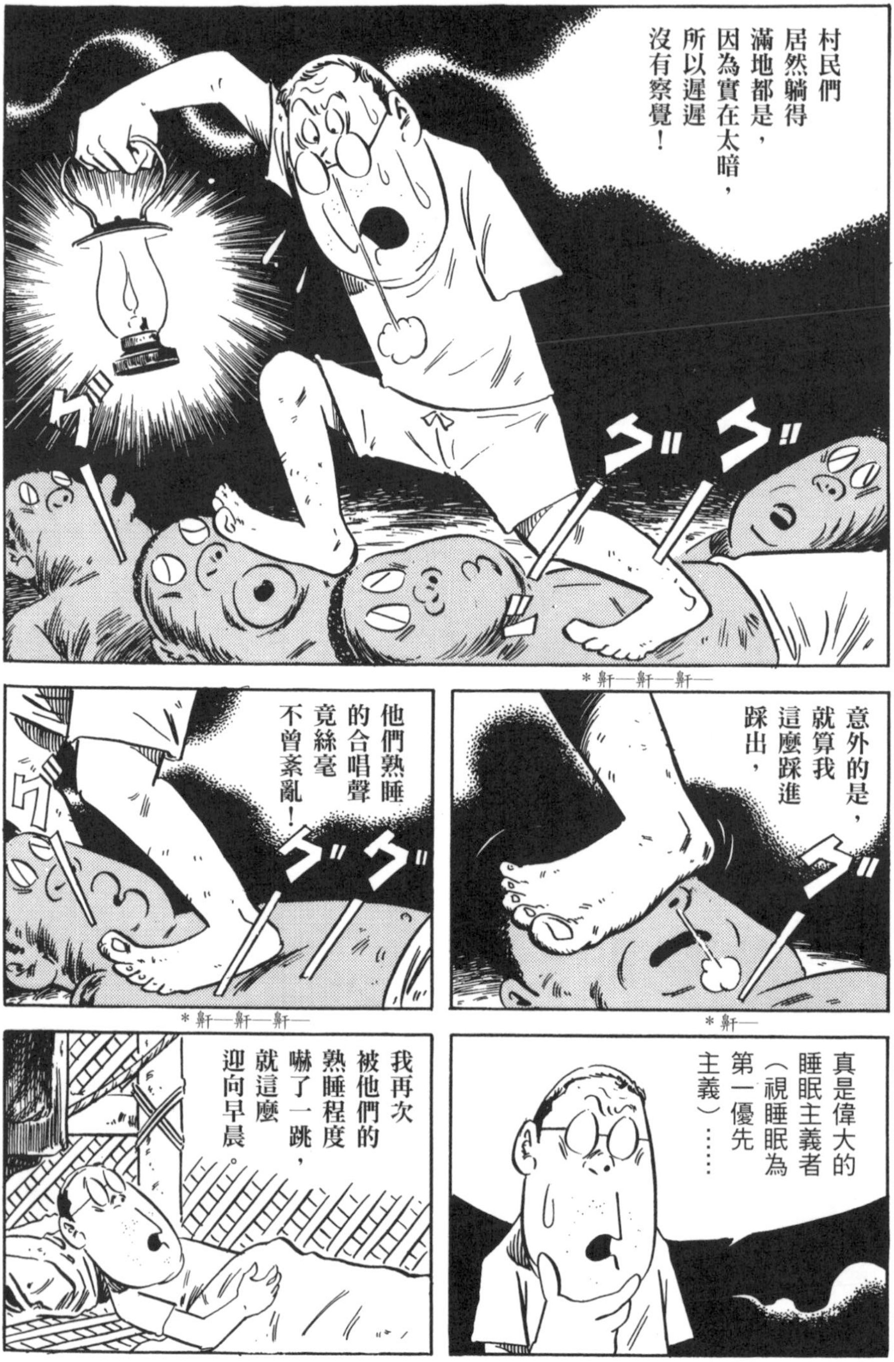
村民們居然躺得滿地都是，因為實在太暗，所以遲遲沒有察覺！
*鼾—鼾—鼾—
意外的是，就算我這麼踩進踩出，
*鼾—
他們熟睡的合唱聲竟絲毫不曾紊亂！
*鼾—鼾—鼾—
真是偉大的睡眠主義者（視睡眠為第一優先主義）……
我再次被他們的熟睡程度嚇了一跳，就這麼迎向早晨。

在洗臉之前，我朝鐵桶裡一看，裡頭居然都是孑孓。
仔細一想，昨晚的咖啡喝起來確實特別濃稠。
我該不會是喝了孑孓咖啡吧！
哈哈哈，都有煮過，沒問題啦。
托培托羅對此顯得毫不在意。
而且早餐又是巨大的樹薯。
我已經不想再吃樹薯了。
哈哈哈。
＊啪
不用客氣啦。
呼哈。

廁所在哪？
隨便找個地方上吧。
找到一座山坡，開始方便之後……
＊噗嚕
他們竟群起圍觀。
啊，出來了！
跟我們沒什麼差別嘛，顏色也一樣。
就連前面的東西也一模一樣。
這大便要怎麼處理……
豬會吃得一乾二淨，就交給牠們了。
原來如此，還真方便呢。
他們看我看得很欽佩，而我也對沒有廁所的生活感到很欽佩，彼此間奇妙地互相欽佩。
「美女」艾蒲蓓現在過得好嗎？
喔喔，艾蒲蓓！

「保羅，樹薯
煮好囉。」
南方朋友的家裡
什麼都沒有，
但卻充滿著
「不可思議的
充實感」……
昭和史
高度成長以降

戰後的日本經歷高度成長，不知不覺間進入「富有國家」之列但為何人們卻未必「幸福」呢？

昭和六十四年初，長年以來擔任日本象徵的天皇駕崩，時代從「昭和」變為「平成」——不知為何，我也有一種卸下了肩頭重擔的感覺，「昭和」對我來說，竟是如此沉重……

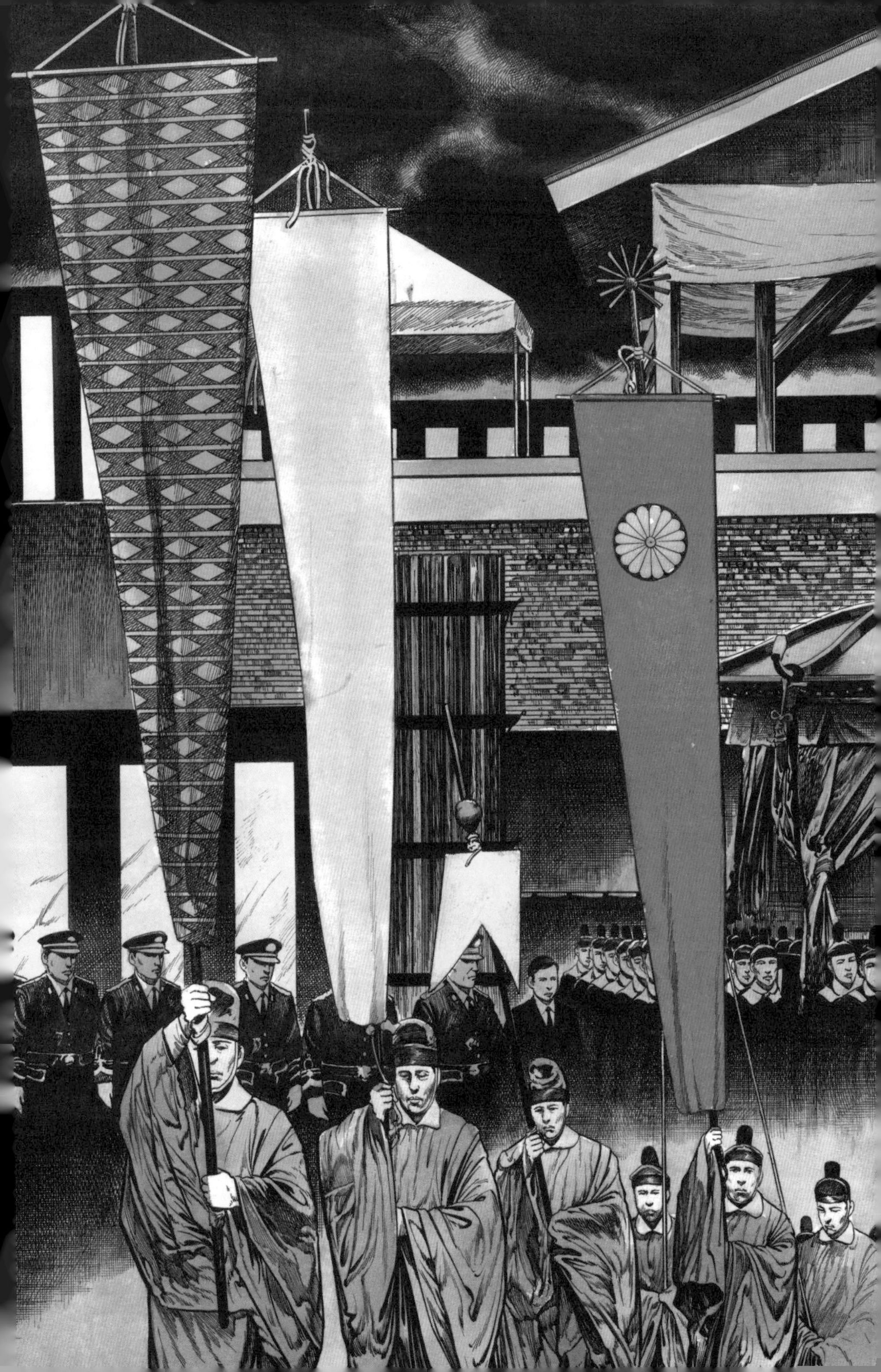

為了送汽車給托培托羅
以一償其多年宿願，
我再度前往南方——
他說：「很高興戰時之恩
有所回報。」
於是我的「昭和」
也劃下了句點——

第13回 講談社漫画賞
贈呈式·祝賀会
平成元年後不久，
本以為自己的
「人生」也已
逐漸走向終點，
但卻意外獲獎，
真是可喜可賀——
可喜可賀啊——

第1章 萬國博覽會與劫機事件

昭和四十五年（一九七〇），於十年前簽下的美日安保條約到期。
除非日本和美國任一方宣告廢止，否則該條約便會自動延長。而此時的日本政府對於從昭和四十二年起日益興盛的學生運動繃緊神經。
從三月十四日起持續六個月的「日本萬國博覽會」，就是在這樣的背景中，將日本的繁榮介紹給國民與世界，試圖讓大家再次肯定自由主義經濟與日本國民之優秀。
在建造於大阪千里丘陵一帶的會場，轟立著由那個以**爆炸**聞名之※岡本太郎老師
依繩文文化形象所設計的太陽塔。

※「岡本太郎」（一九一一～一九九六）……日本藝術家。曾留居法國，對於抽象美術以及超現實主義運動都有影響。二戰後除了大量製作繪畫與立體作品，也會撰寫文章以及接受媒體採訪。

除了七十七國，共一百二十四個團體的展館，還設置有日本庭園及電動步道等。從觀光巴士湧出的農會等老人團體，在毫無生活感的展場中覺得很不自在。

攜家帶眷的民眾在熱門展場的入場人龍中大嘆好累，原來「人類的進步與和諧」（主題）是這麼回事啊。
儘管如此，在「伊弉諾景氣」下，從全國各地蜂擁而來的參觀人數高達六千四百萬。

欸，那個人我好像認識⋯⋯
喔，這不是臭鼠男嗎？
我其實是碰巧在商店街的摸彩抽中了門票⋯⋯
如何？參觀完「萬博」的感想⋯？
嗯，美國的太空火箭之類的排隊排得太長了，根本進不去⋯⋯
而且在那邊摸金屬製的火箭也沒什麼意思。
有什麼你覺得不錯的嗎？
尼泊爾還滿有趣的。
是哪裡有趣呢？
他們在大樹的樹枝上，
掛了一大堆的鬼怪面具，都只有臉部，
想不到世上竟有「鬼怪樹」這種東西，

所以我覺得挺有趣。
那你覺得什麼最可笑？
的確，有半數以上都很可笑……
例如……？
我想是日本的大公司吧。
怎麼說？
他們弄了好幾根大管子，
然後有泡泡從管子裡跑出來。
就只是有泡泡冒出來而已……
還是從很大根的管子裡冒出來。
但這應該還滿出人意料的吧？
可是泡泡從管子裡冒出來，
有什麼好驚訝的？
不是把東西做得很大就有意思吧。
有那麼多錢可花的話，我想應該可以做出更、更、
更有趣的東西才對。

還有什麼其他的嗎？
嗯，還有「法國料理」。
主廚一看到我，就立刻來幫我切炸肉排。
相當機靈呢。
沒錯，真的很貼心。
還有嗎？
還有就是展場太大了，太累人了。
而且我去的那天天氣又好熱。
謝謝老師跟我說了這麼多。

日本政府所擔心的反體制運動，自去年東大的安田砦落城以來便陷入僵局。
但卻也出現了一些極端的激進行動。
萬國博覽會開始後不久，發生於三月三十一日的赤軍派劫機事件，就是個典型的例子。
東京ブラウス
當天上午七點半多，從羽田機場飛往福岡的日航客機「淀號」正飛到富士山上空附近……
這時乘客中突然有九位學生拿出日本刀和手槍揮舞，宣告劫機。
他們是赤軍派，而被要求飛往北韓平壤的淀號一度降落於福岡機場。
別慢吞吞的，當心沒命。

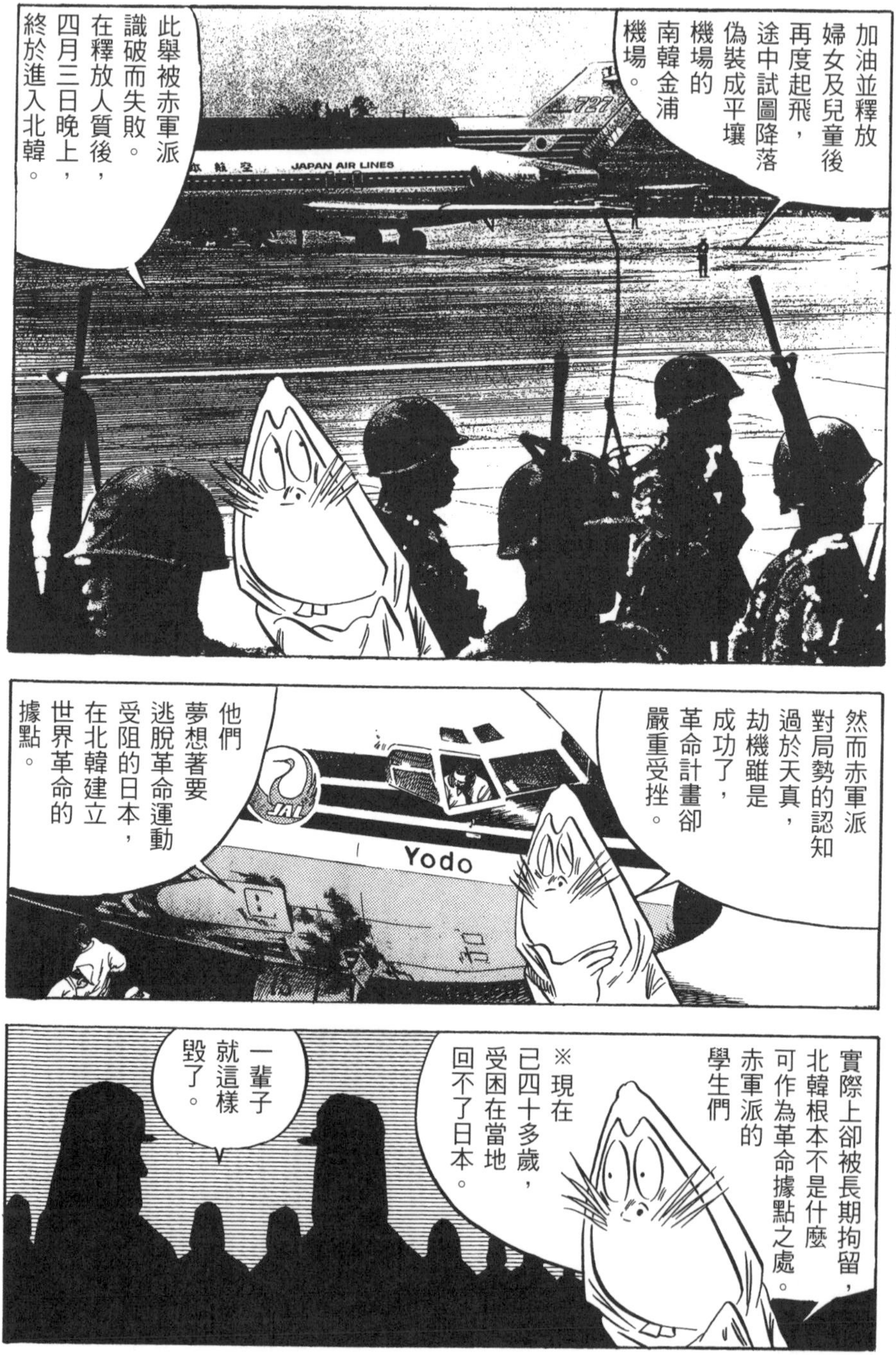

加油並釋放婦女及兒童後再度起飛，途中試圖降落偽裝成平壤機場的南韓金浦機場。
JAPAN AIR LINES
此舉被赤軍派識破而失敗。在釋放人質後，四月三日晚上，終於進入北韓。
然而赤軍派對局勢的認知過於天真，劫機雖是成功了，革命計畫卻嚴重受挫。
JAL
Yodo
他們夢想著要逃脫革命受阻的日本，在北韓建立世界革命的據點。
實際上卻被長期拘留，北韓根本不是什麼可作為革命據點之處。赤軍派的學生們
※現在已四十多歲，受困在當地回不了日本。
一輩子就這樣毀了。

※編注：此事件抵達北韓的九名學生中，有三人已亡命北韓；二人分別在海外及日本國內遭到拘留後被判刑入獄，於日本過世。而小西隆裕、魚本公博、若林盛亮及赤木志郎四人仍在北韓境內。

結果，昭和四十五年（一九七〇）六月，美日安保條約自動延長。赤軍派的「淀號」劫機事件，
雖引起全球關注，但也僅止於此，新左翼運動整體開始空洞化。
最近社會黨、共產黨之類的舊左翼實在是太沒力了，反安保條約自動延長的示威遊行和集會等完全炒不熱……
不知不覺間，日本人就開始支持安保、輕武裝、日本國憲法，傾向於重視經濟繁榮了。
沒錯。

＊噠噠噠

不過這年秋天的十一月二十五日發生了驚人的事件。上午十一點多，小說家※三島由紀夫和主張國家獨立自主的「楯之會」四名學生…
ザッ
ザッ
ザッ
以拜訪位於東京市谷的自衛隊為藉口，綁架其總監為人質。
三島基於一種同情二·二六事件青年軍官們的**奇怪想法**，在總部的陽台上發表演說，
試圖說服自衛隊員發起兵變。
但對於這些大多生長在戰後日本的自衛隊員來說，三島的想法無法引起共鳴。

※「三島由紀夫」（一九二五～一九七〇）……知名小說家，日本戰後文學大師之一。其作品在東西方皆享有極高聲譽，例如《假面的告白》、《金閣寺》等。

換來的只是一陣奚落與嘲笑。而三島似乎預期到這樣的狀況，便在總監室裡切腹自殺。
據說這代表了他在錯誤的時代諫世，也代表他為自己的美感殉死。
三島由紀夫如此強調武士道，但卻沒被自衛隊員放在眼裡，
想必是因為在富足的日本，自衛隊員也有了個人主義、享樂主義的傾向。
就連三島本身，也是委託了法國知名設計師皮爾．卡登來製作「楯之會」的制服呢。

年輕女性們一手拿著剛創刊的《an・an》雜誌，熱衷於時尚和旅行。
隔年，昭和四十六年則有《non-no》雜誌創刊。這些女性被通稱為「an-non族」。我是婦女之友喔。
non-no
12
an
an-an
1

國鐵大肆展開「Discover Japan」（發現日本）的宣傳。
如此背景下，昭和四十六年五月發生了大久保清事件。一名男子開著時髦的白色轎車接近年輕女性，以詩及藝術等浪漫話題引誘她們上鉤。

重複犯下多起強姦殺人案的這名男子，光是殺死的女性就多達八人，而她們的屍體被埋在群馬縣的山裡。
大久保後來被判處死刑……真是年輕女性之敵，讓人無法原諒啊。

六月則有老鼠會遭揭發，子會員、孫會員……層層擴大，本金十萬元就會變成五百萬元。
熊本的第一相互經濟研究所雖因逃稅而被警方搜索，但幾年後又以**天下一家之會**復活，直到昭和五十三年（一九七八）老鼠會才正式為法律禁止。

而這不過是此時期中，因富裕所產生的諸多扭曲現象之一。
然而，富裕很快就遭遇到突如其來的震撼，那就是美元震盪與日幣升值。
一九七一年八月十五日，美國的※尼克森總統以國際收支惡化為由，發表了新的美元防衛政策，亦即暫時停止美元與黃金的交換，藉此改變美元與各國貨幣的兌換匯率（美元貶值）。
這代表主宰世界金融的美國經濟之沒落，故日本也隨之發生了股票崩盤、拋售美元的現象。當月二十八日，日本政府便將日圓兌美元匯率改為浮動制。
自昭和二十四年四月以來，戰後復興期的二十二年間維持著一美元兌三六〇日圓的固定匯率終於瓦解。實際匯率約為一美元兌三〇〇至三三〇日圓左右，
但從十二月二十日起定為三〇八日圓。而這樣的升值被視為是日本經濟力與社會富裕的一種證明…

※「尼克森」（一九一三～一九九四）……美國政治家。先後任職美國副總統以及總統，為中美外交關係開啟新的篇章。

不過就庶民的實際感受來說，並沒有那麼富裕，甚至反而因為日幣升值，導致出口困難，開始有部分中小企業倒閉。
對日本經濟而言，因日幣升值而獲益是數年之後的事。
另外，革新勢力和左翼勢力也逐漸失去方向，長期處於反美、反戰運動中的沖繩於此時回到日本的懷抱。
昭和四十六年六月十七日簽訂了「沖繩返還協定」。雖然此協定同意將美軍基地視為日本本土，但沒有任何實際保證，反而讓日本本土和沖繩一樣暴露在可能有核子武器進駐的風險之中。

*哇—哇—哇—

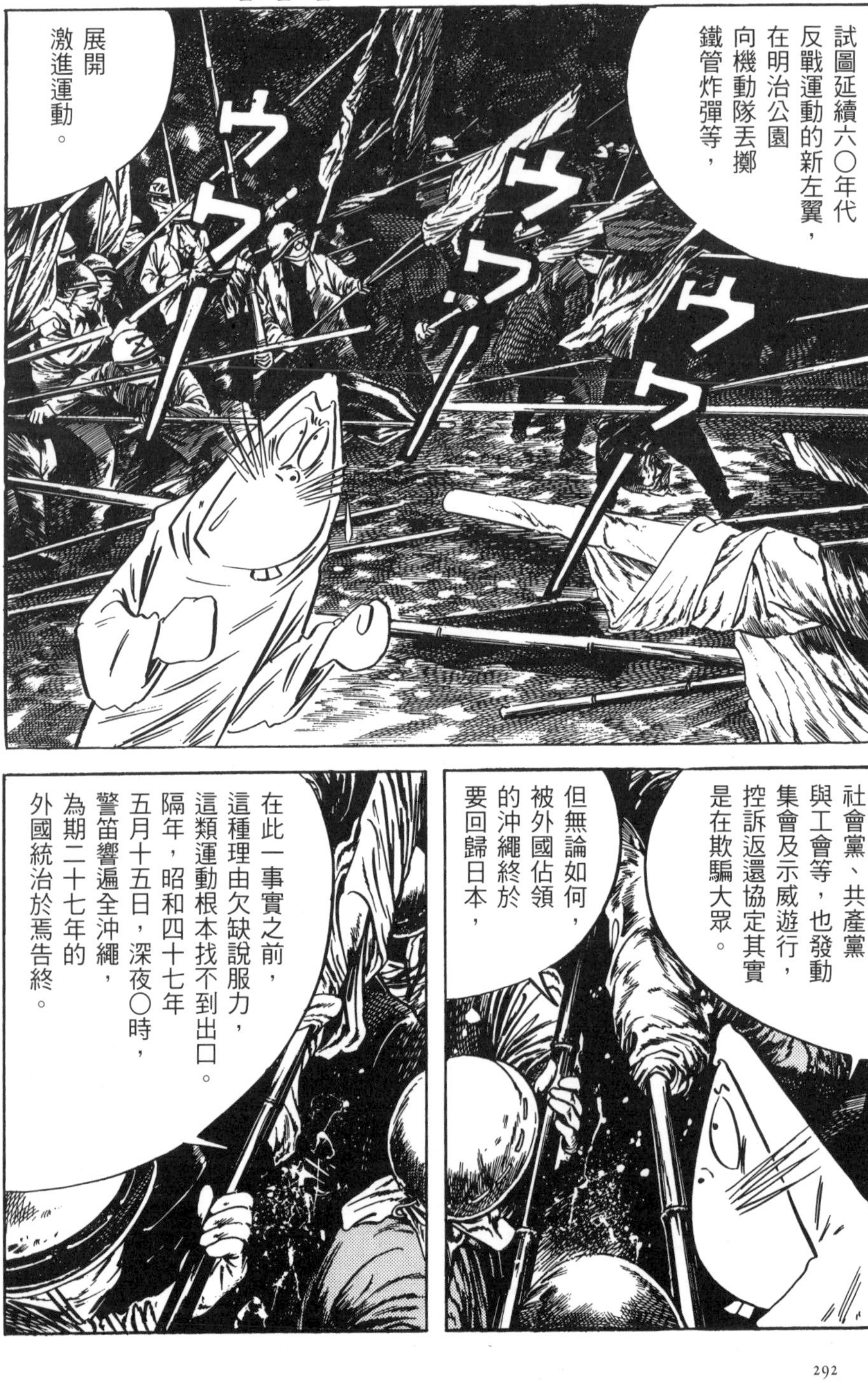
試圖延續六〇年代反戰運動的新左翼，在明治公園向機動隊丟擲鐵管炸彈等，
ウウ
ウウ
ウウ
展開激進運動。
社會黨、共產黨與工會等，也發動集會及示威遊行，控訴返還協定其實是在欺騙大眾。
但無論如何，被外國佔領的沖繩終於要回歸日本，
在此一事實之前，這種理由欠缺說服力，這類運動根本找不到出口。隔年，昭和四十七年五月十五日，深夜〇時，警笛響遍全沖繩，為期二十七年的外國統治於焉告終。

若說沖繩返還喪失了一大外部目標，左翼內部其實也有一大病根在持續滋長。
新左翼因運動陷入僵局，導致部分成員走上激進的炸彈抗爭之路，而其他人則為了鞏固組織，
*哇—哇—
ウウーー
ウウーーッ
不斷與他派發生暴力內訌。中核派與革馬派、解放派與革馬派等的暴力內訌包括死者在內，出現了大量受害者。
在至今仍未完全平息的這種鬥爭中，為新左翼的消亡留下決定性印象的，
就是連合赤軍事件。連合赤軍是由部分的赤軍派，以及以毛澤東主義者為中心之京濱安保共鬥聯合組成，

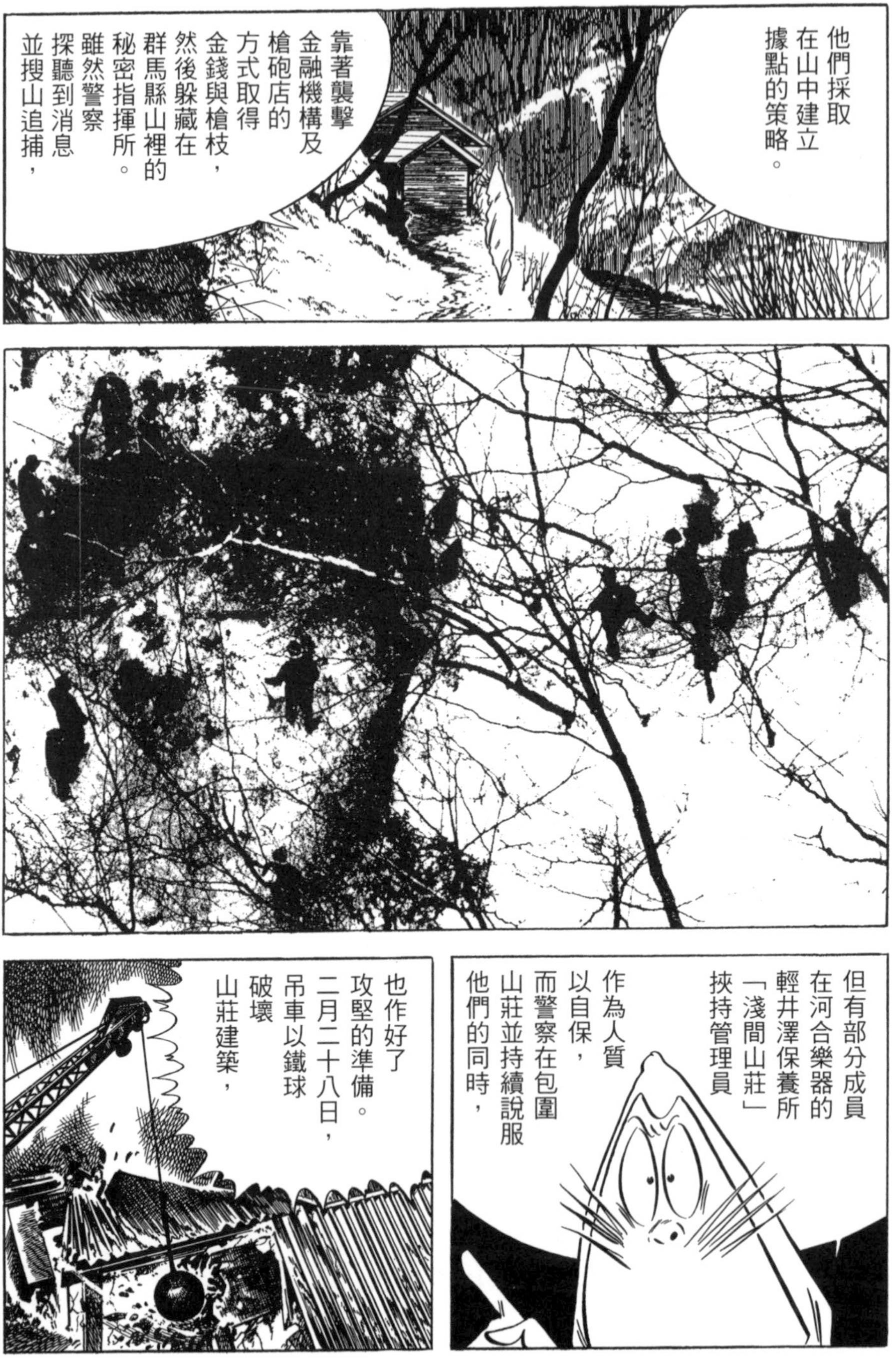
他們採取在山中建立據點的策略。
靠著襲擊金融機構及槍砲店的方式取得金錢與槍枝，然後躲藏在群馬縣山裡的秘密指揮所。雖然警察探聽到消息並搜山追捕，
但有部分成員在河合樂器的輕井澤保養所「淺間山莊」挾持管理員作為人質以自保，而警察在包圍山莊並持續說服他們的同時，
也作好了攻堅的準備。二月二十八日，吊車以鐵球破壞山莊建築，

機動隊員衝入其中。
從早上十點到晚上六點為止的
此一攻堅行動，在電視上向全國

實況轉播了一整天，引起全國民眾關注。
哎呀！警察衝進去了！
哇——好有趣。

*砰—砰砰—

ダダーン
ダダーン
啊——!似乎有一名警官受傷。啊——!赤軍派開槍了——
大家守在電視機前六、七個小時,
或許該說簡直刺激到連廁所都捨不得去。
比連續劇還好看呢。
真的!
?

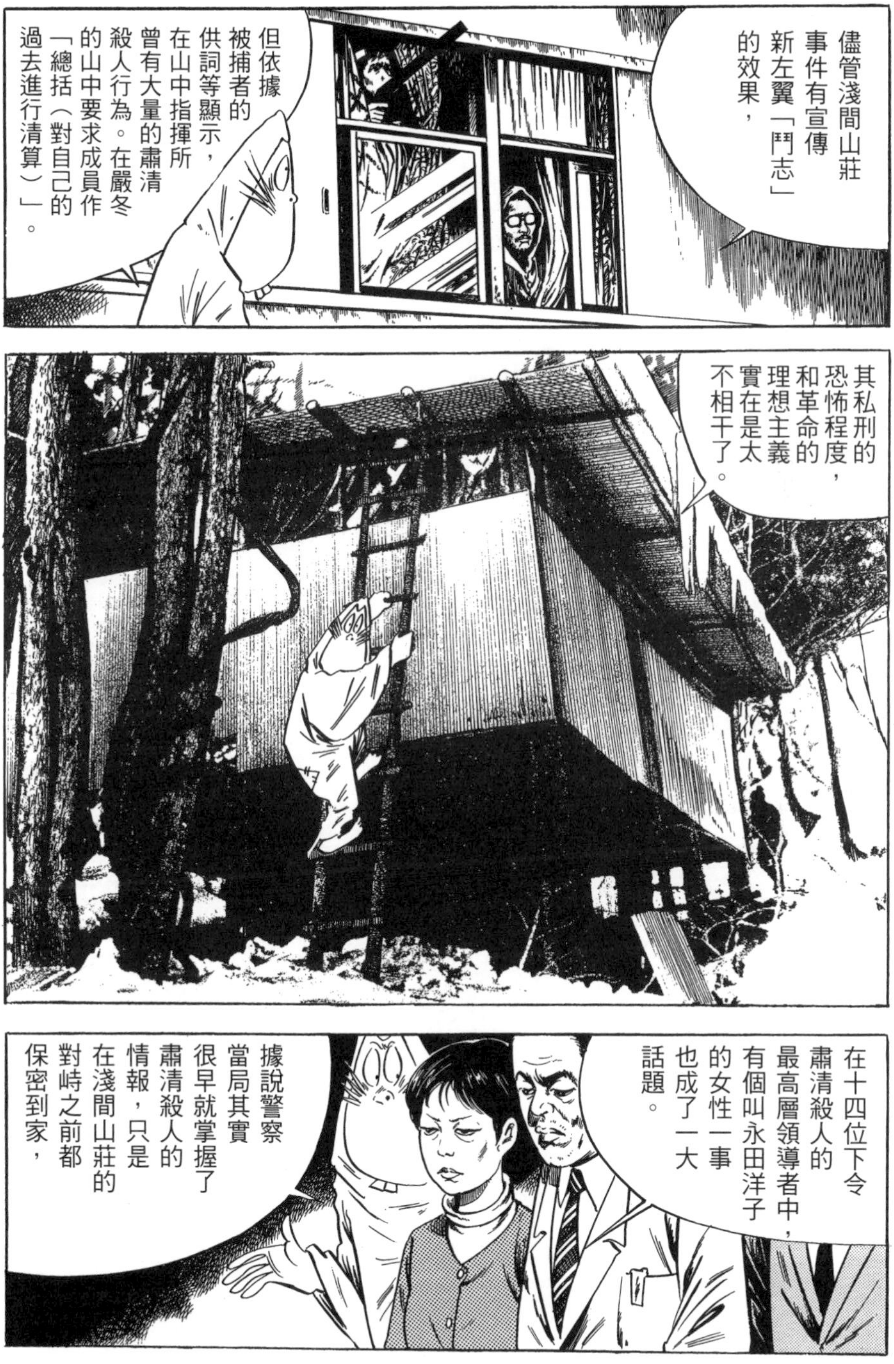
儘管淺間山莊事件有宣傳新左翼「鬥志」的效果，
但依據被捕者的供詞等顯示，在山中指揮所曾有大量的肅清殺人行為。在嚴冬的山中要求成員作「總括（對自己的過去進行清算）」。
其私刑的恐怖程度，和革命的理想主義實在是太不相干了。
在十四位下令肅清殺人的最高層領導者中，有個叫永田洋子的女性一事也成了一大話題。
據說警察當局其實很早就掌握了肅清殺人的情報，只是在淺間山莊的對峙之前都保密到家，

直到攻堅結束才逐步公開。
畢竟在激戰後揭露這些激戰勇士曾經殘殺伙伴的事實，對其形象的破壞力更大。
透過警察之力，此一事件的發生，
使得新左翼的影響力驟減。接著回頭來談談昭和四十五年（一九七〇）一月七日的事。
有「日本卓別林」之稱的※榎本健一在六十五歲去世，自淺草首度登台以來，他為了喜劇奉獻一生。說到這時的水木茂……

※「榎本健一」（一九〇四～一九七〇）……日本知名喜劇演員，活躍於二戰前後的電影、戲劇界，也被稱為「日本喜劇之王」。人們暱稱其為「榎健」。

第2章 美女艾蒲蓿

水木茂去找
托培托羅，
在那裡待了
一個月之久
……
和托培托羅
及村民們
相處得
非常融洽。
艾蒲蓓
在等你呢。
喔，
艾蒲蓓！
不過她
第一任老公
因為酗酒
早死，
而跟
第二任老公
生的小孩
生病……
所以她
現在在
醫院照顧
小孩。
喔，
在醫院
啊。

＊嘎噠、嘎噠、嘎噠

＊噗——

*嘎噠、嘎噠、嘎噠

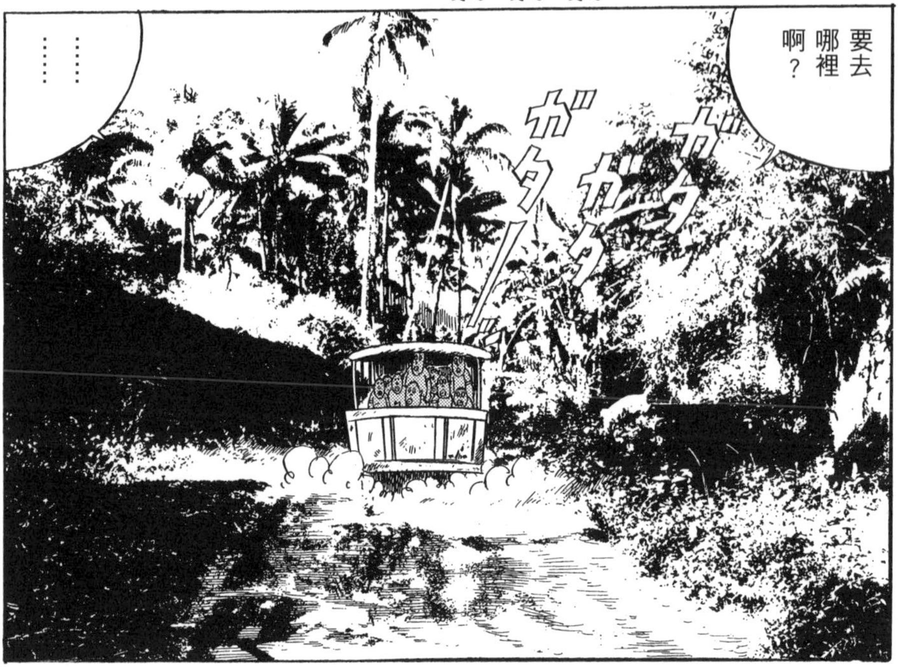

要去哪裡啊？
ガタガタガタ
…………

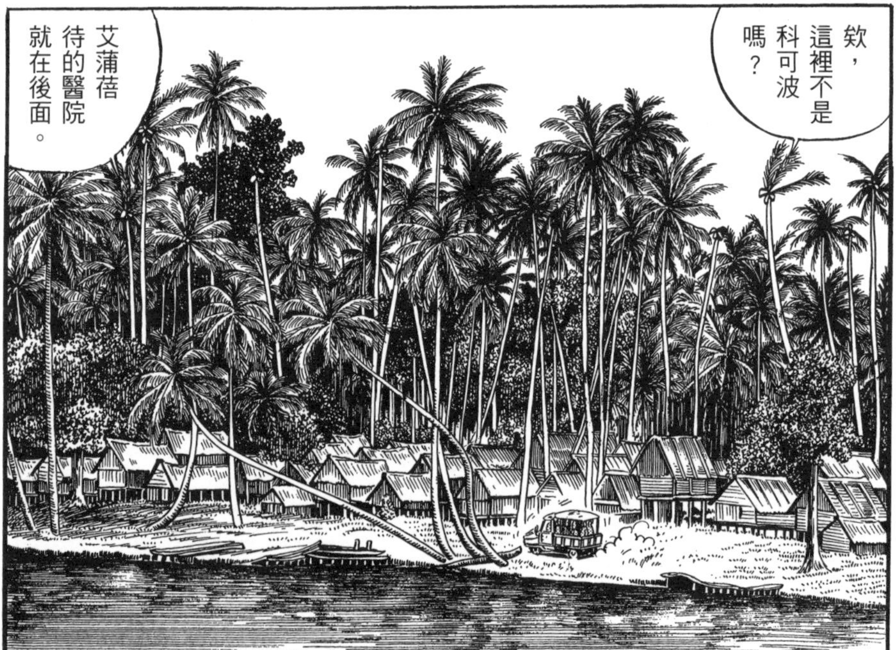

欸，這裡不是科可波嗎？
艾蒲蓓待的醫院就在後面。

＊嘰哩呱啦
在醫院前等了好一段時間。
頭上頂著香蕉的艾蒲蓓終於出現。

保羅……
喔，艾蒲蓓，妳好嗎！……
托培托羅將二、三十年前戰時的事肅穆地說給年輕人聽。
艾蒲蓓把她頭上的菲律賓香蕉送給我，心中似乎充滿了感慨……
艾蒲蓓的晚年過得不太順遂，小孩的病好了，又換老公生病。
不過她人聰明，又有不錯的嗜好……

……這從她的
住處就看得出來。
她住在草地
中央，周圍
開滿花朵
……
那個
在戰時
是青年，
現在依舊
年輕，
而且還是
單身的
托布耶
來了。
（不可
思議的
男子）。
他超愛啤酒，
竟在
艾蒲蓓家
暢飲起來。
托布耶
是個無業
遊民，
明明很窮，
卻拿了
三打啤酒
過來。
哈哈哈，
保羅，
喝吧喝吧！
還有個
只會說一句
「我懂日語」
的人也來
參一腳。
我懂
日語。
整村人
都齊聚一堂，
接著就開始
陸續介紹起
我以前待過
的地方。

＊耶嘿——

這是伊卡莉妍的墓。
伊卡莉妍守著你們的**七年之約**，真的等了很久。
你這個騙子。
艾蒲蓓也是，她老公托尤托死時……
沒錯，若你當時在的話……
呼哈！
這麼說來，之前在田裡工作時……
你在發什麼楞啊！
當我被罵的時候，艾蒲蓓剛好經過。

咦！
保羅是難波萬（第一）
她當時邊說邊護著我……意思就是，不能罵像保羅這麼優秀的人。
はははは
＊哈哈哈哈
人家愛上你了耶。
不，是難波碳。（第十，最糟的）
不，保羅難波萬。
はははは
＊哈哈哈哈哈

……還曾發生過那種事呢。
預定要給你的田都還留著呢。
對啊，房子也是。
大家說好要一起幫你蓋房子呢。
＊嗚—哇嗚哇嗚哇嗚
還有你最喜歡的欣欣（舞蹈）。
看，大家已經唱起來了。

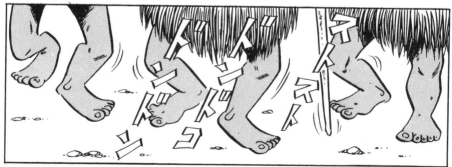

＊咻咚咻咚、咚咚叩、咚咚

看來，七年之約時沒回來似乎是我的錯……他們都快把我當成自己人了……

雨、雨、
ふれ、ふれ、
かあーさんよ
じゃの目で
おむかえ
うれちいナ

*淅瀝淅瀝／嘩啦嘩啦／雨下來了 我的媽媽／拿著雨傘來接我

雖然忘了是何時學會的，「淅瀝淅瀝，嘩啦嘩啦，雨下來了」的大合唱讓人唱得莫名地亢奮，這回憶我倒是不會忘。
大概是因為「意氣相投」吧。我錄了好多他們的歌，還用八釐米攝影機拍了下來（當時還沒有錄影帶式的攝影機），回家看了二、三十遍。
欸？又在看了？
家人們一整年都被迫聽老爸錄的那些歌，聽到都怕了……
「對事物的感受方式」等思想上的東西，其實就是我最愛的「妖怪世界」（我沒道理不喜歡）……
回到日本後我不禁大喊……
好，有機會我一定會再去的——！

第3章 歸來的士兵們

連合赤軍事件和沖繩返還的昭和四十七年，還發生了其他幾個重要事件。
其中特別令我震驚的，是横井庄一先生的歸來……
該年一月二十四日，前日軍士兵横井庄一軍曹在關島的叢林中被發現。距離終戰已有二十七年之久，此期間他都在叢林中獨立生活。不論著眼於其求生能力、精神力，

又或是貫徹絕不可活著被俘受辱的舊日軍戰陣訓，這則新聞都令全世界大吃一驚。

而且士兵歸來事件還不只有橫井庄一，二年後，
昭和四十九年三月，這次在菲律賓的盧邦島發現並救出了小野田寬郎少尉。不幸的是，與小野田少尉一同行動的小塚一等兵，已在三年前與當地警察的槍戰中身亡。

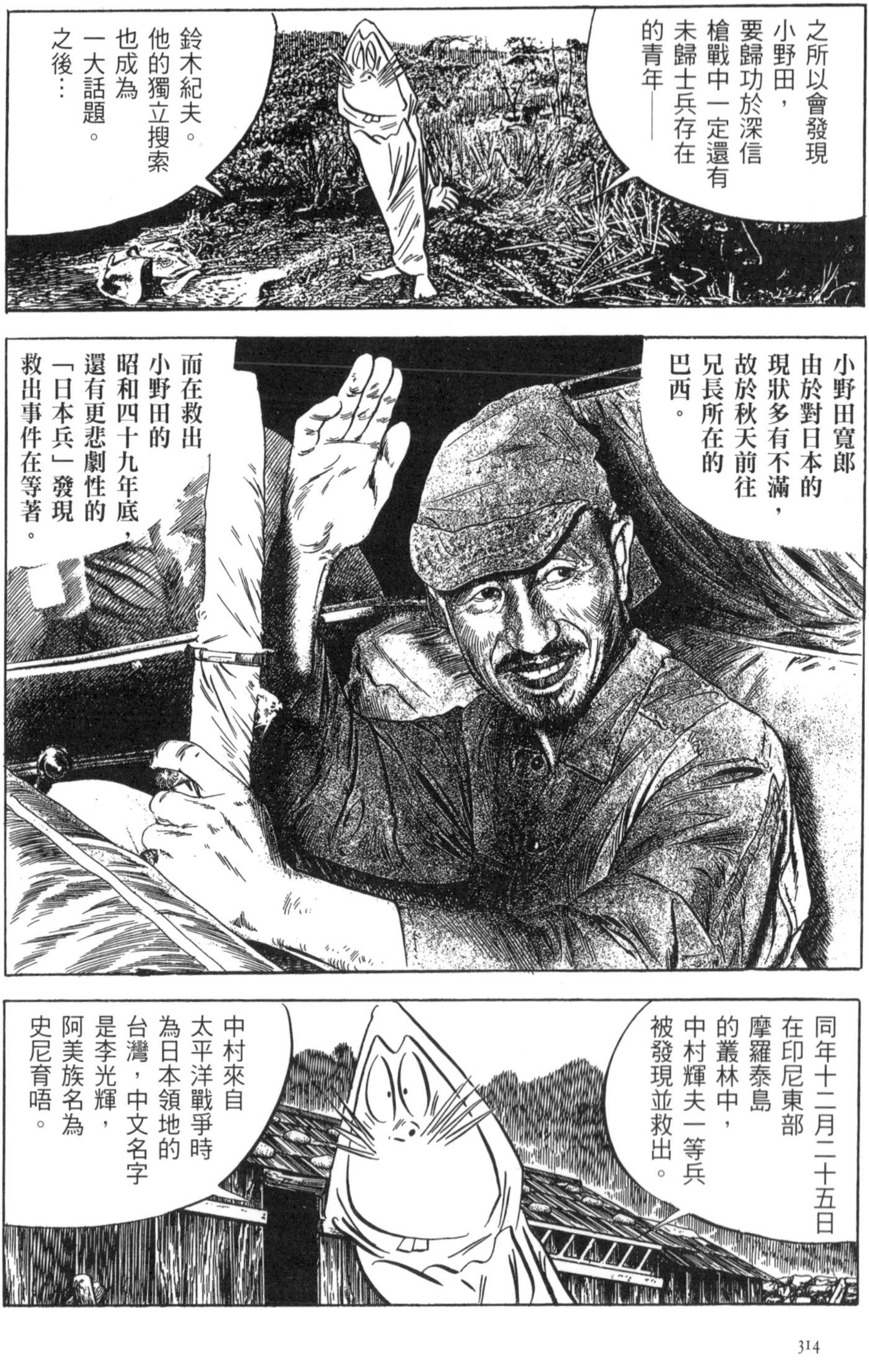

之所以會發現小野田，要歸功於深信槍戰中一定還有未歸士兵存在的青年——
鈴木紀夫。他的獨立搜索也成為一大話題。之後…
小野田寬郎由於對日本的現狀多有不滿，故於秋天前往兄長所在的巴西。
而在救出小野田的昭和四十九年底，還有更悲劇性的「日本兵」發現救出事件在等著。
同年十二月二十五日在印尼東部摩羅泰島的叢林中，中村輝夫一等兵被發現並救出。
中村來自太平洋戰爭時為日本領地的台灣，中文名字是李光輝，阿美族名為史尼育唔。

年少時身體
就很強健的他，
因日本的原住民
同化政策
而成為
志願兵，
進而出征
摩羅泰島。
但戰後
經過二十
九年…
回到家鄉時，
等著他的是
一連串的「背叛」。
收到戰死公報的
太太早已改嫁，
而台灣也已非日本領土，
而是由中國國民黨
所統治的中華民國。

中村流下了憤怒與悲傷的淚水。回鄉三個月後，他原本的妻子離開了改嫁對象，回到中村身邊。
再加上出征前親生的長男，一起返回務農的生活。
日本既因戰敗而放棄台灣，自昭和二十年八月起，中村就不再是日本人，
而日本政府只給了中村一些未給付的軍人薪俸和慰問金。

所以不關日本政府的事。
戰爭踐踏了他的青春，國家又對他雙重背叛。
就是這麼一回事。
在拉包爾也曾有印度及印尼（荷軍）等戰俘被迫作苦工。
而我所登陸的科可波也有印度兵被叫去做雜工。我曾看到兩、三個老兵望著海的另一端發呆，便跑去跟他們講話⋯⋯

他們落寞地笑了笑，我想恐怕是新加坡的戰俘吧。
其中有個老兵一年後被炸彈炸傷，只剩下一條腿，我很驚訝再次見到他時竟是在醫院裡。
另外印尼（荷軍）的戰俘也不少。
他們在拉包爾作雜工，常被毆打……
所謂的印度或印尼士兵，對戰爭來說完全是意料之外的產物，
尤其是受傷而失去手腳後的士兵，完全沒有任何保障……

大家都知道，
昭和四十七年（一九七二）
七月七日佐藤榮作內閣總辭，
接著田中內閣成立。
佐藤自昭和三十九年以來，
執政長達近八年時間。
搭上越南特需的浪潮，
展現伊弉諾景氣，
並巧妙地與正好發生
在此時期的全共鬥運動等
反體制運動交錯互動。

他身為
保守派政治家，
雖展現了強硬
的鐵腕作風，
卻也因此而有
不夠親民之嫌。
尤其執政晚期，
在記者會席間
便已飄盪著
一股一觸即發
的緊繃氣氛。
取代佐藤
的田中
則與此相反。

他是個既無家世
也無學歷背景的
「庶民派」。
在剛就任首相時
的民意調查中，
獲得了
近七〇%
的支持率。

※「今太閤」……太閤指的是豐臣秀吉。用來比擬一路奮鬥發跡、出人頭地而取得最高權力的人。

西裝加木屐，於庭園池塘養錦鯉，再加上愛吃鹽漬鮭魚的個性，讓他有了※「今太閤」之稱。
田中的「日本列島改造論」充滿了工業區重新配置、全國新幹線交通網等能讓庶民生活有感的計畫，這也讓他的人氣更加扶搖直上。

就任首相後不到三個月的九月二十九日，便於北京的人民大會堂簽署中日邦交正常化的聯合聲明。而自前年七月起，即展開承認中國政策的美國總統尼克森，則早在這一年的二月就訪問中國，並發表美中聯合聲明。

第4章 田中角榮與日本列島改造

雖說田中的中日邦交正常化不過是跟隨美國的腳步，但確實成功搶在革新勢力之前。
以此為契機，隨著中國所贈送的熊貓大受歡迎，田中的人氣亦更上層樓。
和中華民國（國民黨政府）間沒了正式的外交關係，並改以地區名「台灣」而非國名稱之。但經濟上的交流與民間的文化交流依舊持續。
由於田中角榮是土木工程起家，因此他那股活力也被形容為「裝有電腦的推土機」。
各位民眾，有任何問題都可以找這位田中先生商量喔。

＊隆隆隆隆隆

其政策走的也是所謂列島改造的推土機路線，只不過事情不像那台電腦想得那麼順利。
ドドドドドッ

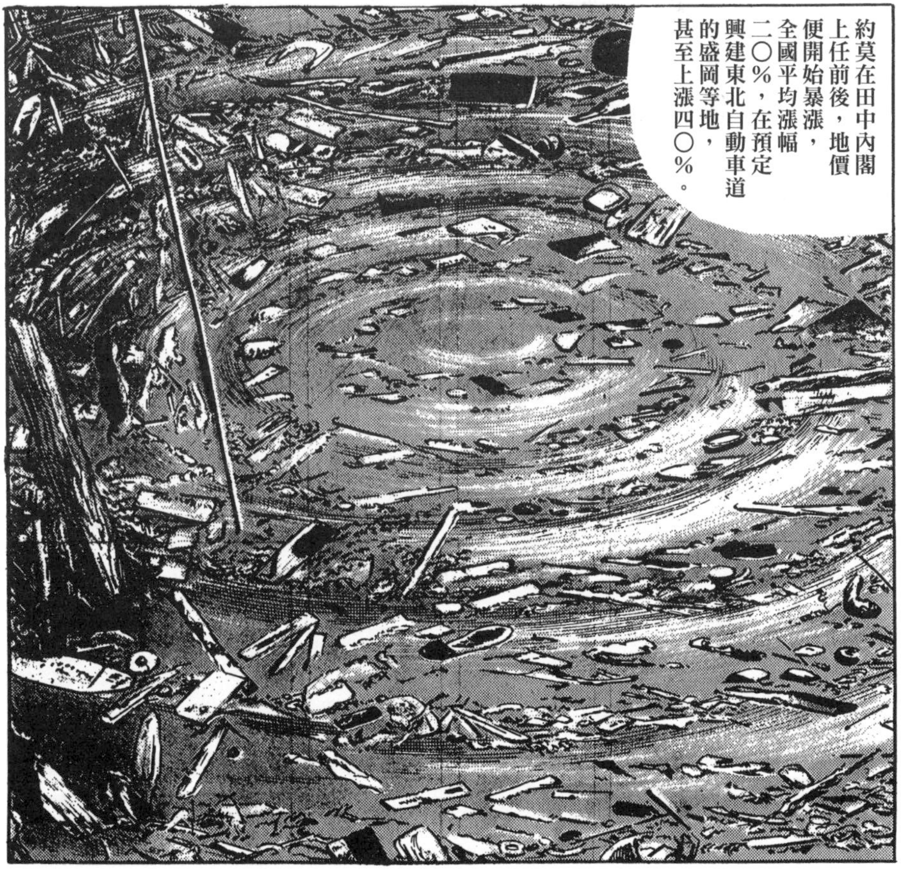
約莫在田中內閣上任前後，地價便開始暴漲，全國平均漲幅二〇%，在預定興建東北自動車道的盛岡等地，甚至上漲四〇%。

反対
到了隔年昭和四十八年（一九七三），實際漲幅達到全國平均三〇％，且除了地價外的一般物價也驚人地飛漲。
據說自韓戰期間以來，昭和四十八年的消費者物價上漲了一五％之多。
而進入昭和四十九年後，甚至呈現所謂「狂亂物價」的通貨膨脹狀態。
如此通貨膨脹的原因，除了田中內閣的列島改造論外，還有石油危機的雙重打擊所造成的。
一九七三年十月，爆發第四次中東戰爭。
※石油輸出國組織（OPEC）實行策略性的石油供給限制，導致原油價格飆漲。
ドドドドドドーッ

※「石油輸出國組織」……縮寫為「OPEC」。成立於一九六〇年九月，初期成員包括五個石油生產國（伊朗、沙烏地阿拉伯、科威特、伊拉克、委內瑞拉），是以確保產油國收入以及石油價格穩定為目的之國際組織。現有十四個成員國。

＊隆隆隆隆

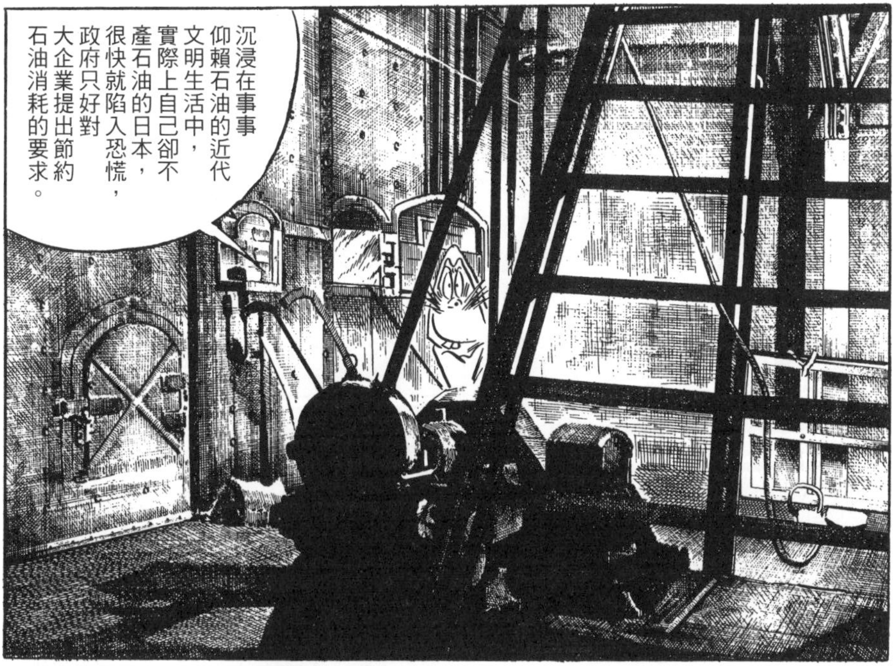
沉浸在事事仰賴石油的近代文明生活中，實際上自己卻不產石油的日本，很快就陷入恐慌，政府只好對大企業提出節約石油消耗的要求。

少開自用車、週休二日、加油站週日不營業、電視台停播深夜節目，
就連街上的霓虹燈都關掉了。但各製造業廠商因擔心未來而開始囤積石油。

＊喀隆、叩隆

＊嗚哇—嗚哇—

結果進一步擴大成各種原料的爭奪戰。
供需平衡瞬間崩壞，不僅物價飆漲，
甚至出現物資不足的現象。
從這年的十一月左右開始，衛生紙、清潔劑、砂糖等從商店貨架上消失，民眾們在商店前排隊，採取囤積自保的策略。
而這樣的囤積行為，讓物資不足的現象益發惡化。

有位大阪的上班族，他所囤積的衛生紙堆滿了一整間六疊大小的房間。

雖說不見得是因此消息的影響，但尼崎也爆發了衛生紙恐慌事件，進而擴散至各地。
當此事被新聞報導出來時，水木茂就爆發了！

你知道衛生紙要是沒了會怎樣嗎！
可是，調布街上都已經買不到衛生紙了。

我在軍隊服役時曾負責處理糞便，
而且一直以來，我老爸只要講到「糞」就會很開心，你應該知道我們的家風就是如此吧。
只要去找應該還有，我放下工作去找。
孩子的爸，你別做這種蠢事……
然而實際情況非常糟，花了一整天的時間到處找衛生紙，卻連半捲也沒買到……

無可奈何之下，只好買了三打肥皂回來。
バタン
*啪
你買肥皂是要幹嘛？
*呼—
因為店員說「油」漲價，肥皂一定也會缺貨……
フー
說麼傻話…
*哇—哇—
基於這些情況，那些私藏商品的「無良企業」成了民眾怨恨的對象……
ごまかしの安定政策
インフレ・公害から くらしを守ろう
入学オメデトウ でも母さんは 泣きたい思いなのヨ！
日本婦人会議
おいしい給食 がたべたいナ…
給食
インフレ
日本婦人会議
田中内閣の つづくかぎり
ゼネスト

昭和四十九年成了戰後首度負成長的一年，起因於狂亂物價與石油危機，而破產件數較前年增加五〇％，達到一萬二千件。
自戰後以來，看似一路順利走出「復興與成長」歷史的日本，前方開始飄起烏雲。

這時也發生了幾件具象徵性的事件。
於此年三月訪日的「超能力者」尤里・蓋勒，在電視上表演彎曲湯匙的奇技。
我也覺得很神奇，於是在家自行嘗試，小孩成功弄彎了一根，但我失敗了。
這世上有很多人類還弄不懂、不可思議的事物存在。
一概忽視、否認並不是好事。
你不是弄不彎嗎？

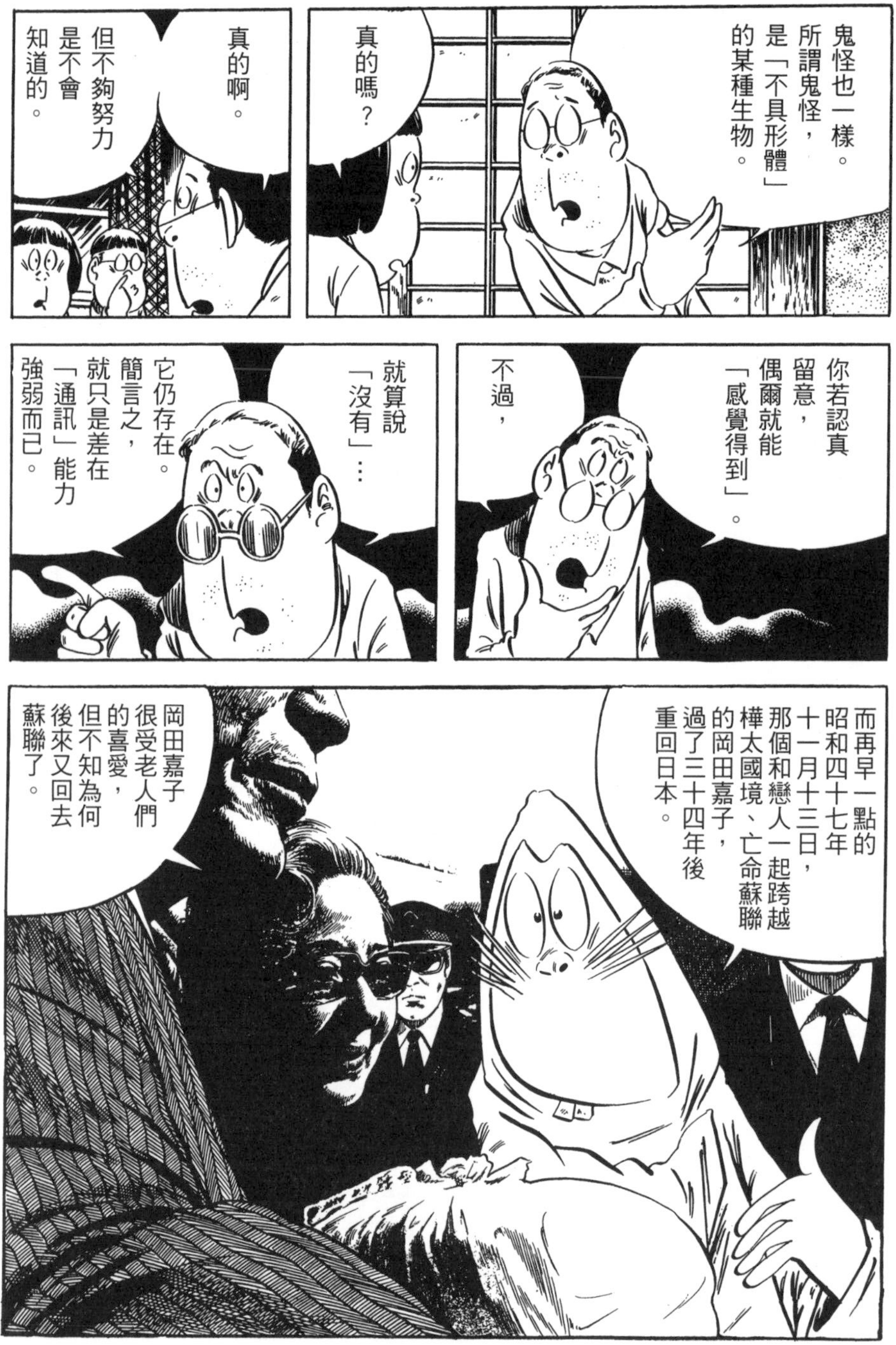

鬼怪也一樣。所謂鬼怪，是「不具形體」的某種生物。
真的嗎？
真的啊。
但不夠努力是不會知道的。
你若認真留意，偶爾就能「感覺得到」。
不過，
就算說「沒有」…
它仍存在。簡言之，就只是差在「通訊」能力強弱而已。
而再早一點的昭和四十七年十一月十三日，那個和戀人一起跨越樺太國境、亡命蘇聯的岡田嘉子，過了三十四年後重回日本。
岡田嘉子很受老人們的喜愛，但不知為何後來又回去蘇聯了。

第5章 有如塵蟎般的生活（心靈寫照）

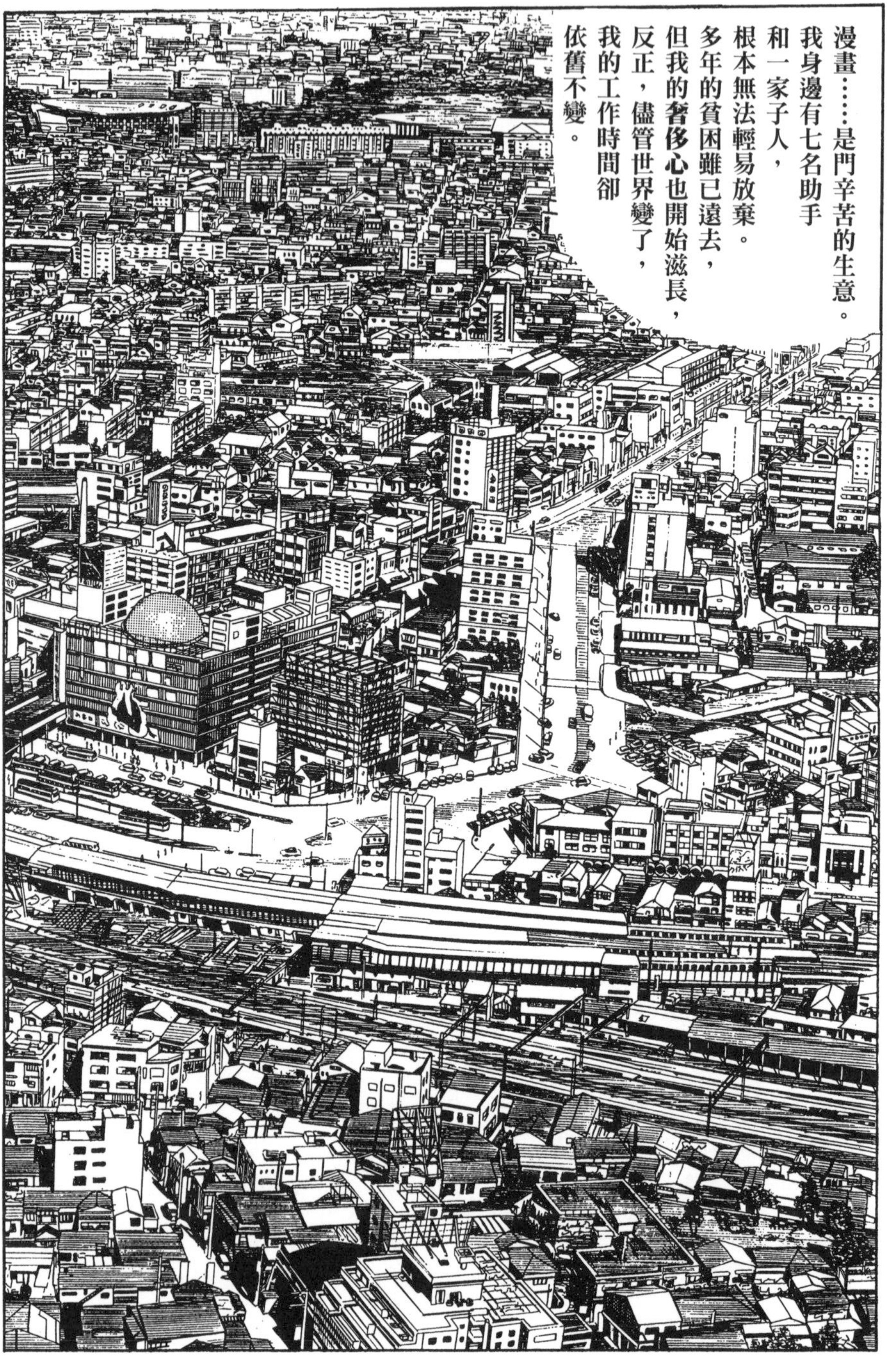
漫畫……是門辛苦的生意。
我身邊有七名助手
和一家子人，
根本無法輕易放棄。
多年的貧困雖已遠去，
但我的奢侈心也開始滋長，
反正，儘管世界變了，
我的工作時間卻
依舊不變。

想逃卻又逃不了的每一天……這可說是我當時的「心靈寫照」，請看……（由於是「心靈寫照」，所以畫了兩隻手……請別介意）。
打擾了！
您是哪位？
這是水木先生的家對吧。很冒昧地想請問……
您和您的丈夫現在很幸福嗎？
怎麼了？為何這麼問？
嗯，
我只是想問您是否滿意目前的生活？

難免會有些不滿意的地方……
果然如此，我們針對此生這樣的不幸……
推出了在來世（死後）彌補的「彼世保險」。
只要於此生支付少許保費，
就能保障來世的幸福。
但我們在此生的業務量實在太滿……
不過針對本月內投保的客戶，
我們將加贈前往彼世的招待券。
可是「彼世」的事情……
喂。
我聽到有人說什麼彼世的，到底是誰啊？
是來推銷「彼世保險」的。
什麼「彼世保險」？
這傢伙也太有趣了吧？
水木先生，我必須這麼說……

承認彼世的存在進而投保的人，都是靈的感受力非常發達的人。
這麼說來，我的確經常試圖和古老的墳墓進行靈性對談。
＊啪
ポッ
果然與眾不同呢。
噯，請進來吧。
喂，端兩杯咖啡來。
我常和墓碑對話，這種事若跟別人講，通常會被恥笑。
一般人的腦袋敏感度較低，沒有接收靈波的能力。
你說得有道理。
我有時甚至覺得自己處在猴子的世界裡呢。
是吧，越是活在對異界無知的世界裡，就越沒有痛苦。
我完全同意…那關於保險的部分，
本月投保的客戶會加贈前往彼世的招待券。
那保費大約是多少呢？
這會依幸福量的多寡而有差異。

高級幸福的保費可不便宜。
那依我現在的幸福度，保費會是多少？
不好意思，要麻煩您把這幸福計放進口中測量一下。
好了，可以了。
我的幸福感應該在平均值吧。
是負的！
噫？
算是不幸。
那，就選最低等級的幸福吧。
也比現在來得好就是了。
保費是多少呢？
三萬元。
似乎比現世的保險要便宜呢。那付了三萬會怎樣？
可保證永生。
永生？

簡單來說就是長生不老。
什麼？長生不老？竟能獲得這麼離譜的東西……
怎麼會這樣……
這…
這牽涉到大宇宙之秘，恐怕很難輕易解釋清楚…
大宇宙之秘！無所謂啦，告訴我吧。
不知您能否理解呢…
＊呼—
我腦袋不特別聰明，但也不笨就是了。
問題不在於腦袋聰不聰明，問題在於我們的知識和人類的知識不同…唉，好吧，其實地球上的生物可大致分為單靈生物和複靈生物兩種。
單靈和複靈分別代表什麼意思呢？
單靈就是所謂的妖怪，複靈則是一般動物。而單靈沒有死亡這回事。

聽起來好複雜啊，妖怪真的存在嗎？
所以我才說這很難解釋清楚。反正等你到了彼世就會知道……
喏，三萬元。
那麼在下就此告退。
前往彼世的招待券呢？
我把它和保單一起放在桌上了……
該不會被招待到彼世後，就回不來了吧？
我才沒那麼幼稚。
一定會把你送回來的。
喔，謝謝。
比環遊世界還令人期待呢，嘻嘻嘻嘻。

真奇怪，自那之後都過了一個月，
卻什麼也沒發生……今天應該就是招待日了……
一定是被騙了。
他把三萬元拿走了啦。
你好囉唆！
ボ"
怪了，看來終究是沒人來接我……

*噹—

招待券上的日期寫的應該是今天沒錯啊。
嗯，果然是今天。
咦？背面有寫一些小字。
「把此券揉成一團後吞下，再去泡澡。」
這軟軟的跟肉一樣，應該不至於吞不下去。
ゴクゴク
プハ
ガヤガヤ
シーン
這樣就行了嗎？

＊嘩啦—

＊咕嚕咕嚕

＊呼哈

＊嘎嘎嘎

＊靜悄悄

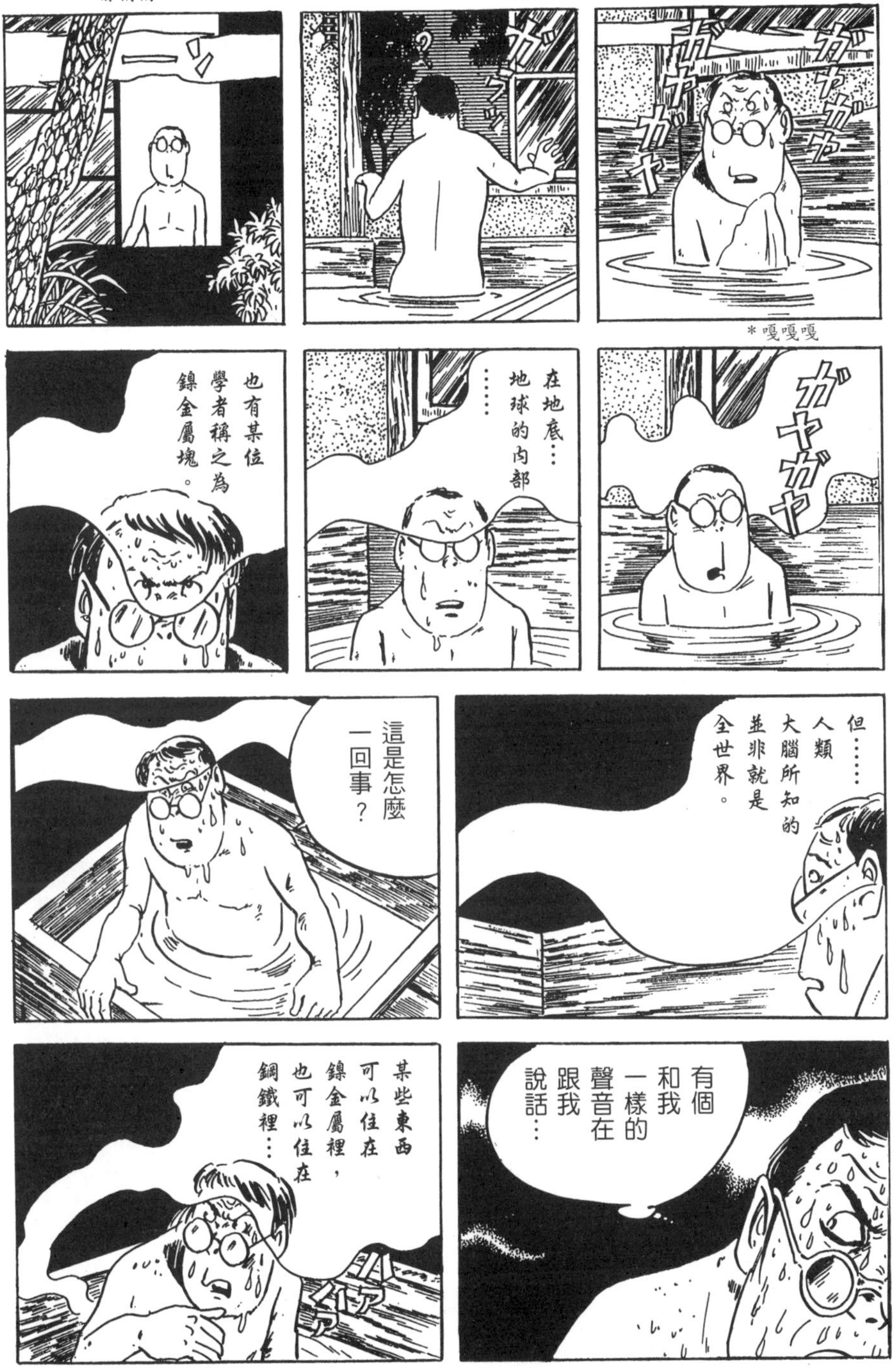
＊嘎嘎嘎
＊喀啦
＊靜悄悄
＊嘎嘎嘎
在地底…地球的內部……
也有某位學者稱之為鎳金屬塊。
但……人類大腦所知的並非就是全世界。
這是怎麼一回事？
有個和我一樣的聲音在跟我說話…
某些東西可以住在鎳金屬裡，也可以住在鋼鐵裡…

例如靈魂……
它不需要形體……
鎳金屬也好，火球也好，都不是問題。
它可以自由進出，也能彼此往來互動……
就像X光可以穿透任何東西一般。
為了避免把你嚇壞……
所以必須先跟你說清楚，請仔細聽好了。
好的，只是聽的話我很樂意……
就是說，
在地底下，擠滿了數百億個曾經活在地表的人的靈魂。
它們不需要吃東西，所以不需要辛苦地工作……

由於沒有形體，就沒有死亡，因此也沒有保命求生的必要……
國家或是市鎮、村里等團體，還有政治什麼的都不需要，完全自由。
一旦有形體，有血肉之軀，就會產生各種痛苦。
擁有血肉之軀，終將得工作，也必須繳稅。
要來嗎？加入不需勞動、不用繳稅的團體……
來的時候，必須脫掉所謂的血肉之軀這件衣服。
ギョッ
＊驚
救命啊！
怎麼了？
沒，沒什麼。
我聽到了死亡的邀請。
說什麼蠢話……
不然你泡進浴缸試試。
好啊……

喂，
有聽到嗎？
沒有啊，沒有任何聲音……
別、別鬧了。
你去看個醫生吧？
為什麼只有我聽得到呢……？
該不會是因為吞了那個奇怪的招待券吧……
搞不好那就是與靈界通訊的接收器呢，
不會吧……
ジャーッ
你把洗澡水放掉了嗎？
＊嘩啦
是啊。
嚇我一跳，竟然就這樣默默地放掉了。
原來洗澡水跟下水道相通啊。

這麼說來，那聲音是從人孔蓋傳出來的囉？
ガヤガヤガヤ
*嘎嘎嘎
?
ガヤガヤガヤ
*嘎嘎嘎
如何？決定好要脫掉你的血肉之軀了嗎？
現在想想，人孔蓋下就是地下水……
（我們家的人孔蓋就只是在地面挖了個洞而已，也就是所謂的抽吸式系統）
但那聲音聽起來就像是用我自己的聲音錄成的，這又是為什麼呢？

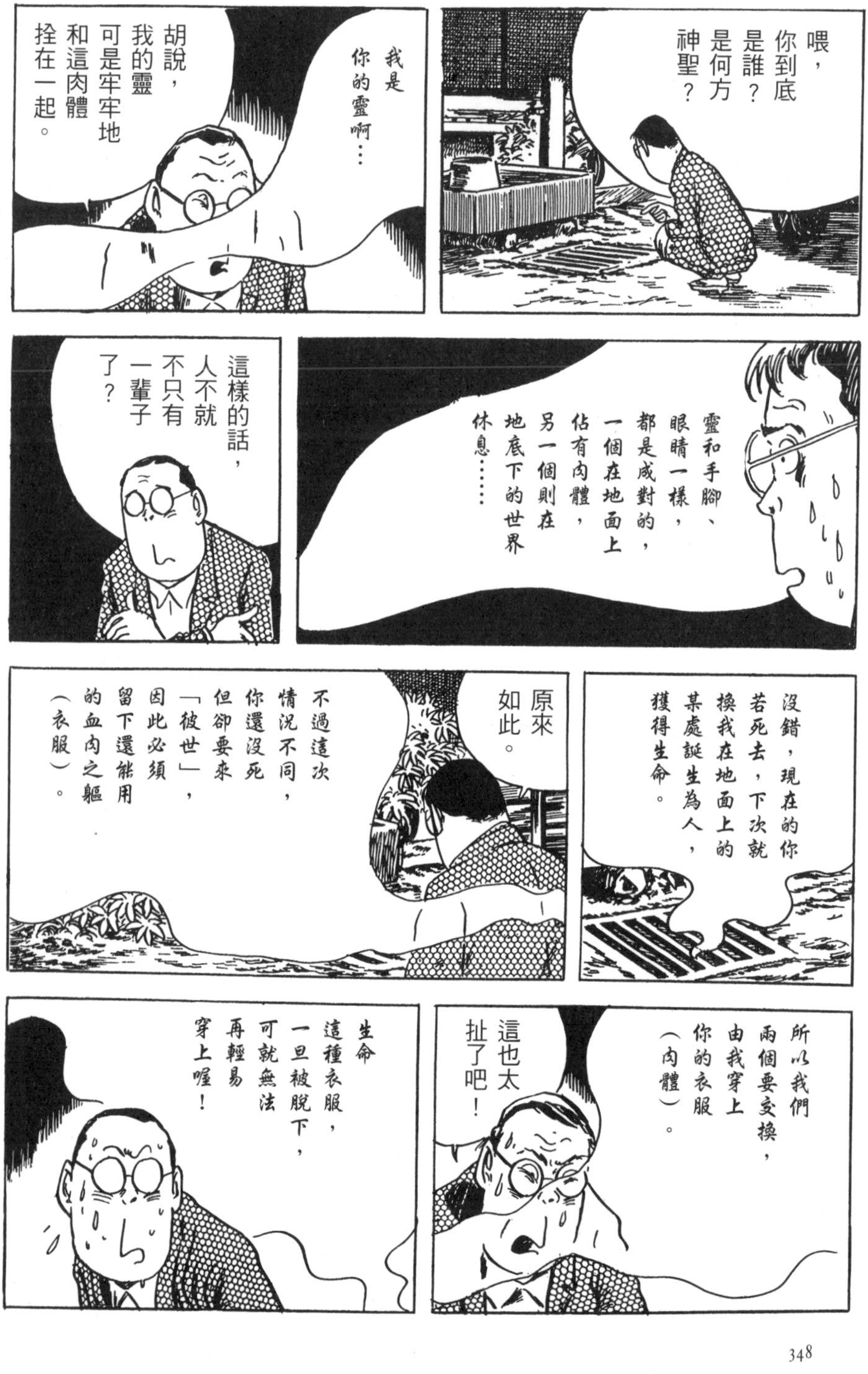
喂，你到底是誰？是何方神聖？
我是你的靈啊……
胡說，我的靈可是牢牢地和這肉體拴在一起。
靈和手腳、眼睛一樣，都是成對的，一個在地面上佔有肉體，另一個則在地底下的世界休息……
這樣的話，人不就不只有一輩子了？
沒錯，若死去，現在的你下次就換我在地面上的某處誕生為人，獲得生命。
原來如此。
不過這次情況不同，你還沒死但卻要來「彼世」，因此必須留下還能用的血肉之軀（衣服）。
所以我們兩個要交換，由我穿上你的衣服（肉體）。
這也太扯了吧！
生命這種衣服，一旦被脫下，可就無法再輕易穿上喔！

然而，我接到通知，
說你被招待
前往「彼世」。
你要來「彼世」參觀，
但不變成靈，
就看不見「彼世」。
啊！
身體動不了了！
誰來救救我！
哎呀，
真是作夢
也沒想到，
我的死亡
竟是以這種
形式到來……
虧我還
從兩、三個月前
開始戒煙，
想要活久一點呢。
糟糕，
沒人
聽得到
我講話。

* 沙沙

感覺好像
漸漸走往了
沒去過的
地方。
……
……
……
喔，
舉目所見
都是長了
青苔的
石佛……
到了這裡，
石頭的
形狀
開始
走樣……
看來都是
相當古老
的石頭呢。

好詭異，
到處都是沙。
調頭好了。
怎麼辦，怎麼走都是沙，看不出回頭路在哪。
日本應該沒有這樣的沙漠啊。
啊，好像有人。
不好意思，請問一下，回去的路怎麼走？

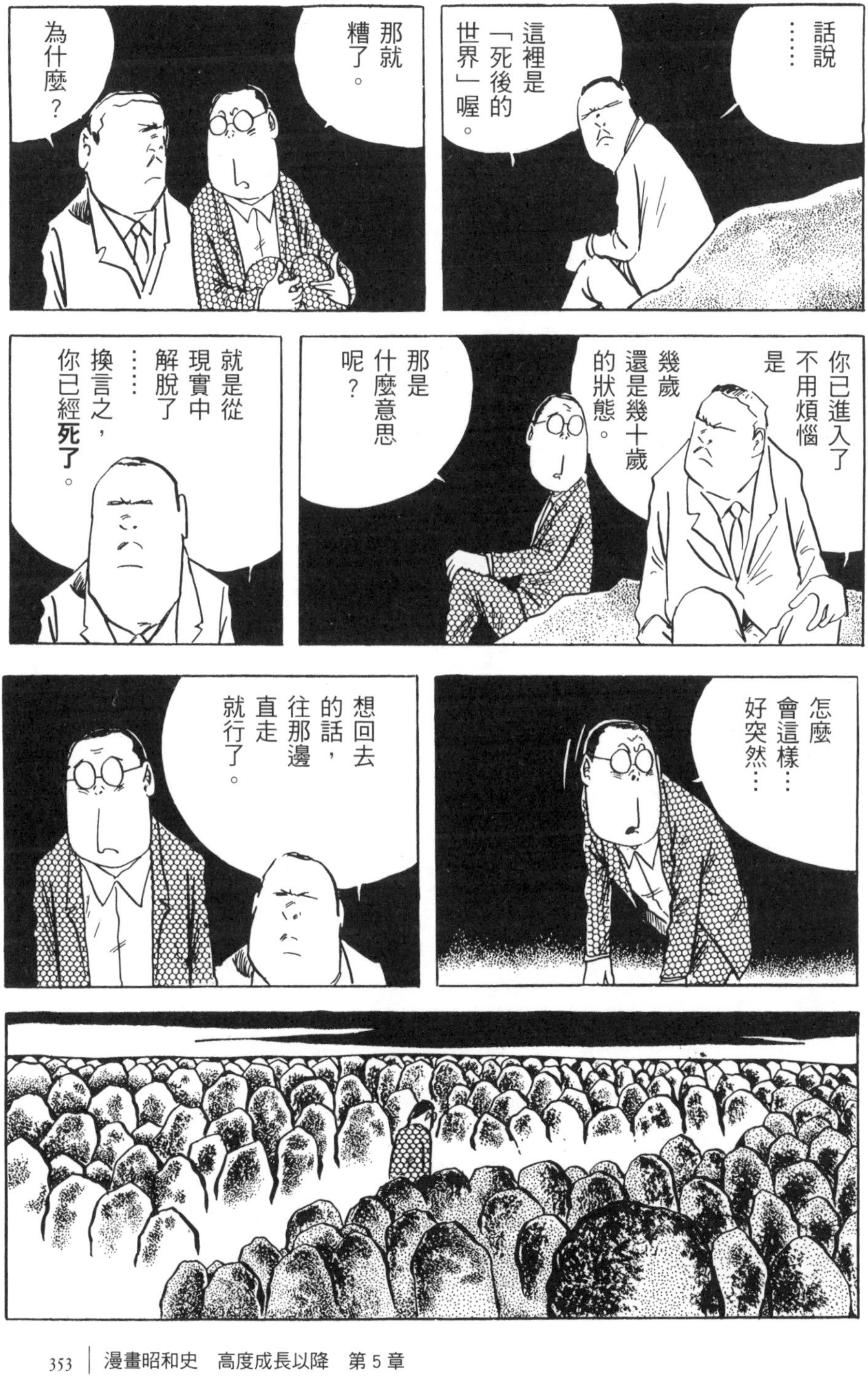
話說……
這裡是「死後的世界」喔。
那就糟了。
為什麼？
你已進入了不用煩惱是幾歲還是幾十歲的狀態。
那是什麼意思呢？
就是從現實中解脫了……換言之，你已經**死了**。
怎麼會這樣……好突然……
想回去的話，往那邊直走就行了。

彷彿從惡夢中醒來般。

喂，我回來了。

大家好像都出去了。
咦?!
這位先生，
你到底是誰?!
快回答我啊！
你！
とん
喂，咖啡還沒好嗎？
混蛋！
這是編輯宮東先生送的咖啡喔。
香氣確實很不錯。
你這傢伙竟偷偷跑進別人家⋯

*咚

你們趁我不在家這是在幹嘛啊？
真好喝。
喂，你也該稍微有點反應吧！
你們兩個串通好想把我趕出去是吧？
對了對了，差點就忘了，全壘打文庫的人送蛋糕來了呢。
毫無反應呢。
看起來好好吃喔。
＊嚼嚼
＊啊—
你們給我聽好，我要揍人囉！喝——！
ンガーッ
モグモグ
老公，好像突然有一陣風吹來耶。
是你的心理作用吧，啊——
爸比。

你應該聽得到我的聲音吧。
可惡，竟然就這樣穿過我了。
好乖，好乖。
真詭異。
話說回來，我剛剛好像沒開門就進來了。
該不會那個人孔蓋聲音的主人和我交換了？
我好像已經完全被替換掉，
我已經是靈了。
原來如此。
我不用吃飯，也不用繳稅了。
走來走去都沒人會跟我講話。
全都是我一個人在喃喃自語。
而且完全沒人聽到。
人們穿過我的身體……
處在這麼無聊的環境裡，真無奈。

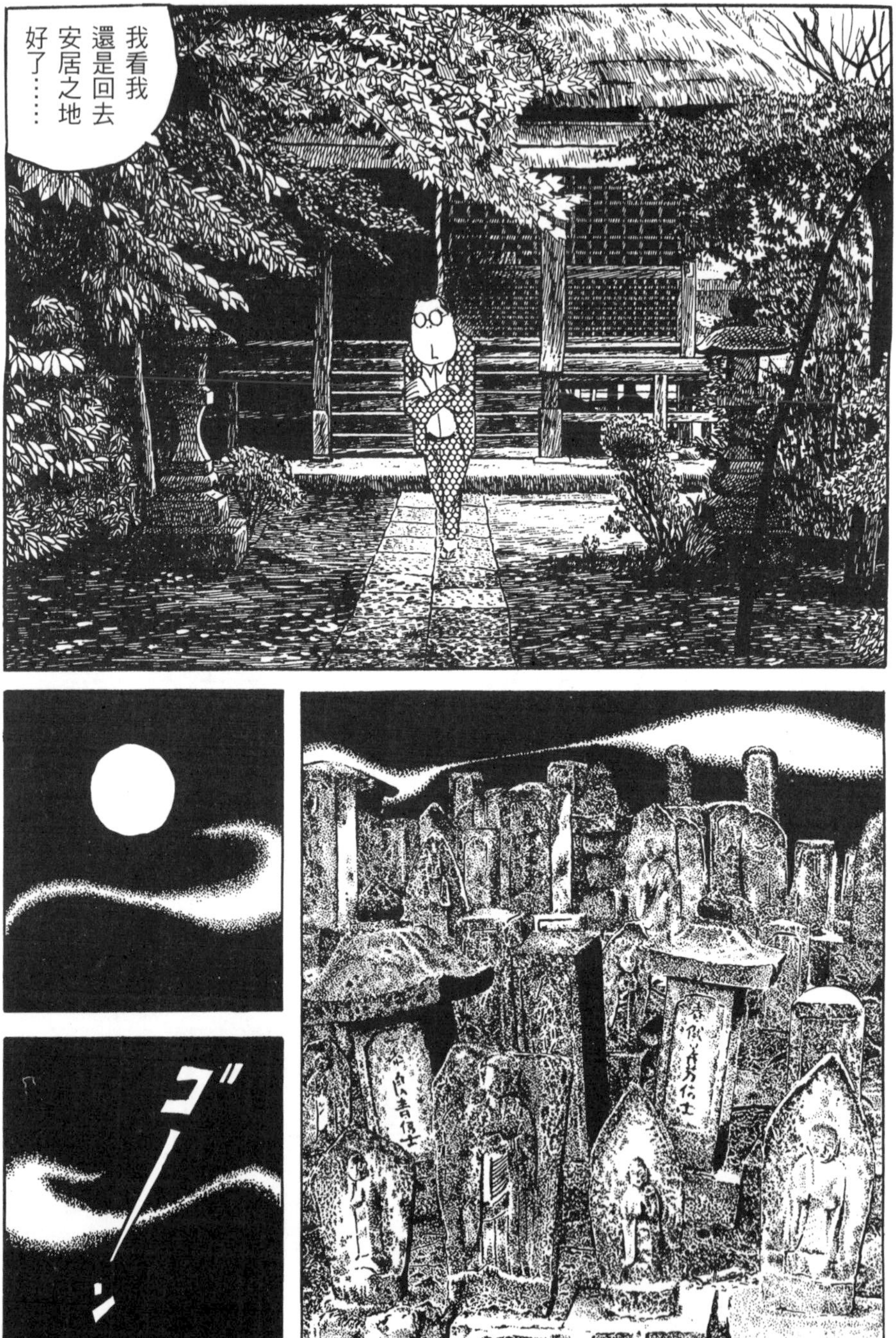
我看我還是回去安居之地好了……
ゴーン

*鐺—

這時在水木家…

從肉體到衣服、家具，
從家到妻子，
全都接收了的
冒牌水木茂，
就這樣在沒人
發現的狀態下，
扮演起水木茂
的角色。
乍看之下，
似乎很幸福……
但其實並非如此…

完成了嗎？
我是赤林堂的人。
欸……
你是指什麼東西啊？
你這樣裝傻讓我很困擾耶。
是你說今天會完成的，我可是都安排好了。
老公，你該不會沒畫吧？
真抱歉，看來是還沒完成。
開、開什麼玩笑！
之前的水木茂不知答應了人家什麼事？
老公。

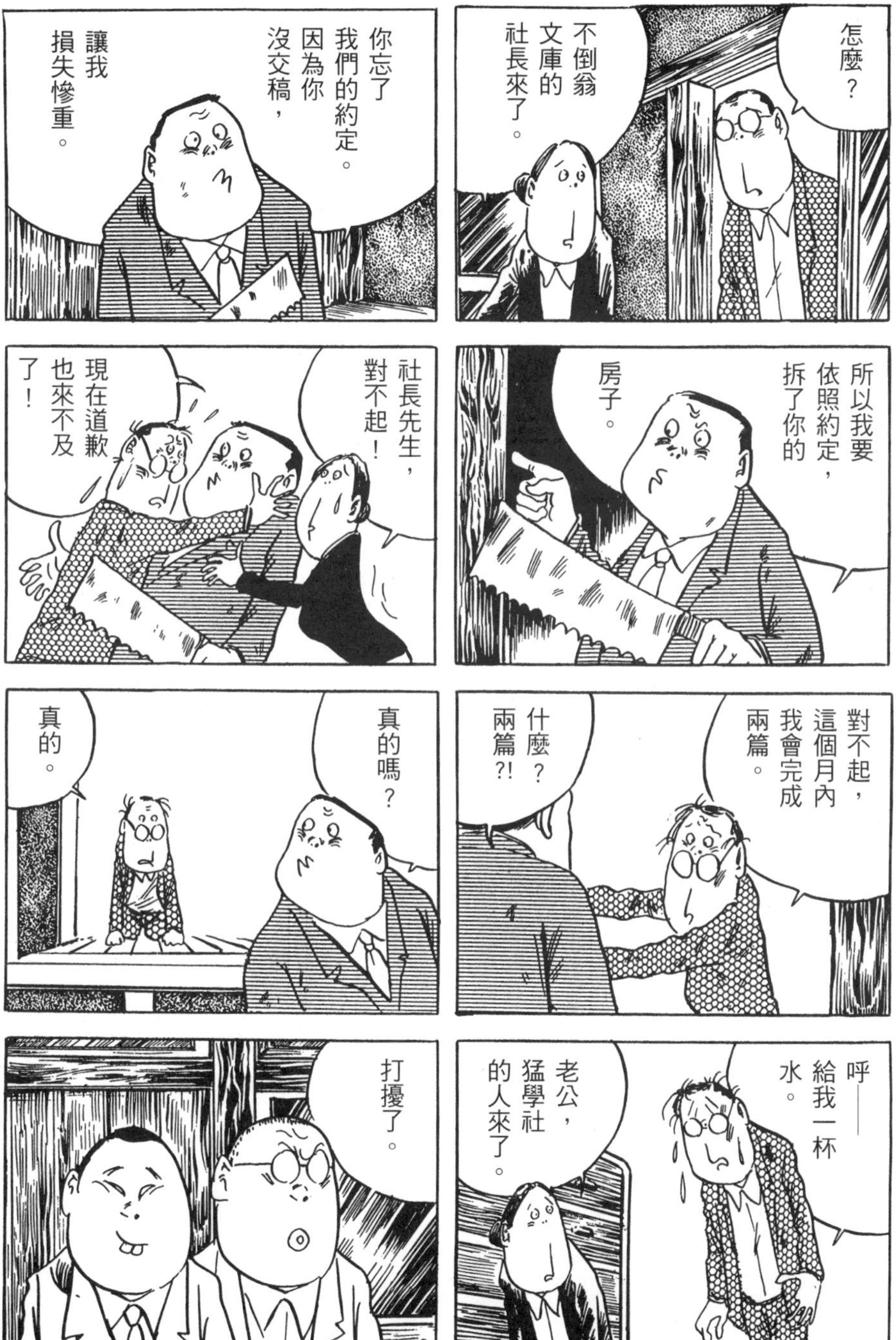
怎麼？
不倒翁文庫的社長來了。
你忘了我們的約定。因為你沒交稿，
讓我損失慘重。
所以我要依照約定，拆了你的房子。
社長先生，對不起！
現在道歉也來不及了！
對不起，這個月內我會完成兩篇。
什麼？兩篇?!
真的嗎？
真的。
呼——給我一杯水。
老公，猛學社的人來了。
打擾了。

你現在趕快開始畫吧。
我答應了什麼嗎？
哎呀，老公，你該不會沒畫猛學社的稿子吧？
請趕快畫！
稿子沒完成我們是不會走的。
請等一下。
水木太太，你先生不見了耶。
老公，你是怎麼了？
咦？躲起來了？
還是去廁所？

我才不要當什麼水木茂呢，
真是太失策了。
彼世比這裡好多了。
哎呀，這下面也未免太淺了。
喔不，是深的也沒用，我到死為止都回不去了。
天啊，我犯下了無法挽救的錯誤。
老公，你在這裡做什麼啊？
來吧，要全力工作到死，這世界是一場戰鬥啊。
啊……

另一方面，在彼世……
這步道真棒！沒想到這個世界竟是這麼快活。
沒錯。冷靜想想，這邊的安靜世界比人間好多了。
我完全同意。
現在的人世只有些許物質上的安定，肉體與精神都被消耗殆盡，任何人都很難活得有意義……這就是原因了——
把我的一切奪走的那個靈怪，反而想逃出我的人生，畫了這樣的漫畫內容，想藉此排解「鬱悶」，總之還是過著黏在桌子前的生活……每天都很辛苦呢。

第6章 洛克希德事件

ドカーン
＊砰隆
昭和四十九年（一九七四）八月三十日，東京千代田區丸之內，位於辦公街區的「三菱重工」，
發生定時炸彈爆炸事件，死者八人、輕重傷者三七六人。
這是由社會運動陷入僵局、因而焦躁不安的少數
激進團體所為。

*唰唰
哎呀呀，房子被沖走了！
啊，沖走了！
好驚人的大水啊……
哎呀，又有房子被沖走了！
九月一日，颱風十六號登陸日本，雖快速通過進入了日本海，但多摩川因此水位高漲，於東京都的狛江市決堤。
*唰唰

＊唰唰——

九月三日，決堤部分逐漸擴大，沖走了十九戶民宅。由於事發位置離水木茂的家不遠，所以他當時還騎著腳踏車去瞭解情況……
然後，十月……發生田中金脈事件……
在十月十日出刊的《文藝春秋》十一月號中，刊載了由紀實作家立花隆執筆的「田中角榮研究」。
各個店頭都賣到缺貨，掀起一陣騷動。
有《文春春秋》嗎？
到處都缺貨！

終於，在
二十二日……
參議院的
大藏委員會也提出
質疑，議題包括
田中首相的資產、
企業政治獻金、
信濃川的河川地
收購疑雲……
庶民英雄「田中角榮」

一夕之間成了
「墮落的偶像」。
依據民調，其支持率
也掉到了三〇％左右，
最後導致昭和四十九
年底十二月九日的
內閣總辭……
在短短不到
兩年的期間內，
田中角榮嘗到了
從人氣顛峰
墜入谷底的滋味。
内閣総辞職

於此同時，在美國及歐洲等地，流行起
所謂的裸奔，出現年輕人光溜溜地在街上奔跑的怪異現象。還真是令人開心的一種流行呢，嘻嘻。

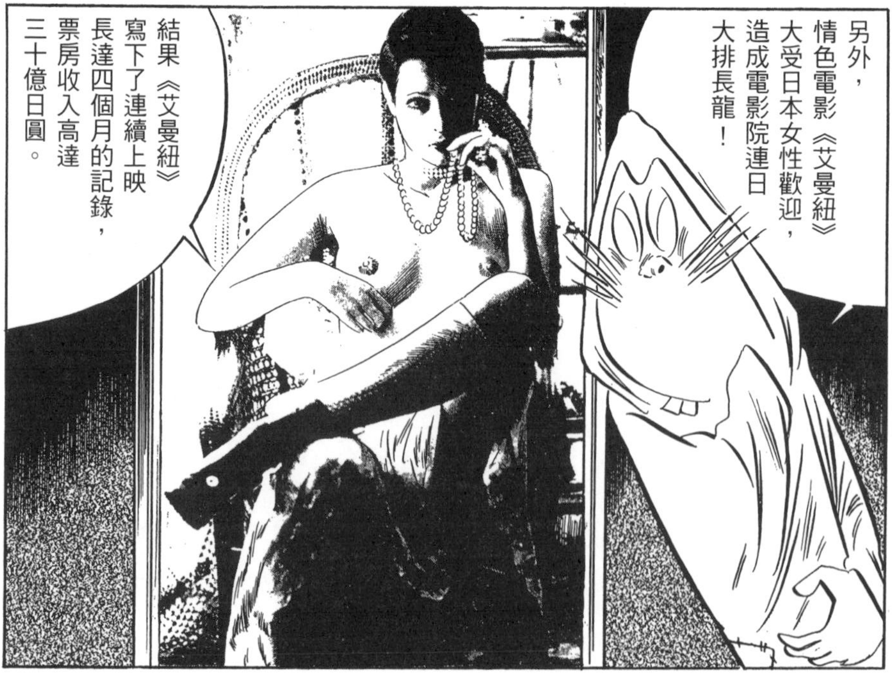
另外，情色電影《艾曼紐》大受日本女性歡迎，造成電影院連日大排長龍！
結果《艾曼紐》寫下了連續上映長達四個月的記錄，票房收入高達三十億日圓。

在田中之後接任首相的是形象清廉的※三木武夫。
哈哈哈哈，我沒幹出什麼大事，才兩年左右就被拉下來了，呵呵呵呵。

昭和五十年（一九七五），昭和這個年號也終於數到了第五十個年頭，但在石油危機後全球性不景氣之中……

※「三木武夫」（一九〇七～一九八八）……日本政治家，曾任日本首相。專注於淨化政界與政治改革，並致力於查明洛克希德事件之真相。

這一年的破產、失業人數突破前半期，破產件數更寫下戰後最高記錄。回收、翻修等成了流行語，
バザー
各地經常舉辦各式各樣的二手用品交換活動。在如此的背景下，
發生了國寶級人物吃河豚不幸中毒死亡的罕見案例。

昭和五十年一月，人間國寶第八代※阪東三津五郎（六十八歲）
於京都南座進行正月演出活動時，在其下榻的旅館中……
身體麻麻的……
約莫凌晨三點引起一陣騷動，兩小時後死亡。研判是前一晚所吃的河豚造成中毒。
據五条署調查，當時有四個人同席，每個人都吃了已除去肝部的河豚料理。
欸？大家都不吃肝啊，那就讓我一個人把它吃光吧……
＊抽搐、抽搐
就這樣，「人間國寶」一個人吃了四人份的河豚肝。
於是當晚，
他全身顫抖，「國寶」於焉消逝。
ビッ
ビッ
ビッ

※「坂東三津五郎」（一九〇六～一九七五）……歌舞伎演員。擅長飾演惡人與老人，表演風格鮮明，被認定為「人間國寶」（即國寶級人物）。

四月三十日，
這天早上
越南南方民族
解放陣線軍
從三方圍攻
南越首都西貢，
不久南越總統
便無條件投降，
西貢重回北越之手，
延續了三十年的
越戰於斯告終。
HOAN HÔ NGAY
1-5 ĐAI THĂNG

九月三十日，
天皇與皇后陛下
首度訪美，
並於十月十五日
回到日本。

昭和五十年四月五日，蔣介石總統（台灣）去世，享年八十七歲。
這位先生是中國國民黨總統，在當時是代表中國的人物。據說二戰結束時，
蘇聯曾一度試圖分割佔領日本（北海道、東北），但在蔣介石總統的強烈反對下告吹。
若此事成真，現在的日本搞不好會分成東日本國、西日本國之類的呢。
十一月十五日，在法國召開了第一次高峰會（先進國首腦會議）。
此時六國（英、美、法、西德、義、日本）在能源的南北問題上取得了共識。

接下來，昭和五十一年一月八日，中國建國以來的領導者周恩來主席去世。
把我的骨灰灑在全中國各地吧。
死因為癌症，他的酒量太好或許就是問題所在。
然後，昭和五十一年二月發生了洛克希德事件。
*轟——
美國飛機製造公司洛克希德，被發現在進行海外銷售時，

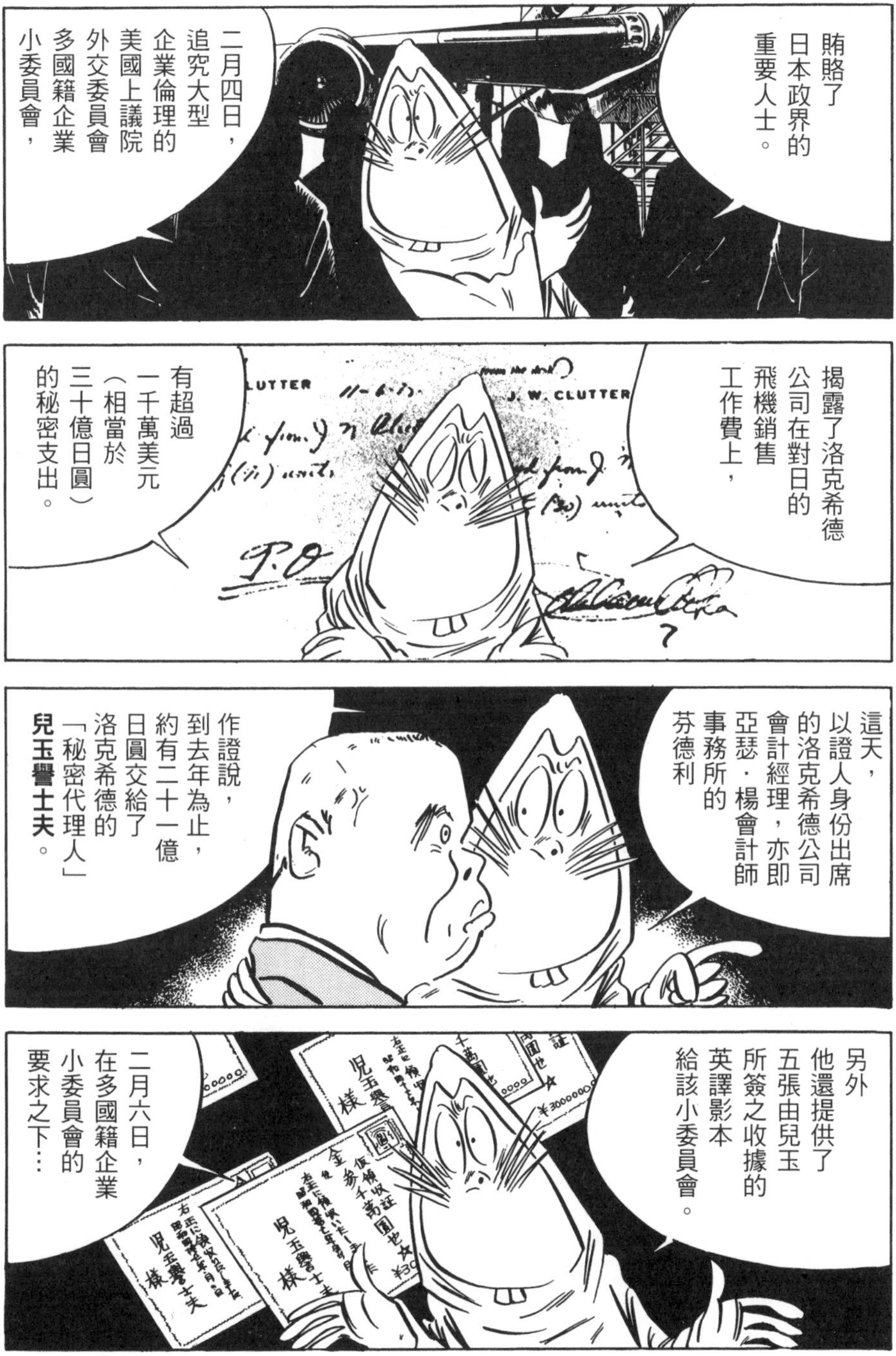
賄賂了日本政界的重要人士。
二月四日，追究大型企業倫理的美國上議院外交委員會多國籍企業小委員會，
揭露了洛克希德公司在對日的飛機銷售工作費上，
有超過一千萬美元（相當於三十億日圓）的秘密支出。
J. W. CLUTTER
這天，以證人身份出席的洛克希德公司會計經理，亦即亞瑟·楊會計師事務所的芬德利
作證說，到去年為止，約有二十一億日圓交給了洛克希德的「秘密代理人」**兒玉譽士夫**。
另外他還提供了五張由兒玉所簽之收據的英譯影本給該小委員會。
二月六日，在多國籍企業小委員會的要求之下……

洛克希德公司的副總裁
科赫出席該委員會，
並作證：「在付給兒玉
的二十一億日圓中，應該
有幾億給了國際興業
公司的老闆**小佐野賢治**
而拿給我們日本
代理商丸紅的專務
伊藤宏的錢，
是要付給日本
政府相關人士的。
是丸紅的社長檜山廣
及專務大久保利春，
向我暗示了
付錢的必要性。」
洛克希德公司對全日空之
三星大型噴射客機銷售
相關的一大貪污案，
就此正式曝光。

這些證詞為日本的政治與金融界帶來極大衝擊。在二月十六日的第一次國會中，
從傳喚證人開始，洛克希德事件發展成一起重大事件。
政界的今太閤前首相田中，於四月二日首度發表了「我的想法」，他以「我和洛克希德公司的秘密代理人兒玉，已有十幾年沒見。」
來主張自身清白。換言之就是，巧妙地「佯裝不知」有此一事。
在追查兒玉的高額逃稅時，東京國稅局的資深監察人員平野剛之於連日的調查中，過勞猝死，成了此事件的第一位犧牲者。

＊磅—
三月二十三日，兒玉譽士夫自家遭飛機自殺式襲擊！
而進行此襲擊的是二十九歲的年輕電影演員前野光保。
據說他非常喜歡特攻隊，突襲當時還穿著特攻隊的服裝。
畢竟無論何時，多數國民都是貧窮的，故對於背地裡把鉅額金錢放進自己口袋的這些洛克希德事件相關人士，都不由得「極度憤怒」，因此這次的自殺式攻擊，對大部分國民來說似乎是大快人心。

在澀谷車站前，甚至還出現為洛克希德事件而絕食抗議的老人，全國人民震怒。
つぶせ つぶせ 自民党を つぶせ
憤る
もう うんざり ピーナッツ政治！
電視上連續好幾天都在討論，五億元的鈔票是怎麼搬運的、那些錢被稱為※「花生」…
就在事情鬧得不可開交之時，前首相田中的司機竟自殺身亡……
七月二十七日，負責調查洛克希德事件的東京地檢特搜部，於上午六點，對前首相田中角榮，以涉嫌違反外匯法、
外貿管制令等罪名，在當事人同意下，於八點五十分予以逮捕。

※「花生」……在洛克希德事件中，相關人士是以「花生」作為賄賂金的暗語。

NHK
東京地檢基於後續調查，判定田中除了違反外匯法外，還利用總理地位犯下了受託收賄罪。
一、二審判決田中等三名政治家被告有罪。
雖然田中與橋本（前大臣）在最高法院奮力辯駁，但七年後的十月，田中
還是被判處徒刑四年，必須入監服刑。田中當日便提出了上訴。
沉痛地悼念伟大的领袖和导师毛泽东主席！
而在鄰國中國，「中國的紅星」毛澤東於九月九日去世。

第7章

沒有自由的自由業（不，應該叫不自由業）

＊國中生暑假演講會
聽聽水木茂怎麼說

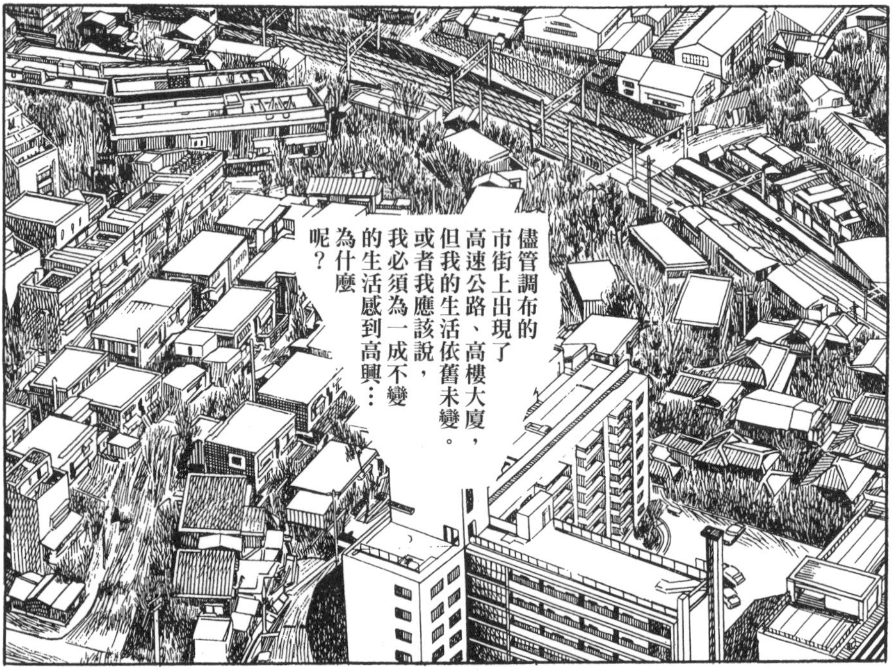
儘管調布的
市街上出現了
高速公路、高樓大廈，
但我的生活依舊未變。
或者我應該說，
我必須為一成不變
的生活感到高興……
為什麼
呢？

畢竟自由業的收入
是沒有保障的，
有工作就得要感恩了。
故正如先前提過的，
我持續過著
有如「塵蟎」
的生活。
有好幾次
「希望能解放、
想要獲得自由」
但這來自於能賺錢
謀生的安全感、
是一種奢侈病，
我如此告誡自己，
塵蟎依舊是塵蟎。

＊呼—

過了五十五歲，每天卻仍奮力工作十小時……
喔不，這是很幸福的狀態。我總會這麼自問自答。
事情真是如此嗎？
……環顧周遭，雖同樣生為人類，
有些人幹了五年都還是上色人員（只能負責塗黑的拙劣助手），完全看不見希望在哪裡。
但他卻抱著比別人多一倍的希望在做。跟這樣的人相比，或許我真的是很幸福呢。
不知不覺間，我竟成了個「幸福觀察者」……
人從事自己喜歡的事……就像喜歡吃肉的話，就每天吃到吃不下為止，因為喜歡漫畫，所以就每天不斷地畫，這樣雖然辛苦，
但卻也有人一心想成為這樣辛苦的漫畫家，我旁邊的上色人員便是如此。

他來自岐阜縣的鄉下……
老媽，我想靠畫漫畫過日子。
傻兒子，你不在的話，誰來耕田啊？
可是有名的「水木茂」寄來了助手的錄取通知耶。
我都準備好了，也存了旅費。
老媽你別擔心。
那你要注意身體別累壞了……
我已下定決心。
……
……
……

老媽，我會成功回來的。

他留下這句話後便離開家鄉，至今已過了五年……現在的他——

與其說成功，
還不如說是
每天欲求不滿地
坐立難安……
我每天都在
觀察他……
鈴木好像
又被甩了。
又…
都不知是
第十二
還第十三
次了…
那傢伙
總是馬上
就想發生
肉體關係，
所以才會
老是失敗…
欸，
你們，
有橡皮
擦嗎？
借我
橡皮擦…

老師，我在這裡試著畫了石塊…
石塊？
我還以為是馬糞呢…
你果然是個上色的……
上色…
可說是不屈不撓啊。
這種人也多少是有些才能的喔，
俗話說「石頭再冷蹲三年也會熱」，你則是工作蹲五年「上色」…
呵呵呵……
がッがッ
＊僵硬
他雖然笑了，但感覺挺淒涼的。
鈴木！
啥事？

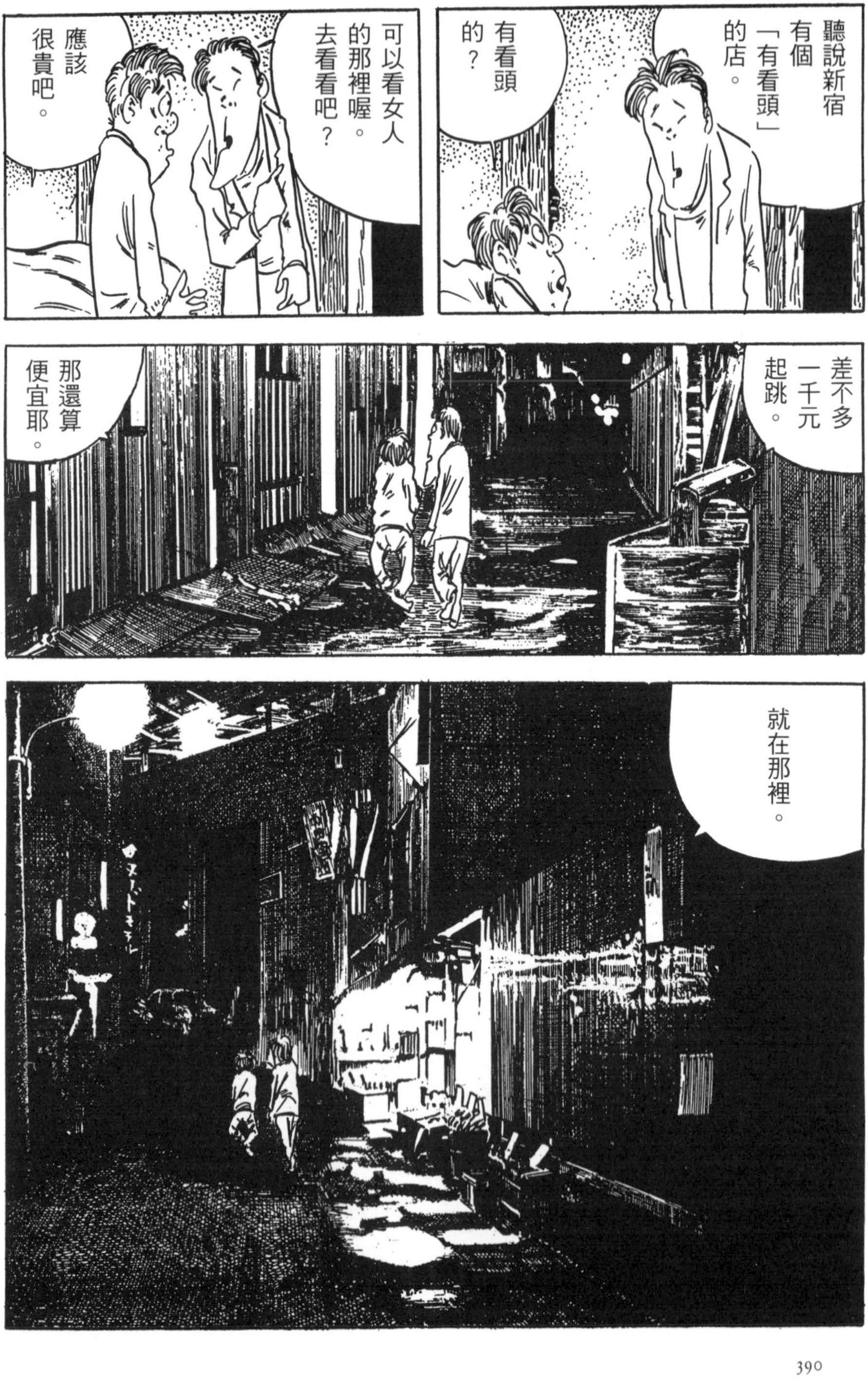
聽說新宿有個「有看頭」的店。
有看頭的？
可以看女人的那裡喔。去看看吧？
應該很貴吧。
差不多一千元起跳。
那還算便宜耶。
就在那裡。

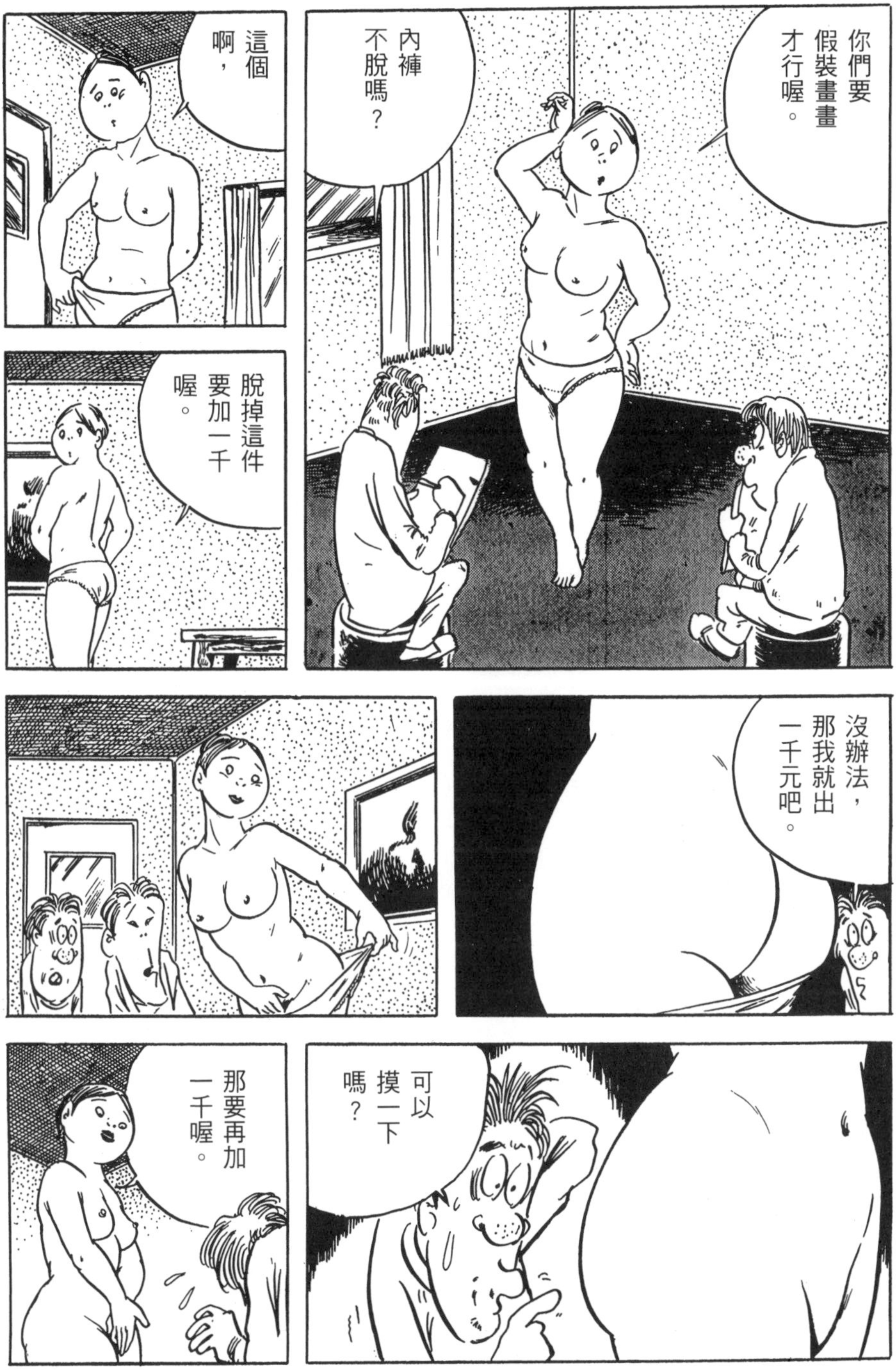
你們要假裝畫畫才行喔。
內褲不脫嗎？
這個啊，
脫掉這件要加一千喔。
沒辦法，那我就出一千元吧。
可以摸一下嗎？
那要再加一千喔。

那…
哎呀，沒錢了。
我借你好了。
借我吧，畢竟都慾火焚身了…
哇！忍不住了…
再進一步的話，要加五千喔。
再…再五千真的就可以了嗎？
也可以純聊天就是了…
那麼請到這邊來。

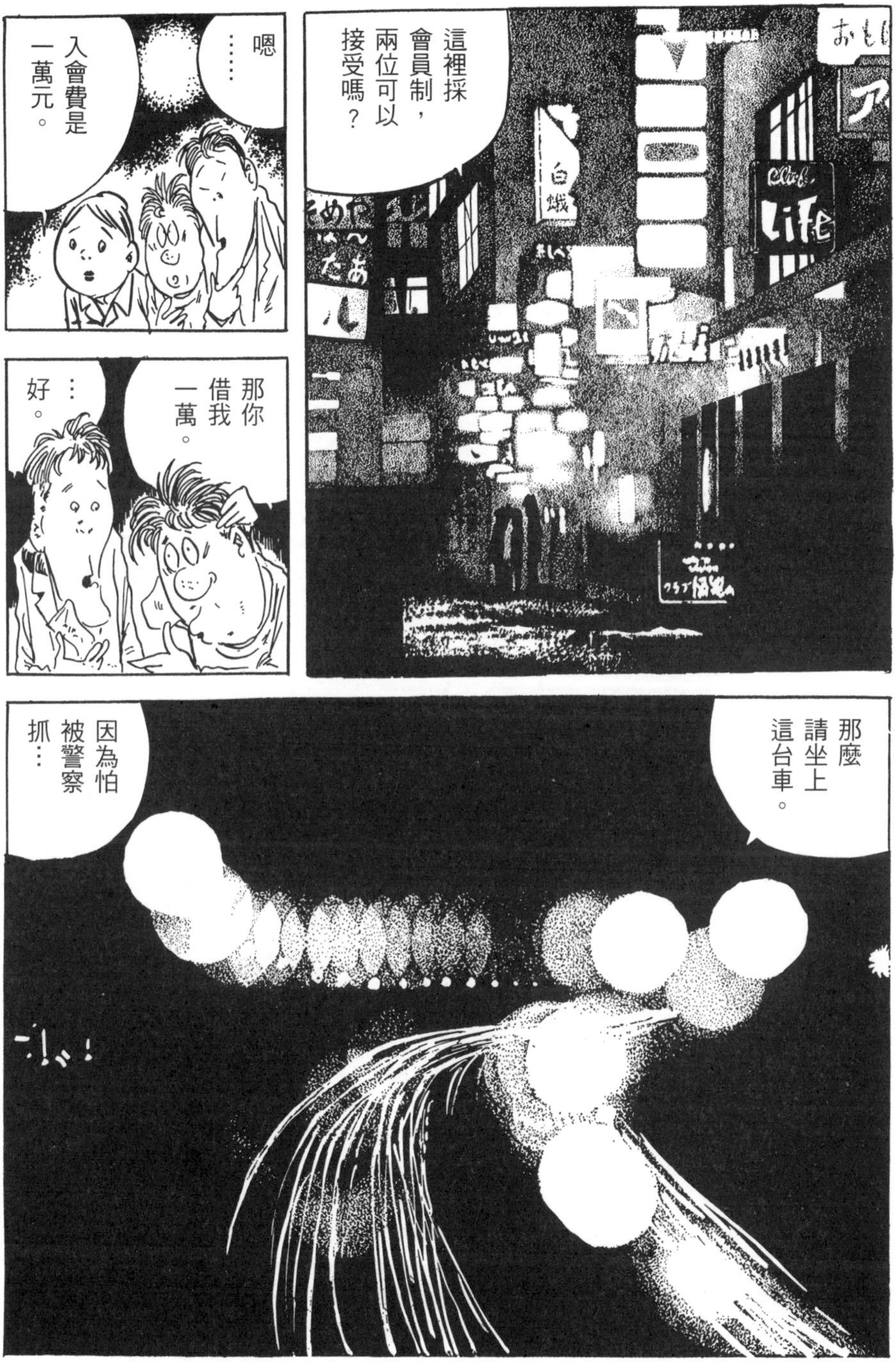
這裡採會員制，兩位可以接受嗎？
白蛾
Life
嗯……
入會費是一萬元。
那你借我一萬。
……好。
那麼請坐上這台車。
因為怕被警察抓……

隔天——
鈴木竟然還沒來，也太晚了。
嗯……他昨天跟我一起去了新宿……
＊砰咚、磅啷磅啷
新宿？去了裸體模特兒店嗎？
對，東加西加地就被收了三萬元。
三萬元…………
ドン
ドタドタ
ドタ
哎呀，好痛。
是誰？
抱歉，爬樓梯時不小心踩空摔了下去。
我有點事想私下跟老師商量……

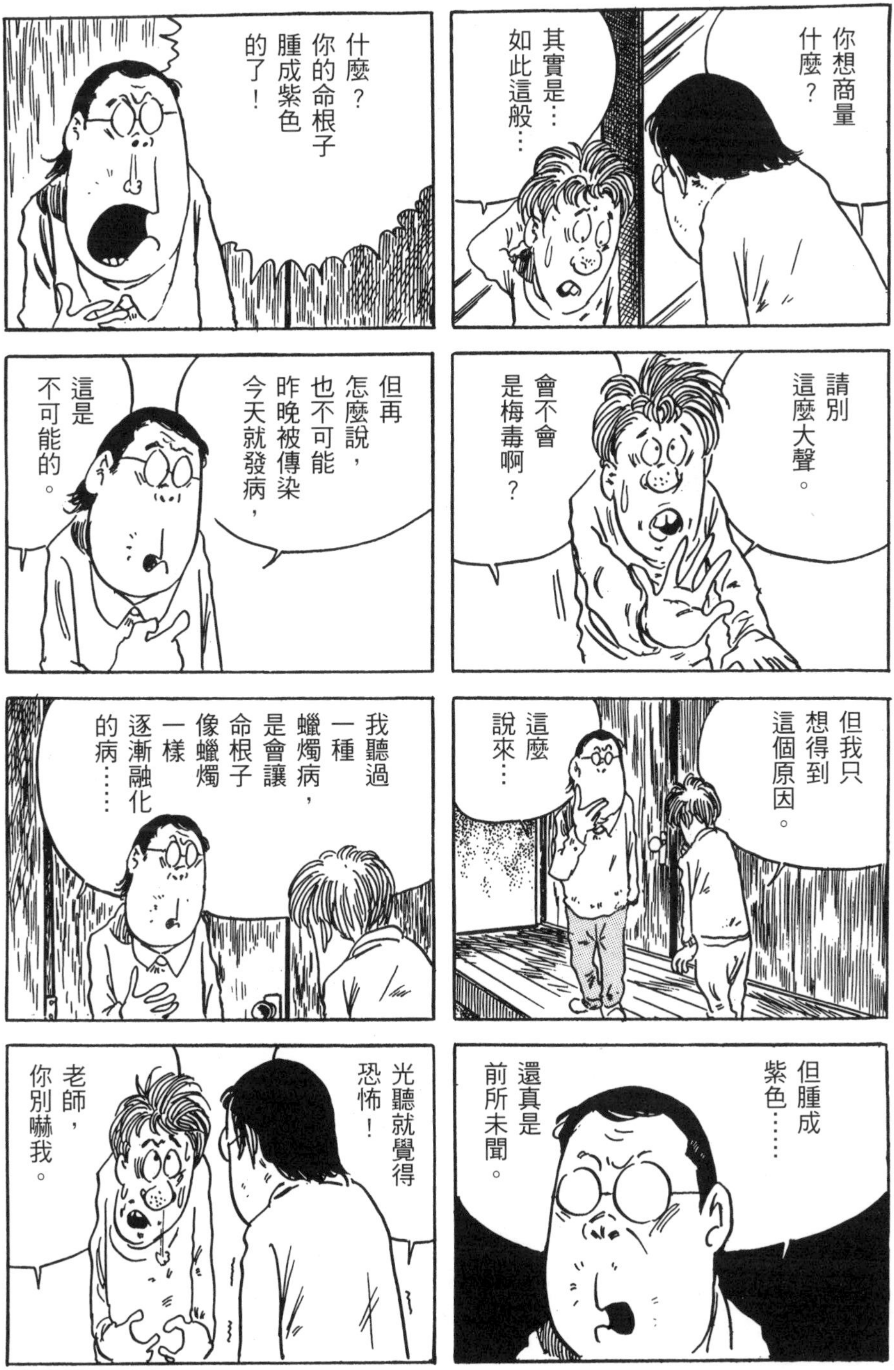
你想商量什麼？
其實是…如此這般…
什麼？你的命根子腫成紫色的了！
請別這麼大聲。
會不會是梅毒啊？
但再怎麼說，也不可能昨晚被傳染今天就發病，
這是不可能的。
但我只想得到這個原因。
這麼說來…
我聽過一種蠟燭病，是會讓命根子像蠟燭一樣逐漸融化的病……
但腫成紫色……
還真是前所未聞。
光聽就覺得恐怖！
老師，你別嚇我。

總之去看個醫生吧。
＊鈴鈴鈴
啊，鈴木，你的電話。
喂，我是鈴木……
哇！
什麼？是美代啊！
你來東京了啊？
＊撲通撲通
啊！你到調布了！
哇！
車站前！
鈴木，你太大聲了喔。
那、那……我們約在車站前的喫茶店。
＊咔嚓
＊砰咚、砰咚、啪嗒

什麼事這樣慌慌張張的？
畢竟已經被甩了十五次，
一定又要被甩了。
キキャヤッ
＊啊啊啊
哎呀，美代！
ドキドキ
＊撲通撲通
阿隆。
你還在唸高二的時候，我就來東京了。
BC・らっぱせ！サントリー

我作夢都沒想到妳竟然會來找我耶。
因為……
欸？你從以前就喜歡上我了…
* 鏘啷
ガチャガチャ
哎呀。
明天深大寺有不倒翁市集，要不要一起去？
喔，是喔。
我現在借住在叔叔家……
那裡的山藥泥蕎麥麵非常好吃呢。
我明天中午在深大寺的門口等你喔。
我會去看看的。
美代竟然會來找我，我一定是轉運了。

鈴木，結果如何？
你是問美代的事嗎？
她是我的夢中情人。
真的假的。
我是說真的。
原來不是一般的女人啊。
你要是敢開美代的玩笑，我可不會輕易饒過你。
你說什麼？
好了，好了。
我是要問你命根子的事。
喔，那個啊，醫生幫我擦了碘酒。
碘酒？
據說是內出血。
你也未免太拼了吧……
老師，由於明天有很重要的人要來找我…
你啊，人沒什麼用處，假倒是常請…

美代，前面就是植物公園了。
你現在這樣陪我散步沒關係嗎？
嗯，其實一般的助手是沒有這麼自由的。
但到了像我這種等級，就很自由了。
噯，原來阿隆你這麼被看好啊？
還好啦。
想不想躺躺這草皮，可以欣賞藍天呢。

繡球花好香喔。
那我香嗎？
大有可為呢。
大有可為啊。
話說，我可是被譽為最有力的新人獎人選呢。
那個木下藤吉郎，也就是後來的豐臣秀吉，
長得像猴子，而我則被說長得像猩猩。
仔細想想，
我和豐臣秀吉還真是有點像呢……
真是。
婚前我是不能發生肉體關係的喔。
婚前……

這樣說來，我不就完全沒機會了…
美代還真是個狠角色。
偷偷告訴你，其實我很快就要替雜誌畫漫畫了。
哇！
如何？你可以把我當成結婚對象…
我目前借住在叔叔家，所以…
這事不是我自己作主就行的…
嗯，沒關係，你不用急著回覆…
這邊就是車站了，那麼請替我跟你叔叔問個好。
明治
チョコレート

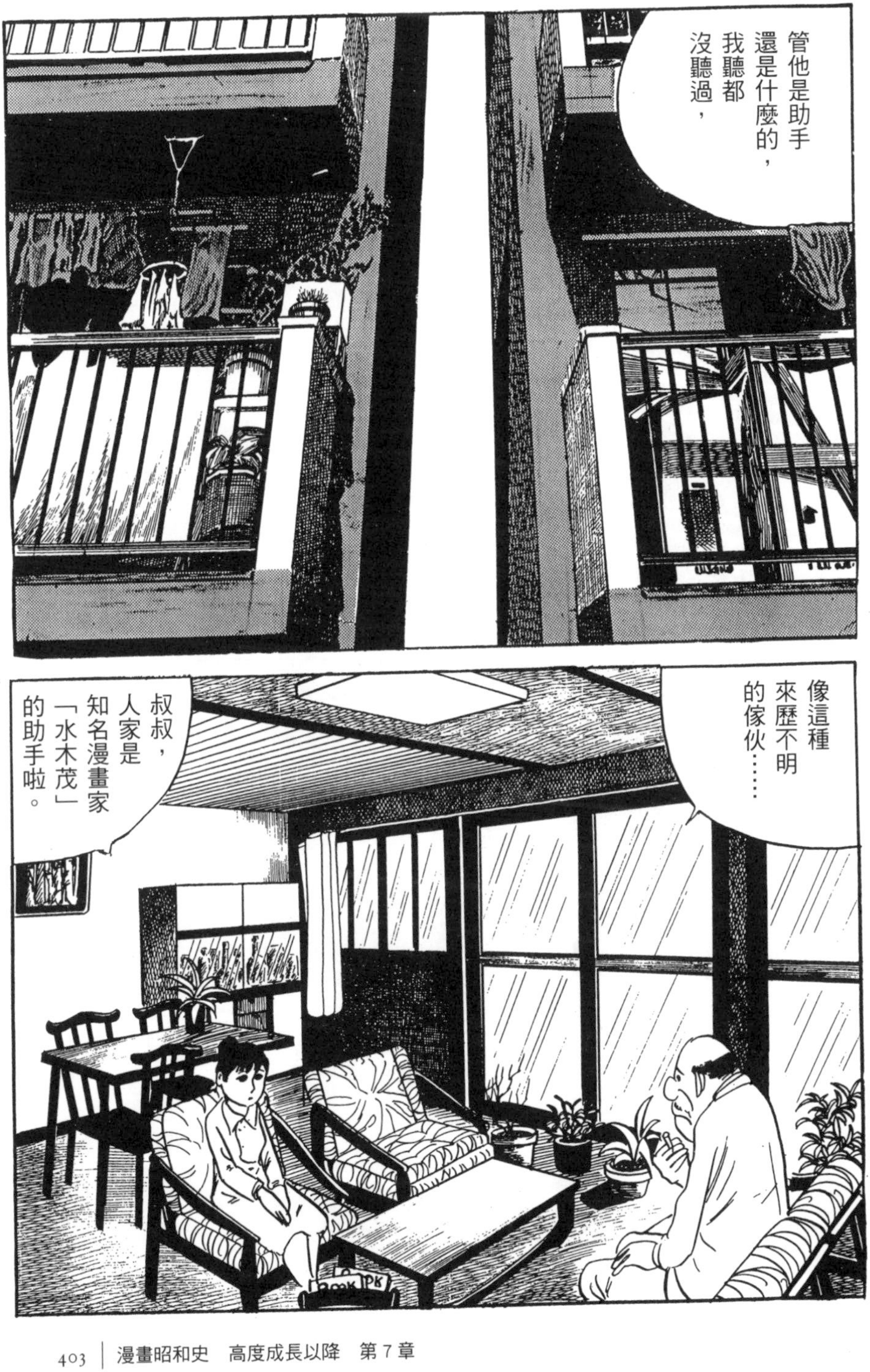
管他是助手還是什麼的，我聽都沒聽過，
像這種來歷不明的傢伙……
叔叔，人家是知名漫畫家「水木茂」的助手啦。

除非他
本人的名字
出現在雜誌上，
否則都不算
是漫畫家吧！
很快就會
出現在
雜誌上
了啦。
那就等他
出現再談
也不遲吧。
他很被
看好，
長得像
秀吉呢。
秀吉？
對啊，
長相有點
像猴子呢。
那他
差不多
要失敗了……
鈴木，
剛剛有人
打了好幾通
電話找你喔。
欸？
ドク
パタ

＊噠噠

喂？
啊，美代。
會不會太大聲了點？
什麼？一次也好，要我的名字登在雜誌上才行？
是啊，這樣才有說服力，叔叔才比較願意聽……
好，我知道了。
怎樣？
似乎有點希望了。

＊咔嚓

欸？你要娶老婆囉？
嗯，是啊。
那肯定是你這輩子唯一的機會了。
我也是這麼想的。
怎麼辦好，有沒有什麼四流的出版社……
這個嘛……
垃圾桶出版社應該會接受吧。
好！
*吁—吁—吁—
自那天起，他連續熬了好幾晚……
對了，那位大詩人歌德也曾說過：「自強不息者，終能得救」……

神不會就這樣讓我一直受苦的……
如何？完成了嗎？
嗯…這樣的作品，「鼻屎出版」說不定會接受。
別讓我太得意。
那我明天就去一趟，你幫我跟老師說一聲。
嗯。
首先是垃圾桶出版社…
畫得還不錯，不過……
我建議你去「鼻屎出版」試試…

這麼爛的漫畫我還真沒看過呢。
遭到毫不留情的痛擊！連「鼻屎出版」也不接受。
ハナクソ出版
儘管連續受到兩次重擊，但戀愛中的人格外強韌。
親愛的美代！
你可以再等我兩、三個月嗎？
我一定會登上雜誌的。
閱讀古今成功人士的名言錦句便會發現…
努力，可說是必能獲得回報的。
就算是我這樣的人……

但不知是不是名言錦句有誤，或是古代偉人的話不適用於現代，又或是現代的狀況不太正常，花了兩個月完成的大作，又再次被拒收。神明、佛祖到底存不存在？才一回到家，卻又接到長途電話——
喔，美代啊。
什麼？
我嫁給隔壁村的吾作了……
一開始我很崇拜待在東京的人，但後來……
嗚嗚，你為什麼沒通知我你的婚禮日期……
因為覺得很對不起你嘛……那麼，再見了。
咔嚓
啊
ドサッ
真拿他沒辦法，竟然昏過去了……把他扛到三樓的閣樓去吧。
是！

＊鈴鈴鈴

＊碰咚

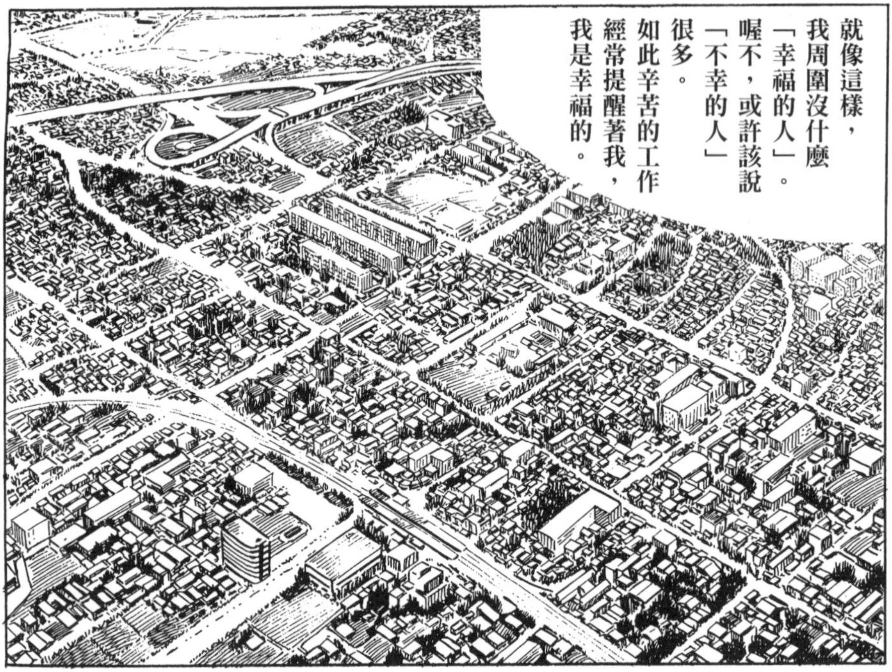
就像這樣，
我周圍沒什麼
「幸福的人」。
喔不，或許該說
「不幸的人」
很多。
如此辛苦的工作
經常提醒著我，
我是幸福的。

偶爾會有
自稱粉絲的人
來參觀，
弄亂我的
工作環境……
哇賽——
這是鬼太郎耶
哎呀——
這是臭鼠男呢
明明都
快六十歲了，
為什麼我還
非得這樣服務
孩子們啊……？
我總會這麼問
自己……

第8章　穩定成長中的頹廢

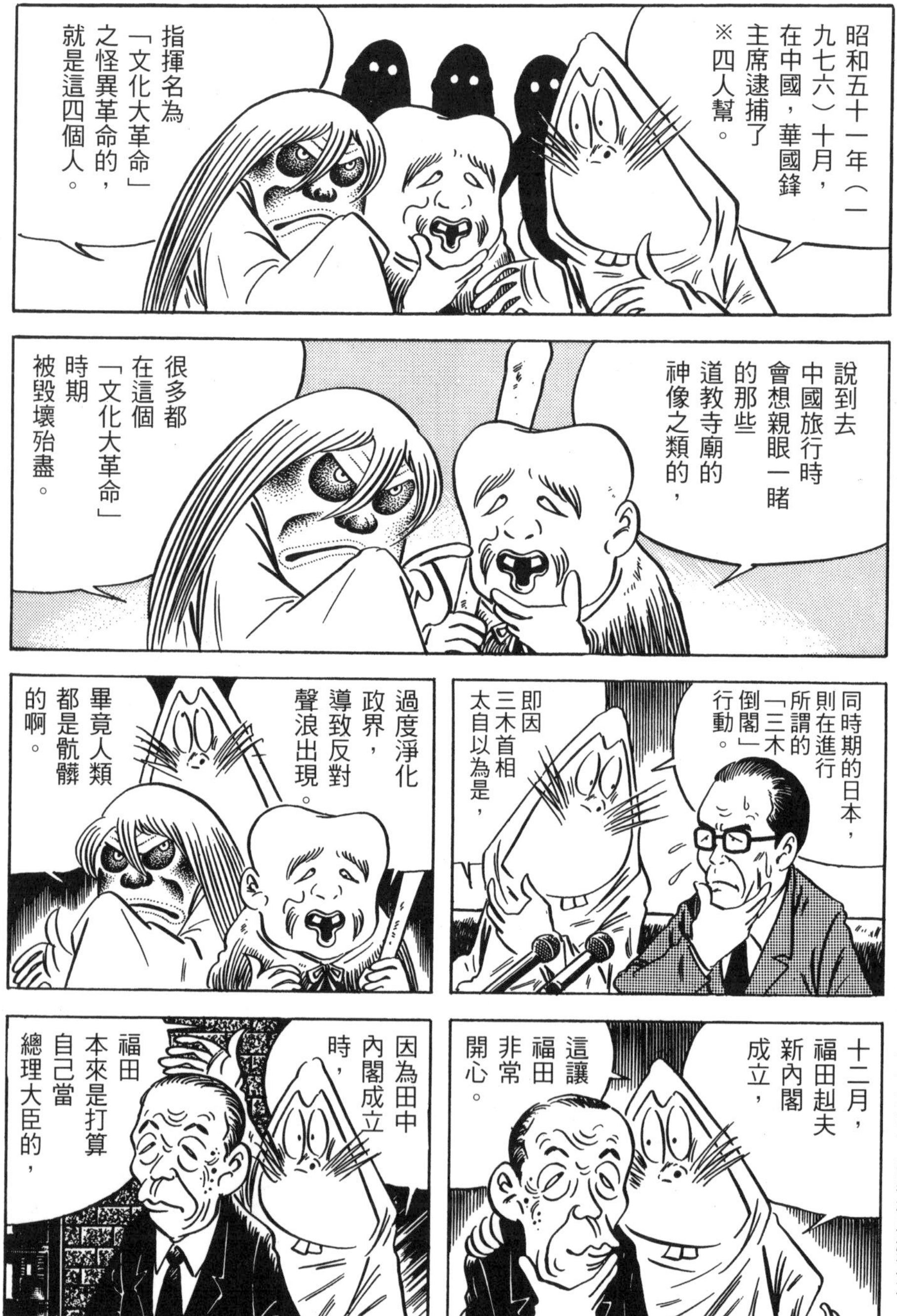

※「四人幫」……文化大革命期間形成的政治勢力，被視為毛澤東貫徹其文革思想的推手。成員包括毛澤東之妻江青，以及王洪文、張春橋與姚文元。

但卻殺出一匹黑馬田中角榮，煮熟的鴨子就這麼飛了，這讓福田極度不爽。
而接著田中下台時，本以為要輪到他了，這時卻又冒出一個大平正芳。
由我來當。
這位也很堅持不讓。
結果就變成由三木武夫擔任。
煮熟的鴨子再度飛走。
約莫在昭和五十二年七月時……
共同通信的人打電話來囉。
這麼晚了，什麼事啊？
是酷似知名模仿藝人「貓八」，且很愛妖怪的次長。
恐龍
？
在紐西蘭外海，發現了看起來像是恐龍的東西。

＊嘩啦啦

看了「貓八」次長帶來的照片，我嚇了一大跳。
而抬頭看見「貓八」次長比我還驚恐數倍的表情，我又嚇了更大一跳。
恐…恐龍！
是妖怪啊！哇啊！
據說那其實是腐爛的「大鯊魚」屍體。
竟然特地從紐西蘭外海撈起這種東西？
會用起重機吊起來，也是出於好奇心吧。
對腐爛的「大鯊魚」好奇嗎？

從報紙到雜誌，大家歡欣鼓舞地大肆討論，不知不覺形成了一首「驚訝進行曲」。
當時我也嚇到了。
進入昭和五十三年，佐世保重工業陷入經營危機，於是在福田首相的拜託下，
請來有「四國大將」之稱，從電影院老闆一路晉升至四國造船王的坪內壽夫擔任社長。
這想必是因為，作為軍艦修理之備援機構的佐世保重工業是絕不能倒的。所以首相才會特別去拜託他。
後來這位四國大將坪內先生卻因造船業不景氣而沒落。
還真是連神明都沒料到呢。

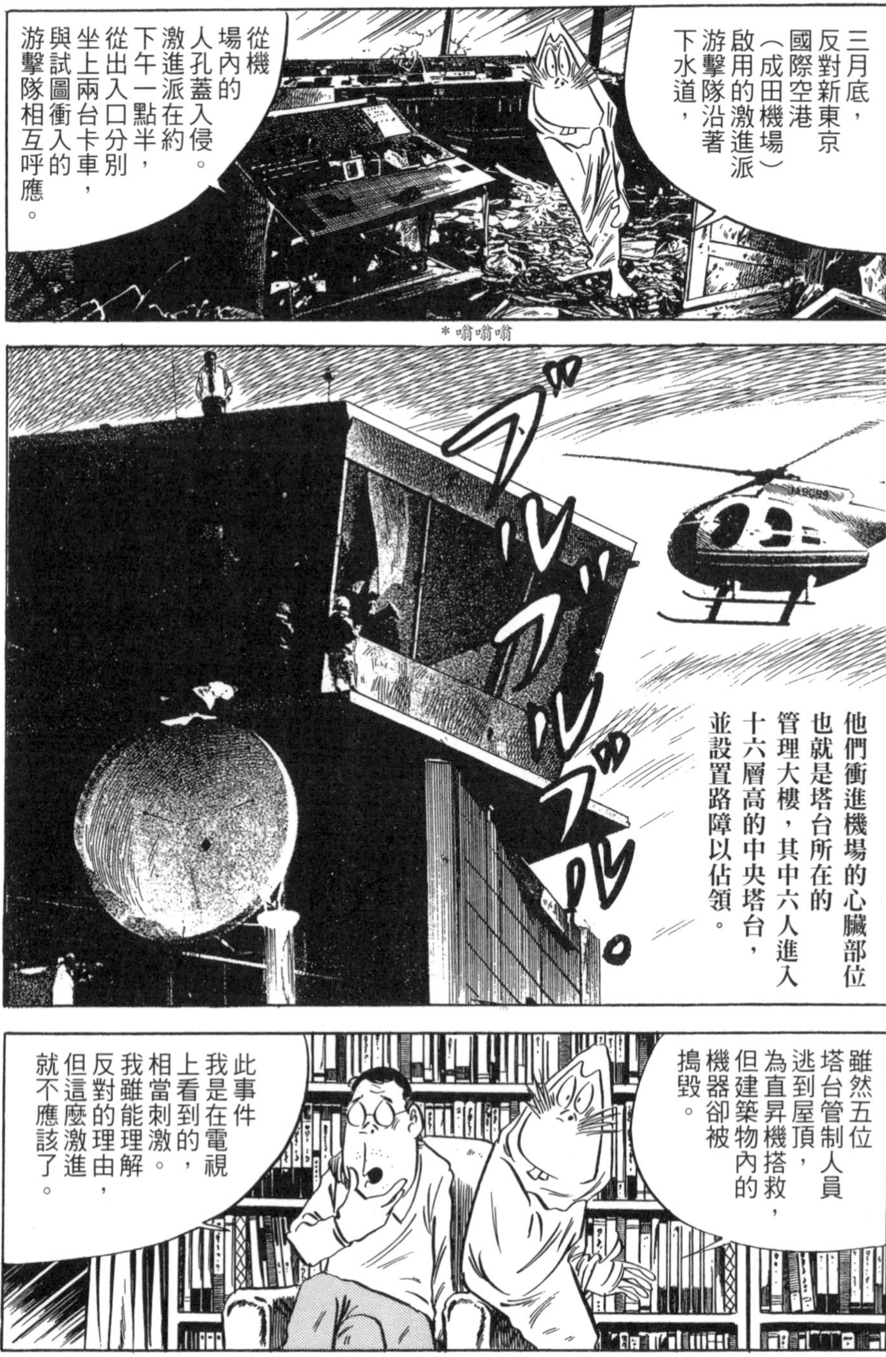
三月底，反對新東京國際空港（成田機場）啟用的激進派游擊隊沿著下水道，
從機場內的人孔蓋入侵。激進派在約下午一點半，從出入口分別坐上兩台卡車，與試圖衝入的游擊隊相互呼應。
＊嗡嗡嗡
他們衝進機場的心臟部位也就是塔台所在的管理大樓，其中六人進入十六層高的中央塔台，並設置路障以佔領。
雖然五位塔台管制人員逃到屋頂，為直昇機搭救，但建築物內的機器卻被搗毀。
此事件我是在電視上看到的，相當刺激。我雖能理解反對的理由，但這麼激進就不應該了。

十一月二十七日，在自民黨的主席初選中，福田赳夫表示：「我若排名第二，就辭任首相。」
由於漂亮話說得太早，真得到第二名時他也慌了，但身為總理大臣，得說話算話，便將首相之位拱手讓給了大平正芳。
雖說初選落居第二，但若正式參選，未必拿不到第一，完全是因為說錯話，才會落到不得不辭職的地步。
當上總理大臣的大平正芳，回答問題時經常支支吾吾的。
沒有俐落能幹的感覺。
就是這樣的人，
當上了總理大臣。
老是啊…唔…支吾其詞。
不知不覺間，假裝這樣的講話方式成了一種流行。
很多人明明很**聰明**，卻故意這樣講話。
而此一流行在當時被稱作「大平風格」。
這流行還真是有趣。

＊哇—哇—哇—

昭和五十三年（一九七八）伊朗爆發了革命，君主制度被推翻。隔年春天，流亡海外的伊斯蘭教最高領袖何梅尼決定回到伊朗，因為他的腦子裡只有伊斯蘭的什葉派，這樣的行動讓全世界深感不可思議……
ワーワーワー

OPEC藉著此次的伊朗革命，調漲原油價格，一九七九年至一九八〇年期間，第二次石油危機席捲全球。
雖然日本也沒道理不受影響，但在節能政策與企業的減量經營之下，成功克服了此次危機。

所謂的節能政策，就是政府與民間一致，厲行節約冷暖氣費、
限制電梯的使用，以及加油站假日不營業等。

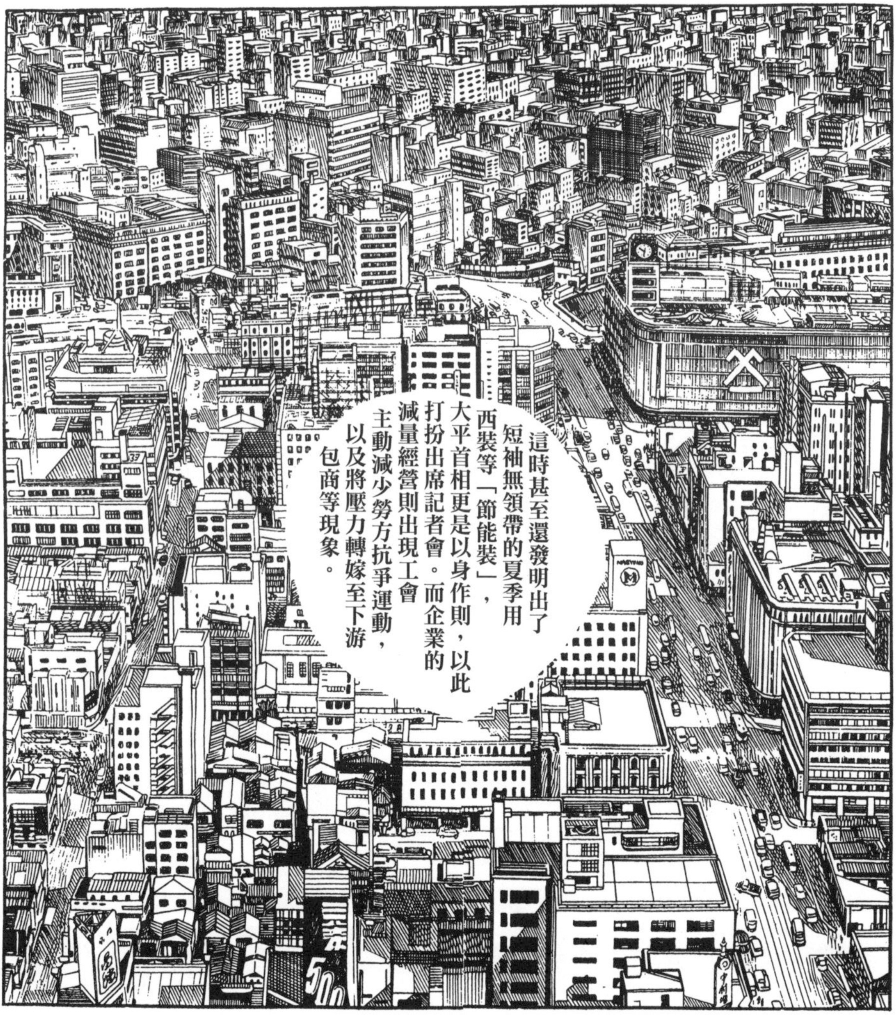
這時甚至還發明出了短袖無領帶的夏季用西裝等「節能裝」，大平首相更是以身作則，以此打扮出席記者會。而企業的減量經營則出現工會主動減少勞方抗爭運動，以及將壓力轉嫁至下游包商等現象。

也讓賣領帶的店家們一片譁然。
大家都流行不打領帶的話，
我們的店要怎麼辦？
畢竟是靠領帶過活啊。
沒辦法，一旦開始縮減目前既有的，就會產生痛苦……
不過節能、省力系統、新型IC的開發等技術革新也有所進步。故整體而言…
算是以最小的犧牲度過了第二次的石油危機。在所有先進國中，只有日本辦到這點，而且對美貿易還持續維持順差。

在汽車製造業，這樣的貿易摩擦成了一大問題。來自美國的※「安保依賴論」批評聲浪日益增強，他們認為日本經濟繁榮的理由在於軍備精簡。
而日本之所以能維持軍備精簡，是因為有美國的軍事力量保護，故可抵抗共產主義的威脅。
雖說即使沒有美國的保護，蘇聯等國也不見得會立刻攻入日本，
8-20
9-4
8-11
9-7
8-24
8-19
8-18
8-7
NAV
不過日本的繁榮確實是由精簡的軍備所支撐。
那個急性子首相吉田茂便走上了這條路，再加上池田首相的「所得倍增論」，更使之成為一條平坦的柏油路，就這樣延續至今。

※「安保依賴論」……一種來自美國議會中的意見，認為依安保條約而由美方提供的防衛用費用，被日本用於經濟發展。

畢竟這世上，沒有什麼比戰爭更浪費的了。
ドドドド
在太平洋戰爭中，日本人已嘗盡這種無謂的愚蠢滋味，所以全國人民都一致變得愛好「和平」，這真是再好不過。
戰後的日本，或許曾因別國的戰爭而賺到錢，
但自己再也沒打過仗。
4
5
度過第二次石油危機後，便進入穩定成長的時代。
不過在這穩定成長期中，仍產生了一些意料之外的事件與現象。

首先，保守與革新之間變得難以區隔。一九五四年蘇聯軍入侵阿富汗。
進入一九八〇年代後，則因印尼難民大量出現，

而造成傳統社會主義的形象崩毀。越南難民坐著上百艘老舊船隻抵達香港等地，他們被稱作「船民」。全世界都指責這簡直就是一種計畫性的棄民政策。

此外，這時的美國反而希望能終止美日安保條約。
經濟問題多少是原因之一，畢竟當下，日本型的資本主義運作得相當順利。
バーゲンセー

在這樣的狀態下，國民之間開始傾向維持現狀的保守主義。但這並不是因為看見了保守主義的積極價值，而是因為他們只看得到狹窄的生活圈。

是一種只安於現狀的生活方式。
昭和五十三年到五十四年，街上的電玩遊樂場生意興隆，有名的「太空侵略者」射擊遊戲會爆紅，和這種生活方式應該也脫不了關係——
ピュ
ピュ

※「漫才」……一種日本的喜劇表演形式，類似相聲。

之後，電玩繼續發展、普及，而從昭和六十年左右開始，
更進一步以「家用電視遊樂器」，佔領了一般家庭。
另外昭和五十五年的電視※漫才熱潮，也因其爆笑特性而打入了大眾生活圈。
學生之間流行起所謂的※「瞬間藝」、※「酒店藝」、「模仿」等，成年人則流行唱「卡拉ＯＫ」。

※「瞬間藝」……可在短時間內讓人立刻發笑的有趣表演。
※「酒店藝」……可在日式酒店裡炒熱氣氛的小魔術、小把戲。

五十五年三月，在長崎縣的壹岐，由於海豚作惡（吃掉太多魚），當地漁民便圍捕了四百五十隻海豚。
但來自美國的動保團體成員卻趁夜割破網子，放走了二百五十隻的海豚，可想而知，後續引發許多問題。

同年六月，總理大臣大平正芳突然過世。他明明心臟不好，卻還是勉強自己四處遊說、做這個做那個，結果終於病倒入院……
政治家礙於不能示弱，往往會忍不住逞強，這點最是糟糕。最後大平首相死於六月十二日，他真的是個認真的人。

第9章 再度前往托培托托羅的村子

在這世上，有些人被歸在「愛好南方」的奇特類別，例如※高更、※史蒂文森、※土方久功等……
我個人也屬於這種「奇特類別」，也是「南方病患者」之一，總是想看、想聽南方的事物。

嚮往著所謂「原住民」的「奇特悠閒感」，還有色彩鮮豔的樹木、總是平靜無波的大海、美麗的夕陽等。好巧不巧，就在我的「南方病」即將發作時，我去了寶塚，還順便拜訪「軍曹」。

※「高更」（一八四八～一九〇三）……出生法國巴黎的後印象派畫家。曾接受印象派創始人畢沙羅指點，晚年移居至大溪地完成多數傑作。

※「史蒂文森」（一八五〇～一八九四）……蘇格蘭作家、詩人。代表作品包括小說《金銀島》、《化身博士》等。過世於薩摩亞群島。

咦？這椰子沒什麼精神耶！
奇怪了，我明明有澆水啊。
不管有沒有澆水，若沒有灌注「靈魂」，椰子是長不好的喔。
欸？這不是水木上等兵嗎？

※「土方久功」（一九〇〇～一九七七）……日本雕塑家、民俗學者。曾前往帛琉等南洋諸島進行研究調查，留下許多珍貴的民俗資料與著作，同時也創作不少雕刻與繪本等藝術作品。

每天都要讓這麼多盆栽曬太陽，真的是很累人呢。
晚上要搬進家裡嗎？
是啊。
這樣啊。
他這根本就是得了「南方病」。
咯咯咯咯咯
很嚴重的「南方病」呢。
您不也是嗎？
對啊，你也得了「南方病」吧。
就這樣，我們兩個又決定再去一次新幾內亞……

由於同為南方病患者，所以很快便付諸了行動。

一旦從有如「塵蟎」般的生活解放出來，一切看起來都像天堂……
＊嘎哦—
＊唧咕唧咕
哇賽——南方真是什麼時候來都覺得棒呢！
真的！

*哇哈哈、哈哈哈哈

*咕嚕、咕嚕

＊哈哈哈哈哈

我在這裡蓋了棟別墅呢。
ははははは
怎麼說呢，或許是一時鬼迷心竅，之後又去了拉包爾好幾次，
我還在家裡弄了個自稱博物室的房間，堆滿我收集來的南方妖怪物品，甚至一整天聽著當地錄來的音樂，這樣的生活持續了好一陣子。
爸爸瘋掉了嗎？
博物室裡都長出蟲來了…
喔，那個蟲，兩、三天前變成蝴蝶了。

不只是蝴蝶喔，新幾內亞的蜘蛛還結了網呢。
到底是從哪來的啊？
可能是有蟲卵黏在那詭異的妖怪面具背面吧…
不只是昆蟲，還有動物耶。
怎麼可能…
走進那個妖怪房間，就會聽到蠕動的聲音喔。
……就像這樣，家人們都避之唯恐不及。
另一方面，托培托羅寄來了一封令人激動的信，他說每個人都期待著我再次造訪，下次打算舉辦大欣欣（舞蹈）。
欸，我們差不多該舉家搬到新幾內亞了。
你在發什麼瘋啊？
那邊天氣不冷，又很悠閒嘛…

在那之後，我又任性地去了新幾內亞，
盡情地畫了很多妖怪畫。
另外去中國和印度等地時，也因感覺到「妖怪」而興奮不已。

那是隨興所至，
覺得怎樣有趣就怎樣畫的
一種風格……

一旦畫多了，
就像木工師傅從畫設計圖開始，讓房子逐漸成形時所說的：
「開始能看到了」。

……就像那樣，
對於「妖怪是
什麼？」這種
奇怪的問題，
我覺得自己
似乎「開始
能看到了」。

我把這稱作
「捉妖」。
在無特定目的
的狀態下，
任意地將之
大量具像化，
實在是很令人
愉快啊……

接著，「深入了解妖怪」的時機終於到來。
我開始翻閱民俗學的書……
但一直得不到令人滿意的答案。
有時還會與民俗學家或是懂妖怪的人討論，但他們說的都和我想的不一樣，
所以我總是沒把自己的意見明白地說出來，或許我想的是和別人不同的妖怪。

也就是說，它們的確存在。儘管存在，卻不像電視上那樣能輕易以肉眼看到。
也就是說儘管不易理解，可是確實存在。像是從前的人遇到妖怪的記錄等，

我腦子裡記憶了五百個左右的妖怪樣貌，而當我在腦海中搜尋自己小時候是否有遇過某些妖怪時，

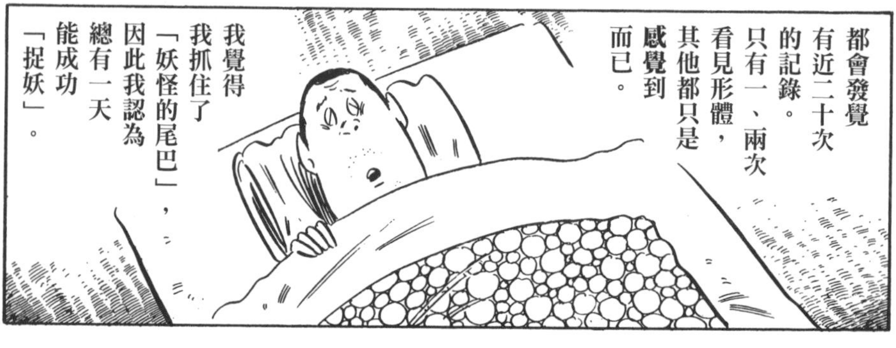
都會發覺有近二十次的記錄。只有一、兩次看見形體，其他都只是感覺到而已。
我覺得我抓住了「妖怪的尾巴」，因此我認為總有一天能成功「捉妖」。

第10章　詭異的富足

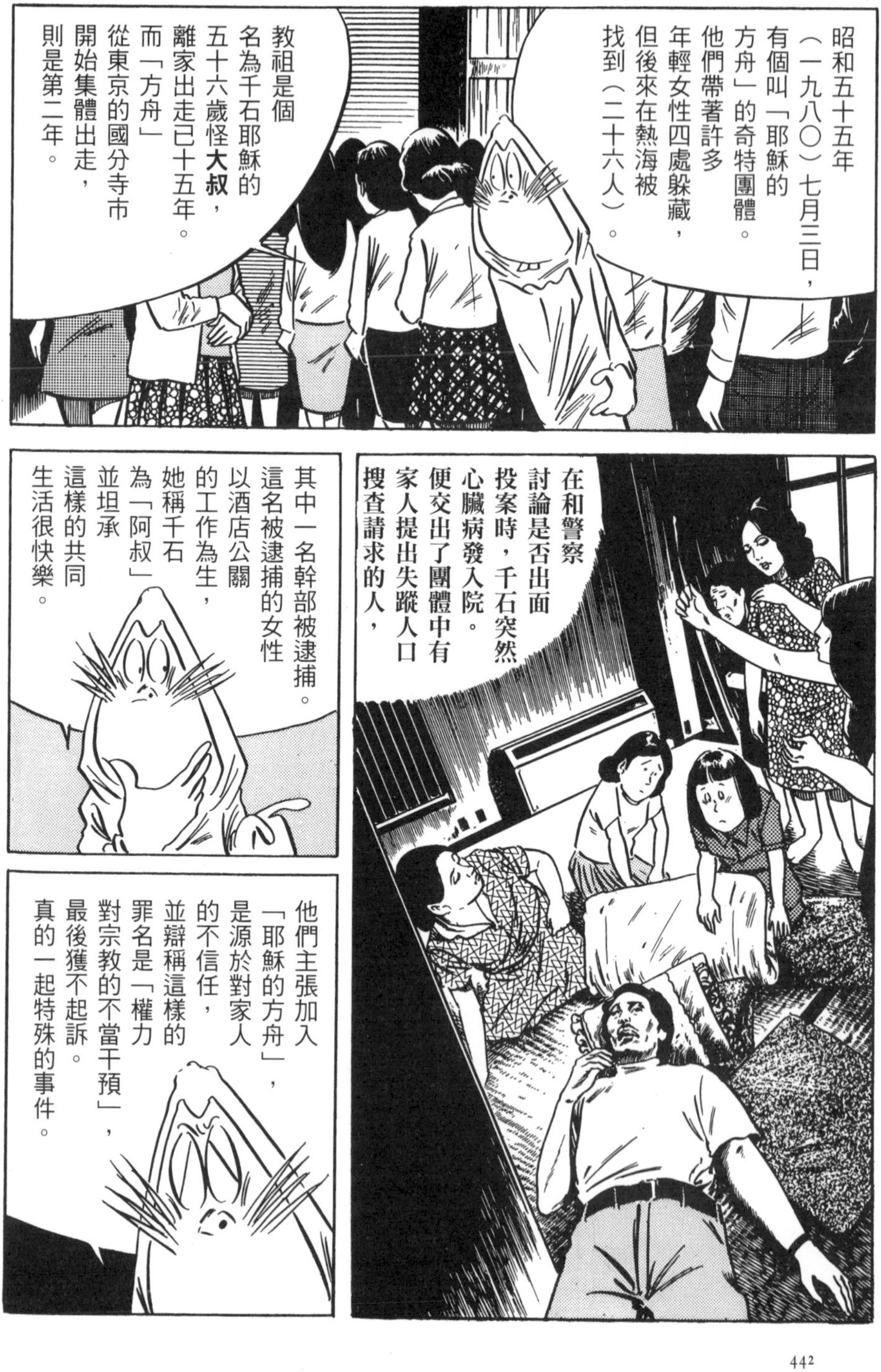
昭和五十五年（一九八〇）七月三日，有個叫「耶穌的方舟」的奇特團體。他們帶著許多年輕女性四處躲藏，但後來在熱海被找到（二十六人）。
教祖是個名為千石耶穌的五十六歲怪**大叔**，離家出走已十五年。而「方舟」從東京的國分寺市開始集體出走，則是第二年。
在和警察討論是否出面投案時，千石突然心臟病發入院。便交出了團體中有家人提出失蹤人口搜查請求的人，
其中一名幹部被逮捕。這名被逮捕的女性以酒店公關的工作為生，她稱千石為「阿叔」並坦承這樣的共同生活很快樂。
他們主張加入「耶穌的方舟」是源於對家人的不信任，並辯稱這樣的罪名是「權力對宗教的不當干預」，最後獲不起訴。真的一起特殊的事件。

這世界越是富足，就越容易發生怪事。
「金屬球棒殺人事件」便是一例。
十一月二十九日在川崎市高津區，旭硝子東京支店的一柳幹夫（四十六歲），在自家臥室遭殺害。

雖然屋內一片凌亂，但依據臉部被鈍器毆打多次等狀態看來，
警方研判這應是憎恨該夫婦者做出的犯行，此時身為第二年重考生的次子展也便自行認罪了。
*砰、磅
當天，展也先喝了威士忌，
再戴上塑膠手套，
以金屬球棒打死熟睡的父母，完成偽裝工作後，
接著假扮成第一個發現的人。
東大畢業的爸爸家境富裕，加上短期大學畢業的媽媽，還有早稻田大學畢業的菁英哥哥…
合格
展也被這樣的家人圍繞，生活無缺，而他也目標考上早稻田大學，卻連續兩年落榜。
想必是考試失利造成的壓力，讓他偷了父親的現金卡去買威士忌喝。
事發當晚，他因現金卡的事被酒醉返家的父親痛罵。

※「嵐寬壽郎」（一九〇二～一九八〇）……日本電影演員、監製。為活躍於第二次世界大戰前後的時代劇巨星，演出超過三百多部電影。成名作有《鞍馬天狗》、《右門捕物帖》、《明治天皇與日俄戰爭》等。人們暱稱其為「嵐寬」。

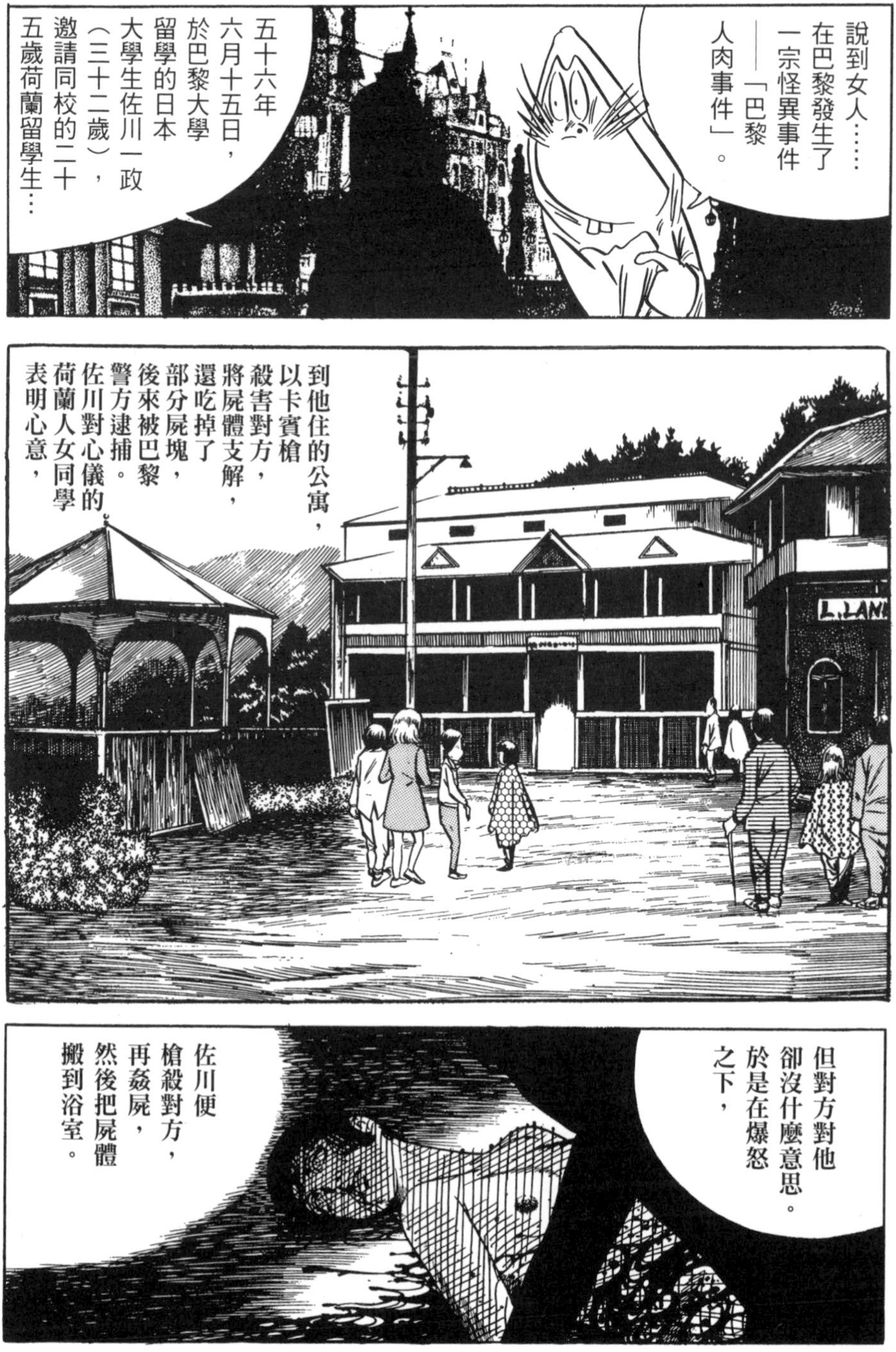
說到女人……在巴黎發生了一宗怪異事件——「巴黎人肉事件」。
五十六年六月十五日，於巴黎大學留學的日本大學生佐川一政（三十二歲），邀請同校的二十五歲荷蘭留學生……
到他住的公寓，以卡賓槍殺害對方，將屍體支解，還吃掉了部分屍塊，後來被巴黎警方逮捕。
佐川對心儀的荷蘭人女同學表明心意，
但對方對他卻沒什麼意思。於是在爆怒之下，
佐川便槍殺對方，再姦屍，然後把屍體搬到浴室。

他以六把菜刀和電動切肉機將屍體切成數塊，吃了三、四次。而這就是當時烹煮屍塊用的平底鍋。
剩下的屍塊被裝進十二個塑膠袋裡，放入冰箱保存。在支解過程中，他還拍下多張屍體的照片。
巴黎刑事法庭以「犯行當時喪失心神狀態」為由，被告處於作不起訴處分。
後來佐川回到日本，雖被收容於都立松澤醫院，但十月左右就出院了。
不論如何，當這則新聞傳出時，日本人無不大吃一驚。
而且某些週刊，
還很聳動地報導了佐川吃掉女性身體的部分，
驚嚇度被強化了三倍左右。

*嗚—嗚—嗚—

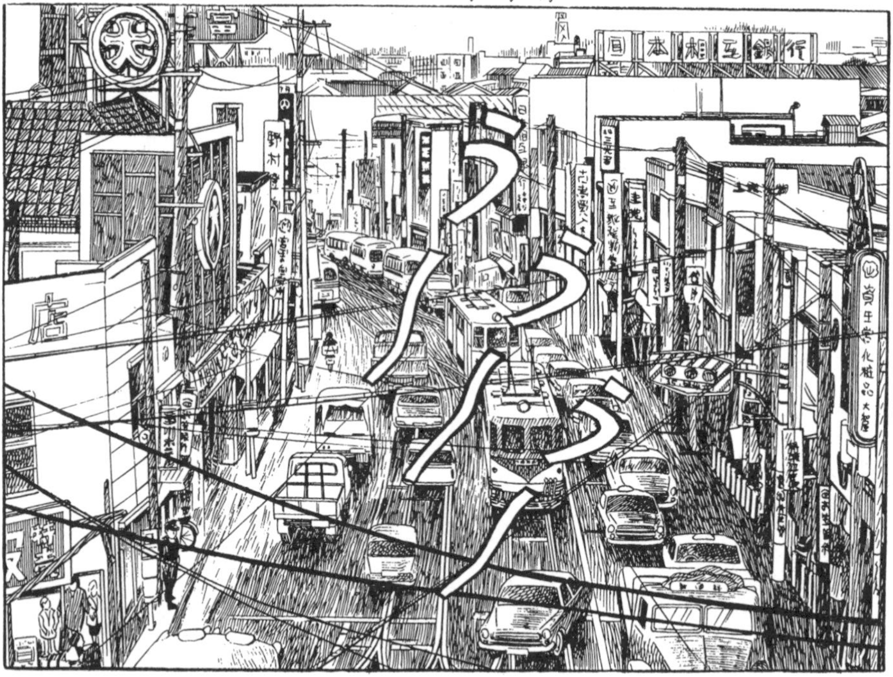

日本相互銀行

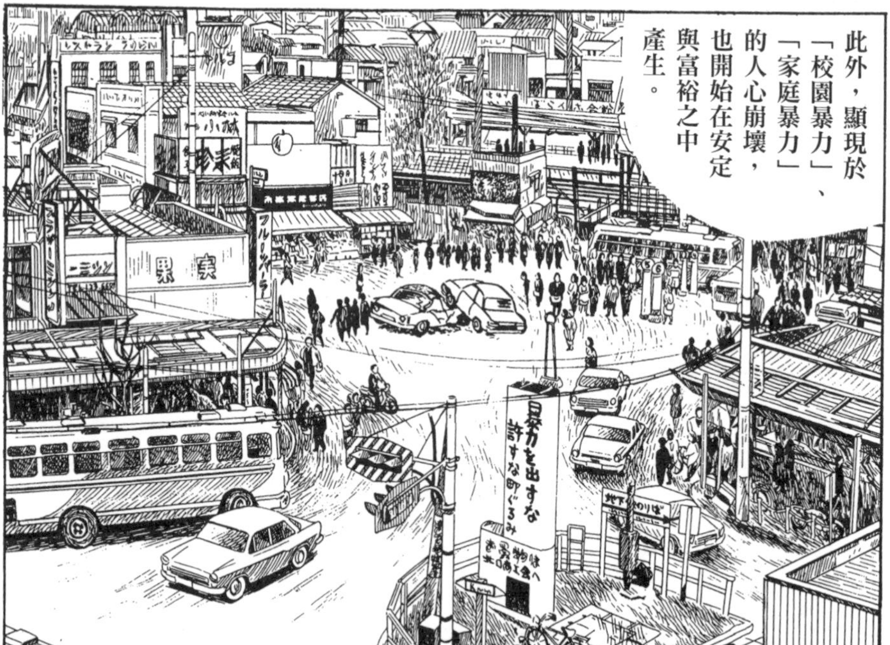

此外，顯現於「校園暴力」、「家庭暴力」的人心崩壞，也開始在安定與富裕之中產生。
暴力を出すな
許すな町ぐるみ
果実

當社會安定，人們就能看見自己的未來，根本無法脫離被賦予的軌道。
一旦脫離軌道，就成了輸家。昭和五十六年，作為「校園暴力」達到最高峰的反彈現象——

戶塚遊艇學校成為社會問題。創辦遊艇學校的戶塚宏，是一位燃燒著使命感的正義之士。
他認為這樣的安定與富裕埋沒了人類的生存本能，

並產生出造成校園暴力和家庭暴力的「問題兒童」。
為了喚醒孩子自立生存的本能，他在學校裡實行了嚴格的「死亡體罰教育」。

＊碰咚　＊啪　＊啊——

方式雖然有些粗暴，但若將之視為富裕時代的悖論，
似乎也並非毫無道理。

另外，人們對金錢的麻痺，也導致異常事件的發生。
昭和五十六年（一九八一）九月，三和銀行茨木分行（大阪府）的行員伊藤素子，
三和銀

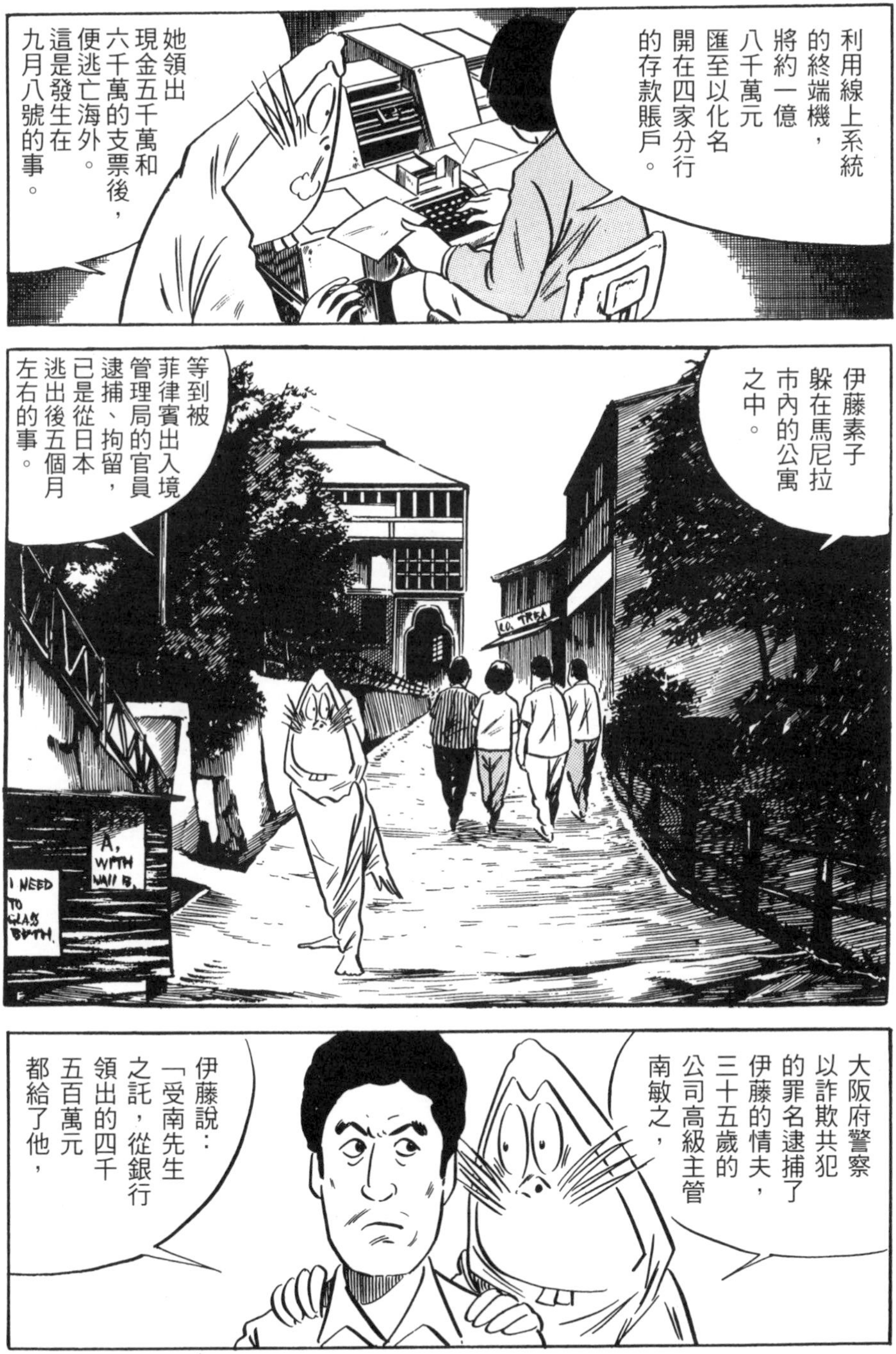
利用線上系統的終端機，將約一億八千萬元匯至以化名開在四家分行的存款賬戶。
她領出現金五千萬和六千萬的支票後，便逃亡海外。這是發生在九月八號的事。
伊藤素子躲在馬尼拉市內的公寓之中。
等到被菲律賓出入境管理局的官員逮捕、拘留，已是從日本逃出後五個月左右的事。
大阪府警察以詐欺共犯的罪名逮捕了伊藤的情夫，三十五歲的公司高級主管南敏之，
伊藤說：「受南先生之託，從銀行領出的四千五百萬元都給了他，

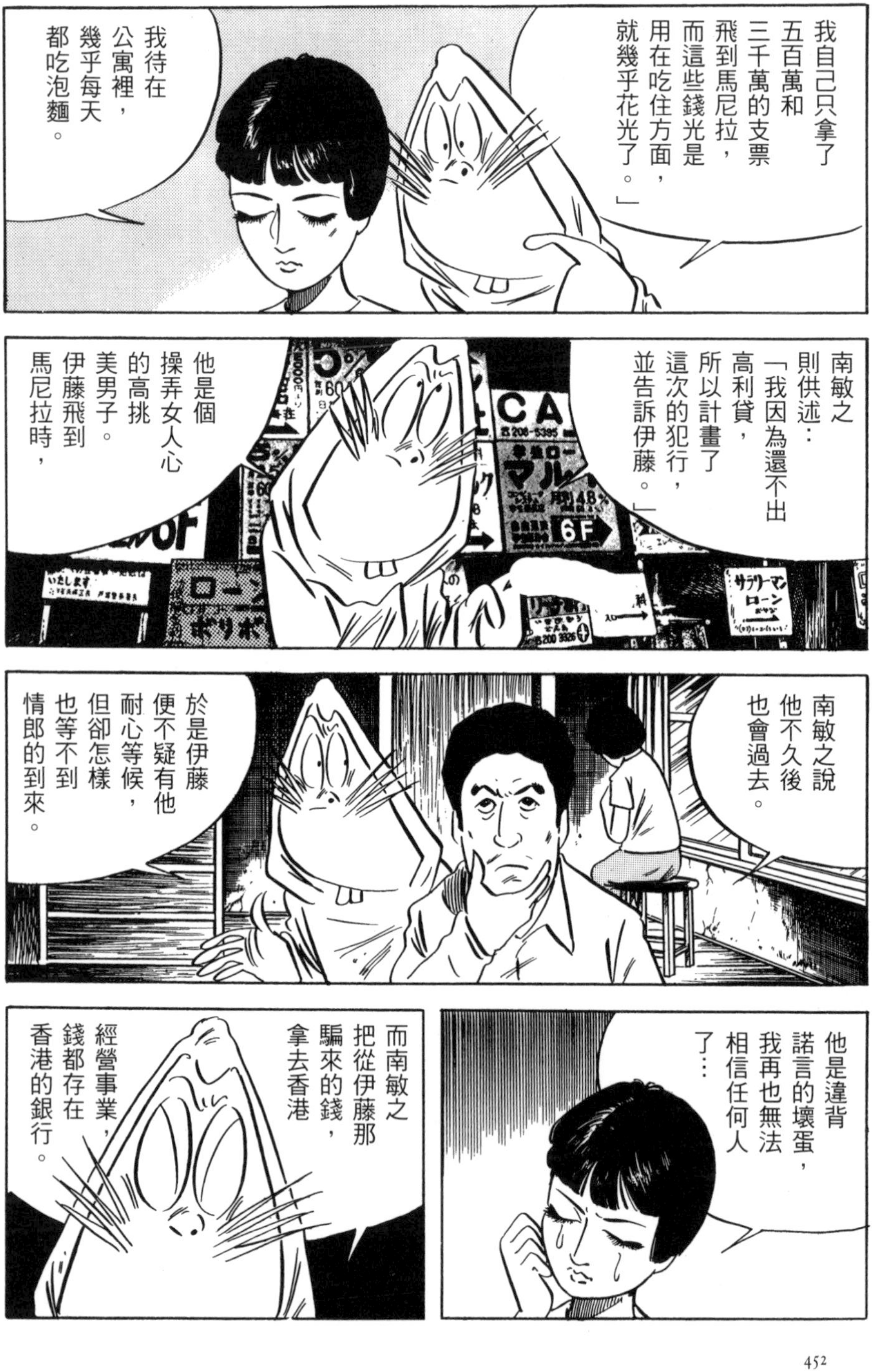
我自己只拿了五百萬和三千萬的支票飛到馬尼拉，而這些錢光是用在吃住方面，就幾乎花光了。」
我待在公寓裡，幾乎每天都吃泡麵。
南敏之則供述：「我因為還不出高利貸，所以計畫了這次的犯行，並告訴伊藤。」
他是個操弄女人心的高挑美男子。伊藤飛到馬尼拉時，
CA
マル
6F
ローン
サラリーマン ローン
南敏之說他不久後也會過去。
於是伊藤便不疑有他耐心等候，但卻怎樣也等不到情郎的到來。
他是違背諾言的壞蛋，我再也無法相信任何人了……
而南敏之把從伊藤那騙來的錢，拿去香港經營事業，錢都存在香港的銀行。

五十七年六月，大阪地裁對南敏之作出徒刑五年，對伊藤作出徒刑二年半的判決。
伊藤的父親是一位短大教授，可能是受到伊藤被捕的刺激，在過度憂慮下突然過世。
不知怎的，由於事件一開始的發展有如推理小說般，因此在和平的日本社會中成了人們關注的焦點。
民眾的結論是，南敏之很壞，對伊藤則充滿了同情。
自此事件後，發生於金融機構的同類事件變多了，而個人消費信貸等高利率貸款也是在這個時期成為社會問題。

只要有印鑑和身份證明文件，就能輕易借到錢，回過神來才發現債務如雪球般越滾越大。

其中不乏妻離子散的案例。五十九年四月，政府制訂兩項小額信貸法規。
五十五年四月二十五日，於銀座發現有人遺落一億元的事件，也震撼了社會。

卡車司機大貫久男在銀座三丁目的道路護欄上撿到一個用大方巾包起的物品，回家後打開發現裡面竟裝了一億元現金。但失主遲遲未出現，於是這一億元便歸大貫久男所有。這事件真是太詭異了。

昭和五十六年十一月十八日又發生一事件，在洛杉磯開公司的企業家三浦和義（三十四歲）妻子三浦一美（二十八歲），
被開著車靠近的兩人組攻擊，一美性命垂危，和義則是腳部被射中一槍，沒有生命危險。

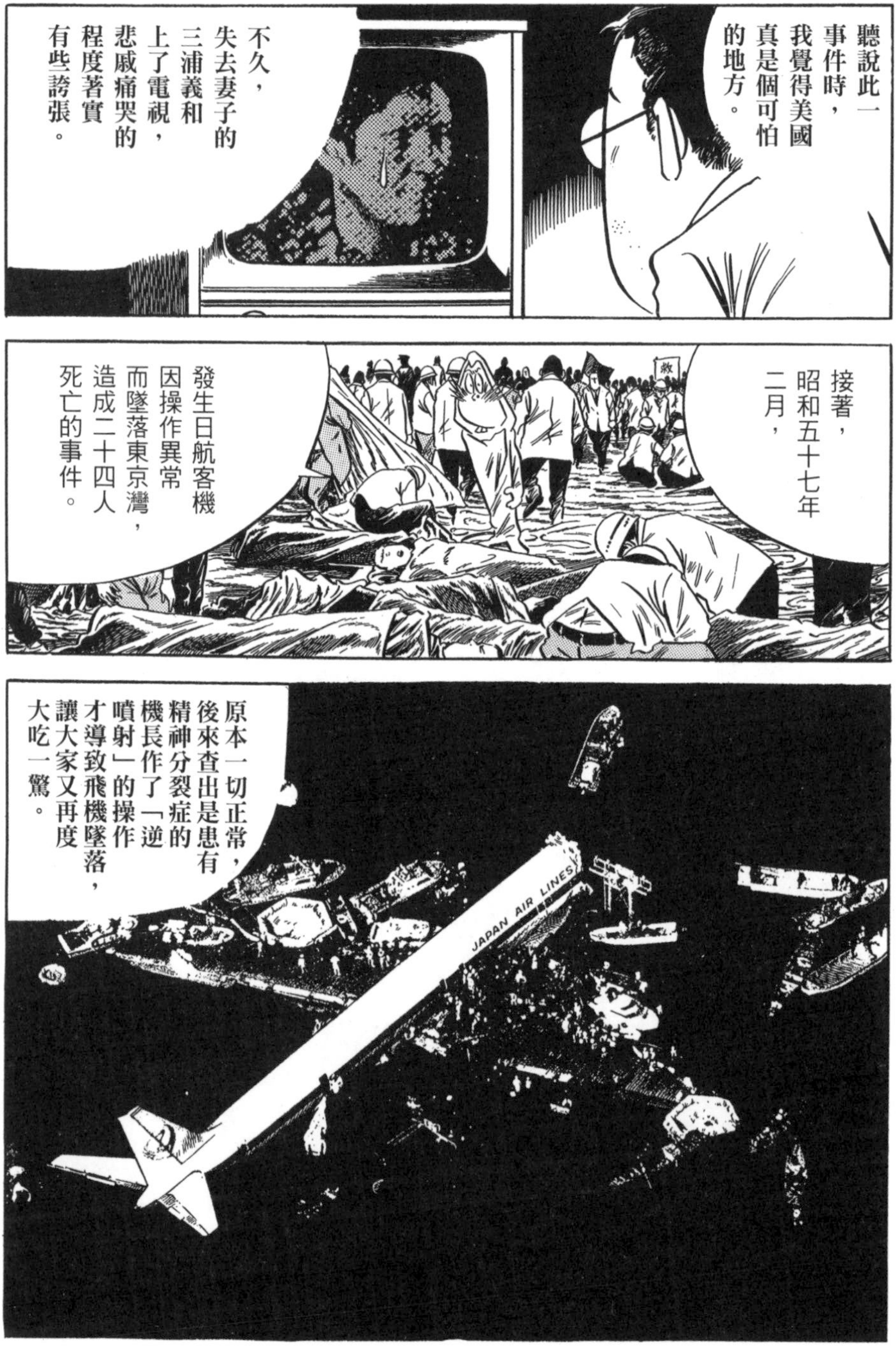
聽說此一事件時，我覺得美國真是個可怕的地方。
不久，失去妻子的三浦義和上了電視，悲戚痛哭的程度著實有些誇張。
接著，昭和五十七年二月，
救
發生日航客機因操作異常而墜落東京灣，造成二十四人死亡的事件。
原本一切正常，後來查出是患有精神分裂症的機長作了「逆噴射」的操作才導致飛機墜落，讓大家又再度大吃一驚。
JAPAN AIR LINES

*哇！逆噴射

之後，「逆噴射」一詞便短暫流行了一陣子。
昭和五十七年九月二十二日，在三越百貨的董事會上，杉田專務要求解雇岡田茂社長。雖然岡田社長大喊：「為什麼？」
仍以十六比〇的票數決定解雇，理由則是因強迫推銷之經營方式、波斯秘寶贋品事件等讓他失去信用。
之後，經東京地檢特搜部的調查，得知社長都會特別將各種商品上繳給其情婦竹久美智。
人啊，只要看到別人幸福，就難免眼紅。這位竹久美智的家於媒體上曝光後，
自然成了人們散佈謠言的中心，大家都覺得這社長也住得挺好，過得很幸福呢。

自昭和五十八年四月四日起，NHK的連續劇《阿信》開始播出。
這部連續劇描述的是生於明治時代貧農家庭之女「阿信」一生的故事。
內容極為辛苦艱困，但不知為何卻大受歡迎！
這甚至促成了「阿信」這個新詞的誕生。仔細想想，
社會雖然變得富裕了，但卻不知到底是富裕到了誰？「窮人」依舊很多，不幸的人也很多，感覺「阿信」其實就在你我身邊呢……
接著要來談談隔壁的菲律賓……有位叫馬可仕的總統，他貪污、中飽私囊……
再這樣下去不行，於是名叫「艾奎諾」的政治家便從美國回到菲律賓……

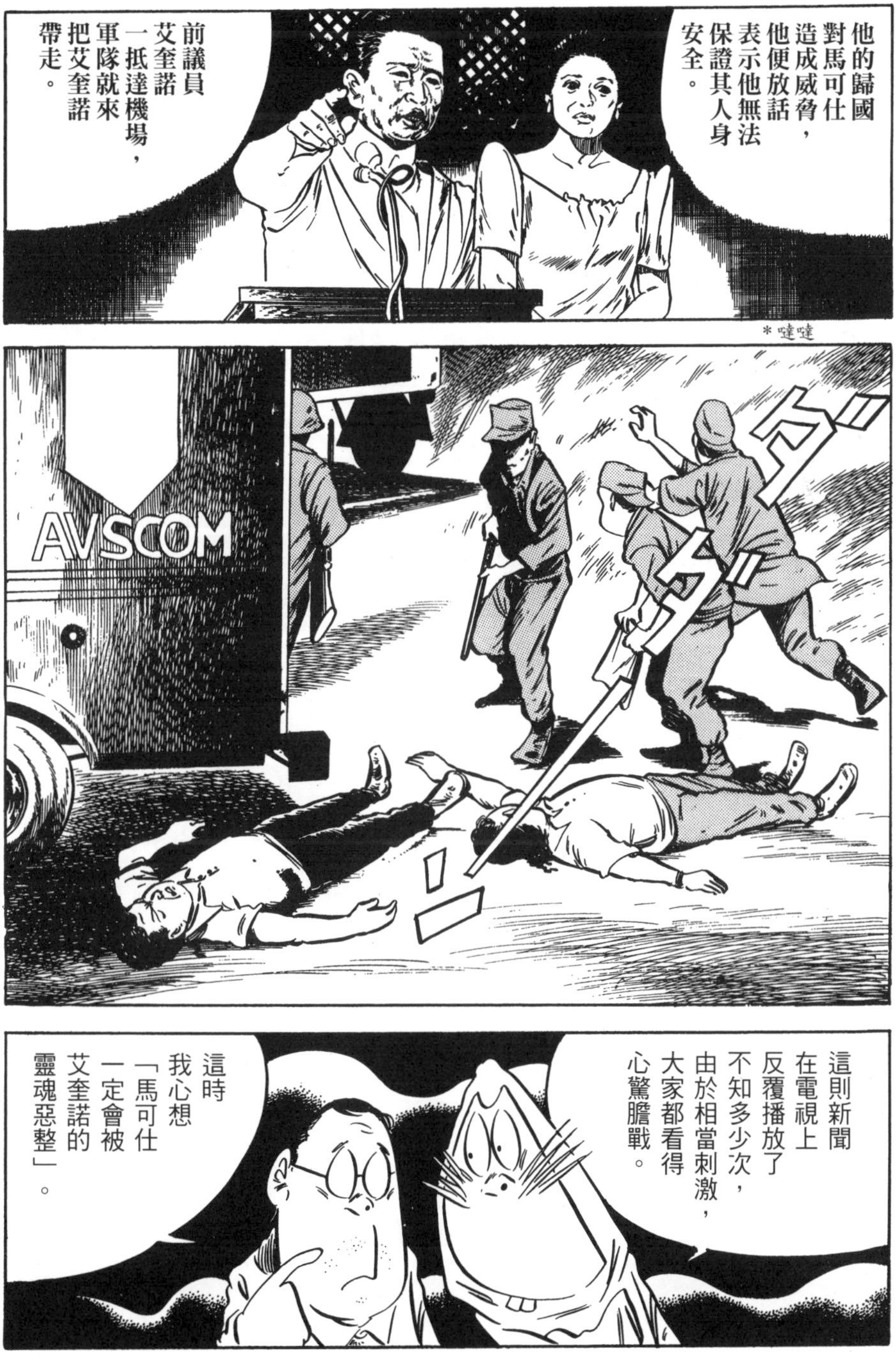
他的歸國對馬可仕造成威脅，他便放話表示他無法保證其人身安全。
前議員艾奎諾一抵達機場，軍隊就來把艾奎諾帶走。
*噠噠
AVSCOM
ダ
ダ
這則新聞在電視上反覆播放了不知多少次，由於相當刺激，大家都看得心驚膽戰。
這時我心想「馬可仕一定會被艾奎諾的靈魂惡整」。

一旦艾奎諾的靈魂對人們內心的靈魂發出刺激性的電波，人們應該就會採取行動了。
我是這樣覺得啦……
所以從「艾奎諾的靈魂」這個角度出發，
菲律賓一事就可看成是一部與靈有關的連續劇，還滿有趣的。（真失禮）
後來艾奎諾的夫人當上了總統……
不得不讓人覺得這一定和「靈」有點關係……
巧合吧，只是事情恰巧演變成這樣而已。
巧合……
問題就在於巧合啊。

第11章 平凡的日子與幻想

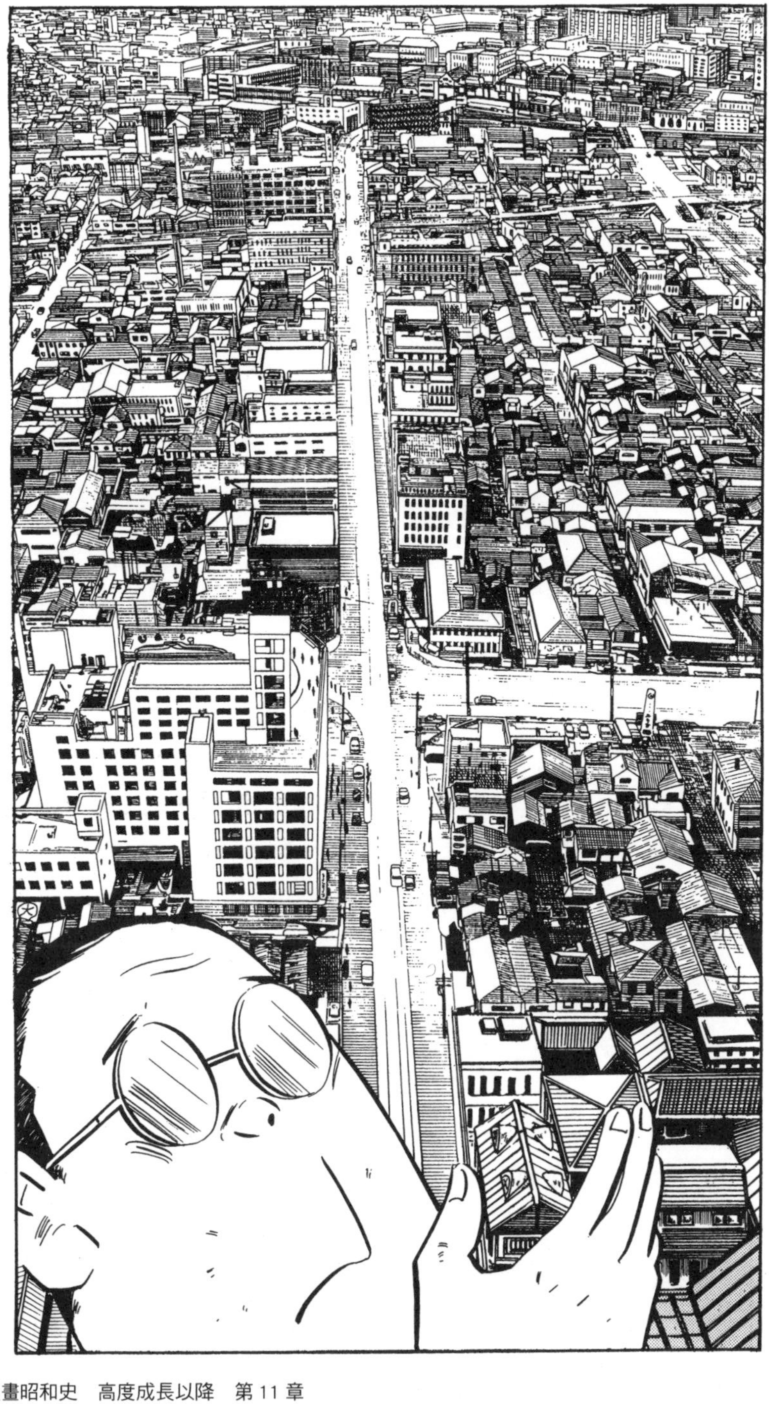

我是個「喜歡幻想」的傢伙。或許是因為現實中的工作太過一成不變，
一旦暫時跳開想一些故事之後，不知不覺間，
就幻想起不可能出現在現實的事情。
結果便連綿不絕地，沉浸在如夢似真的各種故事裡，養成壞習慣。
最後搞得分不清幻想與現實，也曾遇上詭異的事，但似乎還不到「生病」的地步，並沒有真的失控就是了……

那個…訪談的人來了。
訪談？
我不是說不行了嗎？
可是，他說他是什麼外遇公司的……
什麼？
外遇公司……？
你這樣實在是不行耶。
若不是雜誌社的人，你就要講清楚不是雜誌社的人啊！
所以，你要見他嗎？
不是要不要見的問題，
人家特地來到這裡，
只要是有情有義的人，
怎麼可能拒不見面呢…

請進。
要把人家帶到二樓來才行啊，畢竟不知道會聊到什麼樣的話題。
您好，初次見面，我是外遇公司的業務員。
你好，請坐。
我一直在想這種公司什麼時候會出現在社會上。
您還真是有「先見之明」，嘻嘻嘻嘻。
敝公司認為……
世上許多優秀的男性都被太太欺負……

或是為了隱瞞外遇而緊張兮兮，
結果把最重要的精力都給浪費掉，我們由衷覺得可惜。因此……
我們把這些麻煩全都排除，
讓您能心無罣礙地開心外遇，然後再全心投入於工作。
我非常同意你的說法。
我從以前就對這些莫名其妙的酒店感到不滿，
大家竟然能容許這樣獨佔色情產業的狀態。
而且威士忌一杯竟然要價一萬元。
五個小姐要是各喝五杯，那還得了。
計算方式那麼不合理，總有一天會被更合理的色情產業給取代。
是因為你不受歡迎吧？
你跑來幹嘛？

這裡不是你該來的地方，快走開。
請容我插個嘴。
敝公司具備醫療機構，所以生病及其他所有和身體有關之事，都是有保障的。
除了有完整的系統可讓您安心享受外遇，
還在全球各地都設立了分公司。
喔？
以便您從各國選擇不同的外遇對象。
白色、黑色、黃色等，
各式各樣應有盡有。
原來如此。
就國籍而言，則有法國、美國、義大利、衣索比亞、埃及……
這刺激慾望的效果也太強了。
今天選黑的，
明天可以換白的。
白黑黃任你選。
昨天在橫濱港，
在橫濱港怎樣？

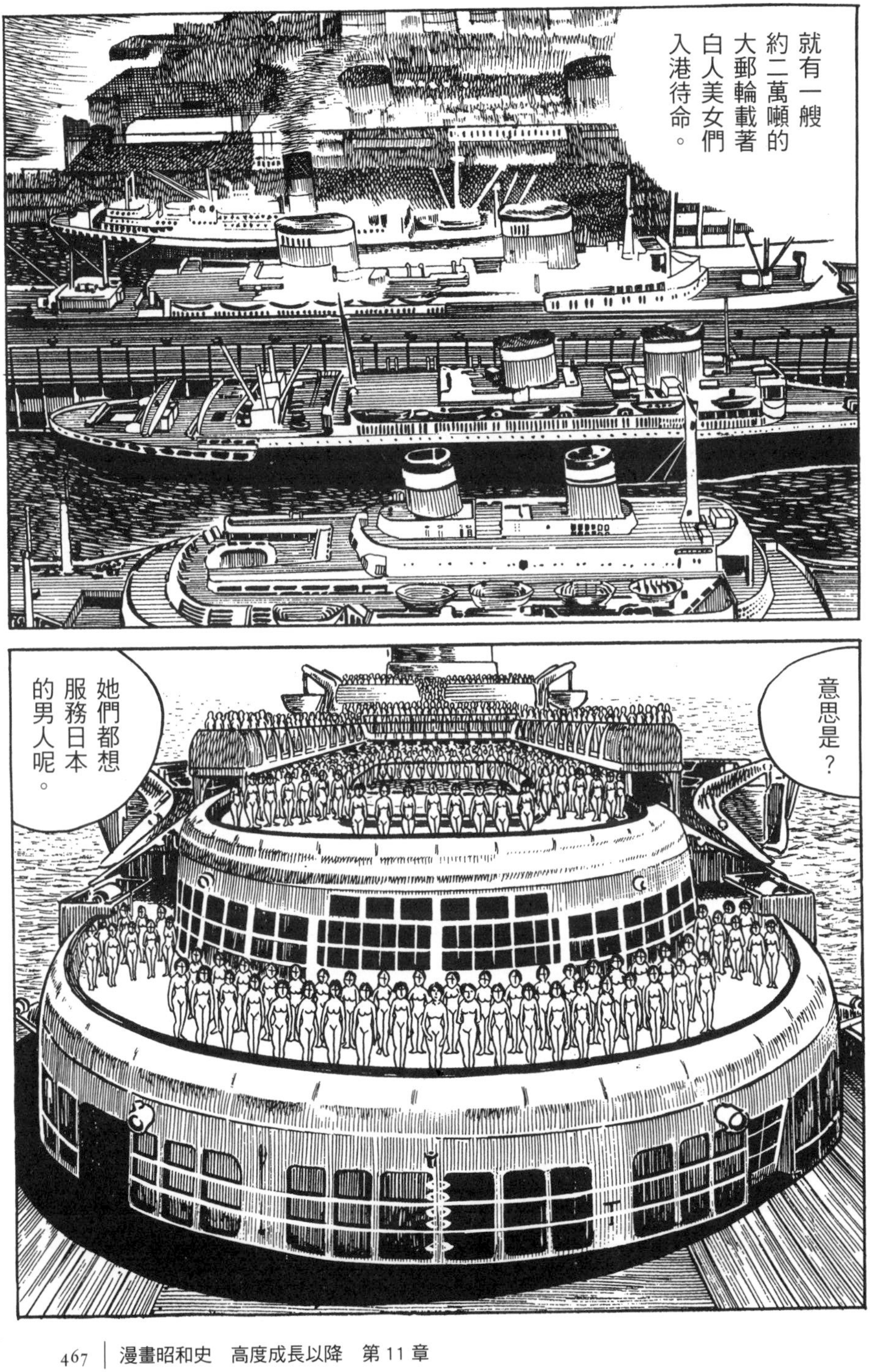
就有一艘
約二萬噸的
大郵輪載著
白人美女們
入港待命。
意思是？
她們都想
服務日本
的男人呢。

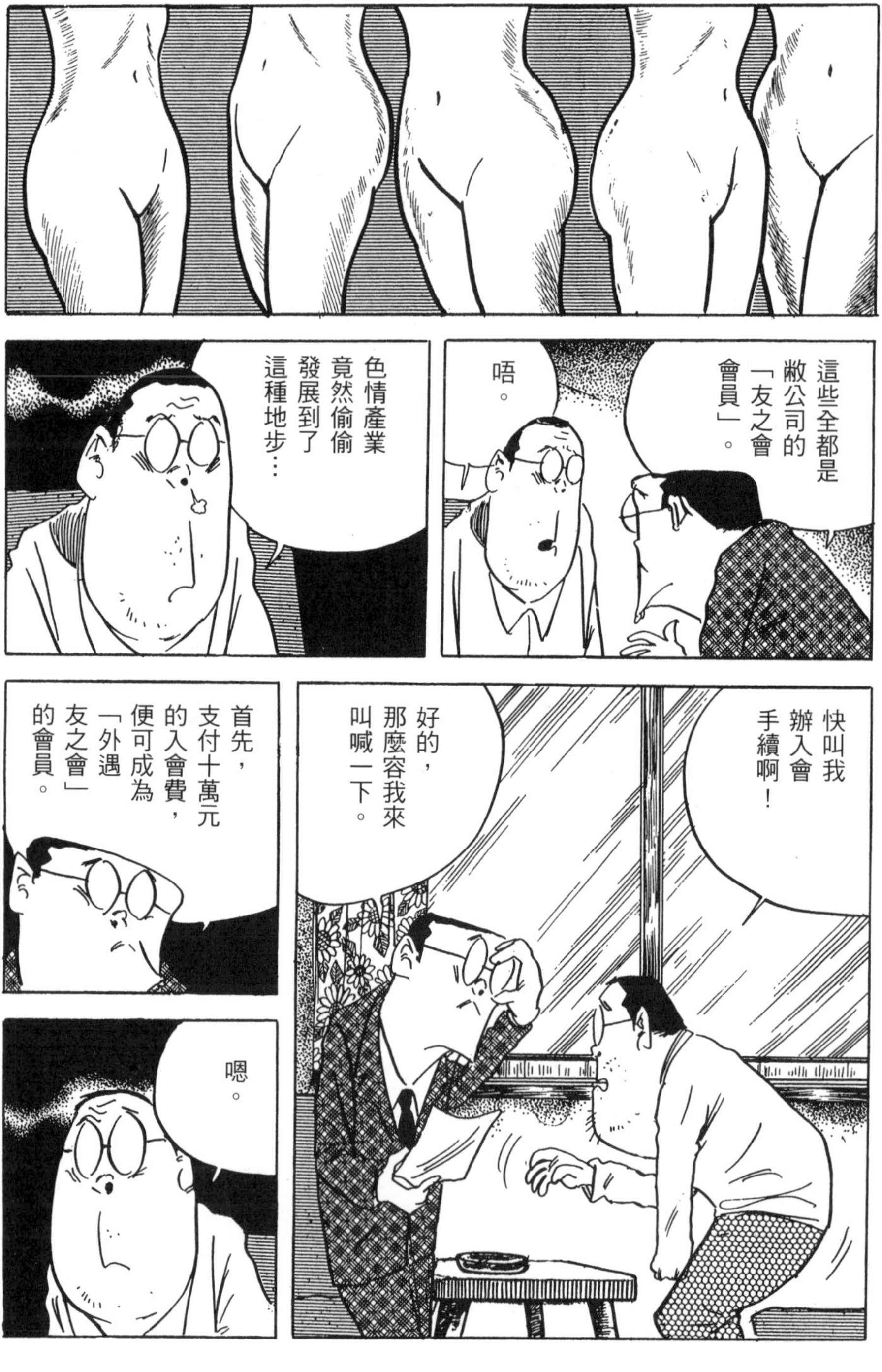
這些全都是敝公司的「友之會會員」。
唔。
色情產業竟然偷偷發展到了這種地步…
快叫我辦入會手續啊！
好的，那麼容我來叫喊一下。
首先，支付十萬元的入會費，便可成為「外遇友之會」的會員。
嗯。

接著每個月只要再支付三萬元的會費即可。
以可獲得的快感來說，這很划算呢。
而您太太也可加入「外遇友之會」。
什麼？
但這麼一來，外遇就不是秘密了啊……？
這是選擇性的，
隨您的意願，只是夫婦一起加入，
會費就會大幅降低。
這是什麼意思？
意思就是，
您的外遇對象就是某人的太太，而您的太太也就是別人的外遇對象。
？
再說得更淺白點，就是恢復到原始的性生活。

而且表面上還是符合現在的社會制度。
原來如此。
夫婦一起入會的話，家庭生活也會比較順利。
可是雙方若因此吵架怎麼辦？
對此，敝公司已作過
充分的人類性愛心理學研究。大部分的問題都已獲得妥善解決，
但要是有無法解決的特殊案例……
性愛情緒畢竟是很複雜詭異的…
就會有一台車來接人。
打開車門，裡頭會飄出法國香水味。

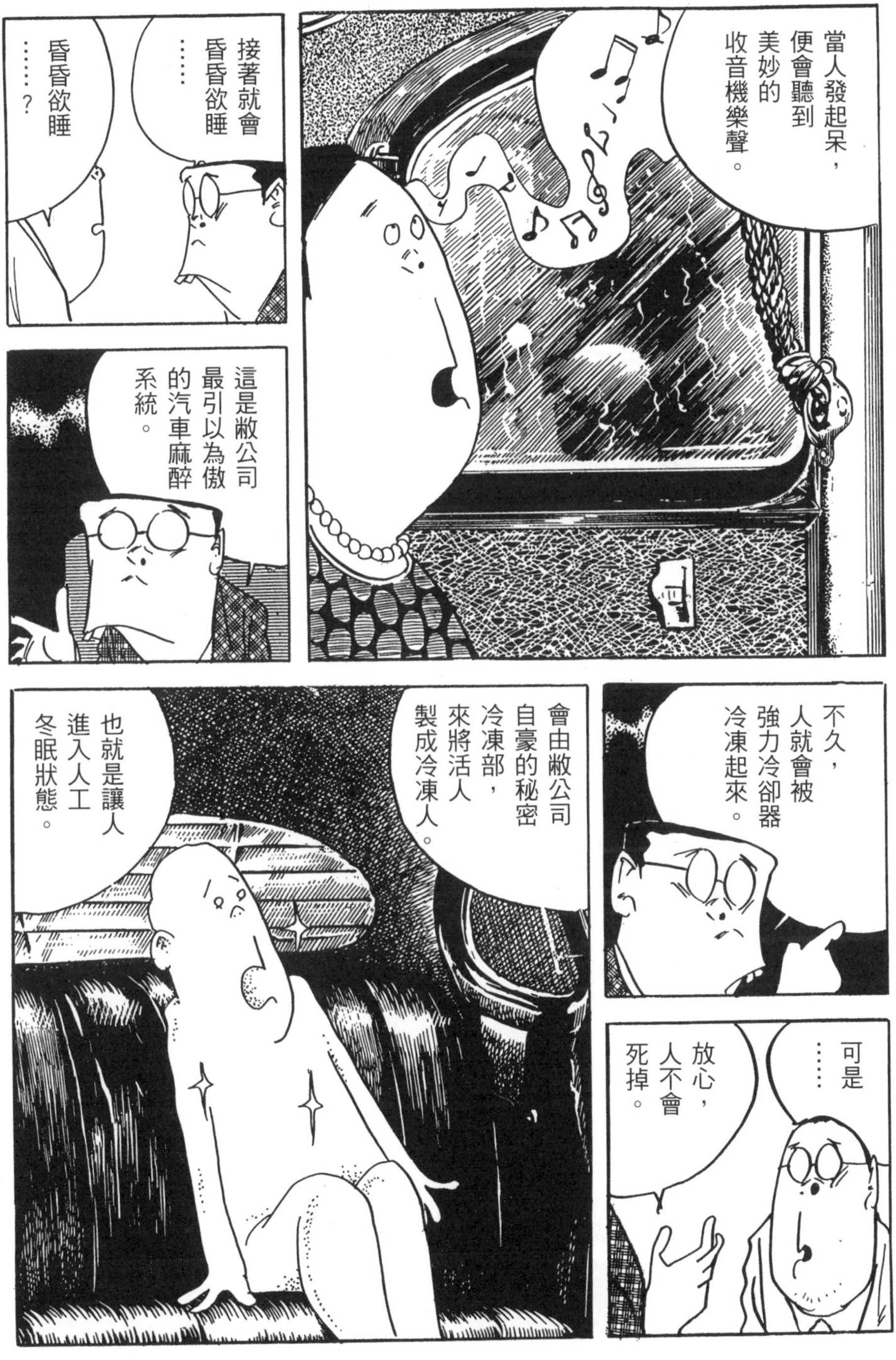
當人發起呆，便會聽到美妙的收音機樂聲。
接著就會昏昏欲睡……
昏昏欲睡……？
這是敝公司最引以為傲的汽車麻醉系統。
不久，人就會被強力冷卻器冷凍起來。
……可是
放心，人不會死掉。
會由敝公司自豪的秘密冷凍部，來將活人製成冷凍人。
也就是讓人進入人工冬眠狀態。

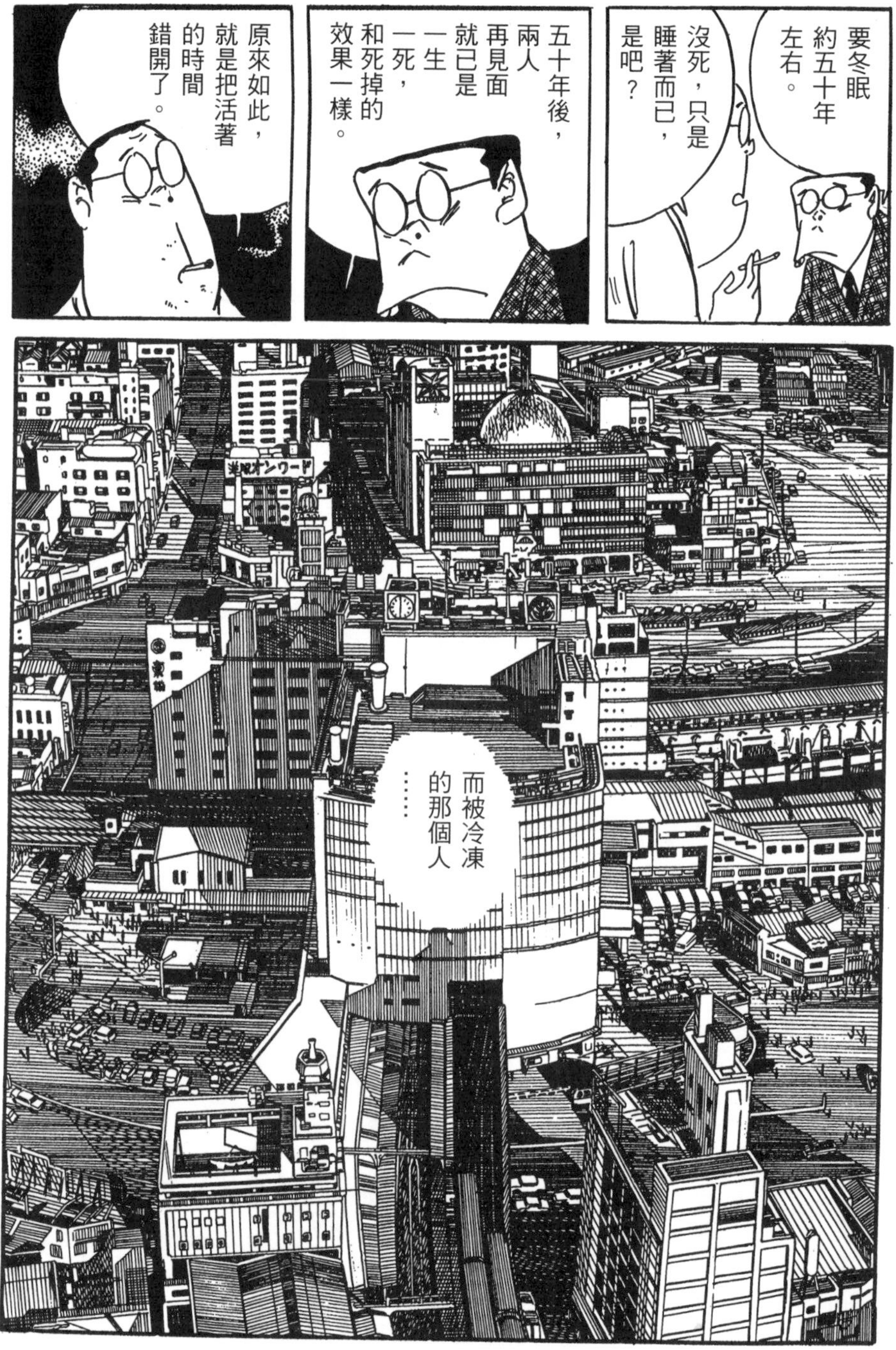
要冬眠約五十年左右。
沒死，只是睡著而已，是吧？
五十年後，兩人再見面就已是一生一死，和死掉的效果一樣。
原來如此，就是把活著的時間錯開了。
而被冷凍的那個人……

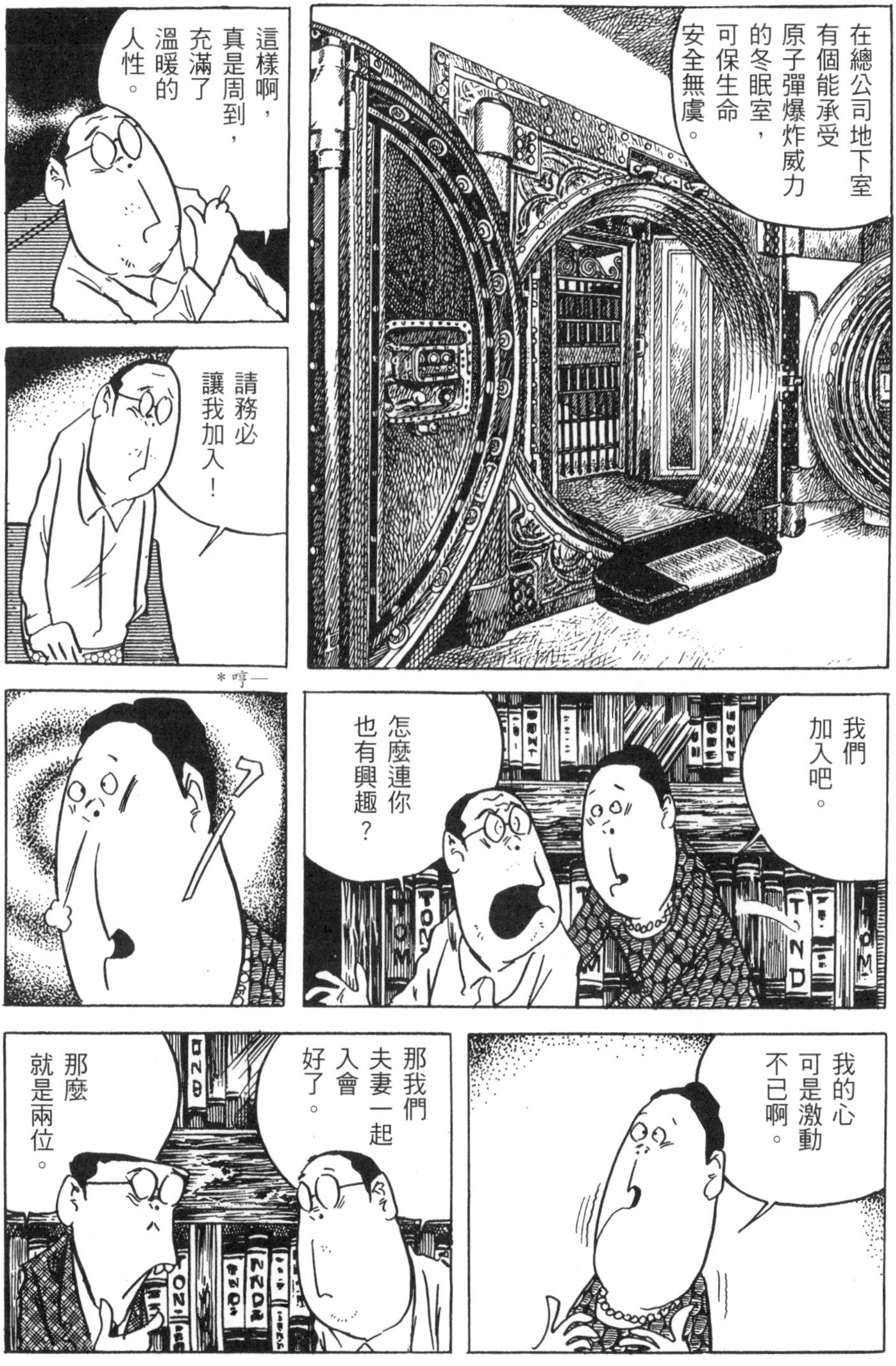
在總公司地下室有個能承受原子彈爆炸威力的冬眠室，可保生命安全無虞。
這樣啊，真是周到，充滿了溫暖的人性。
請務必讓我加入！
＊哼—
我們加入吧。
怎麼連你也有興趣？
我的心可是激動不已啊。
那我們夫妻一起入會好了。
那麼就是兩位。

我們夫婦倆意見一致可是頭一遭呢！
真的。
那就謝謝兩位了。
等等，關於配給…喔不，還是該稱作約會呢？…那部分是怎麼處理的？
請給我一點時間，我要跟總公司調配一下……
先告辭了。
哎呀，是外遇公司的業務員呢。
終於收到兩名會員了。

快給我個年輕小伙子吧。
不好意思讓您久等，美國的交換船來了。
美國啊？美國的很大吧！但也不是大就好呀⋯
喂，業務員，你說什麼讓我加入十個名額的特別會員，我看送來的也都是一堆老太婆吧。

老公，不好了。
怎麼？世上哪有什麼值得驚訝的事？
這附近的老人全都是會員耶。
而且住在巷子裡的那些退休老人還是特別會員呢。
真是太令人失望了。
什麼嘛？怎麼會這樣？
那個養老院裡的老人搞不好全都入會了…
別、別開玩笑了！
你不用這麼生氣吧？
畢竟在現實中要經營一間外遇公司，就會是這樣吧。
唉，現實就是這麼無趣。

就像這樣，每天幻想著這些有的沒的當樂趣。
上了年紀，牙齒漸漸不行，去看牙醫時……
啊！
什麼啦？嚇死人了！
韓國的飛機被蘇聯
的飛機射下來了。
機上包含二十八名日本人在內，二百六十九人全數罹難！
這也未免太扯了！
據說是因為侵犯了邊界。
啊！好痛。
你的牙全爛光了，得裝假牙。
假牙！

假牙嗎？
裝了假牙，咀嚼時會輕鬆很多喔。
沒想到不知不覺間，就到了這樣的年紀啊……
你都已經六十歲了，離死亡不遠啦。
六十啊……回顧這六十年的人生，好像不是很幸福……
阿茂！那是我們的台詞。
對啊，阿茂，我們都還沒出國玩過呢。

第12章 怪人二十一面相

昭和五十八年（一九八三）十一月，雷根總統夫婦訪日，在中曾根首相的日之出村別墅喝茶。此時的中曾根正處於顛峰期。
而在這年五月，※寺山修司在四十七歲離世。
他常出現在水木家，第三次來時還戴著假面劇用的面劇。
他送過各式各樣的招待券來，所以我也常去看他的戲。
劇情有不少意外驚喜，音樂的部分也很有意思。
接著十月，※花登筐在五十五歲去世。
他真的是很認真工作的人喔。

※「寺山修司」（一九三五～一九八三）……出生於青森縣，在各個領域皆有活躍表現，除了是劇作家、詩人之外，也身兼作家、電影導演與和歌創作。創立了劇團「天井棧敷」，也是當時開啟亞洲藝術界前衛創作的先驅。

說到辭世者，五十八年一月，中川一郎自殺。
身為自民黨新領袖之一的他，才剛參加過五十七年十一月的主席初選，但落選。一開始傳說是病死，後來證實為「自殺」。

一般人都認為政治家是「強人」，會照顧大眾，因此對於「強人」的自殺都有些驚訝，於是到處流傳著彷彿推理小說般的各種死因說法。

＊議論紛紛

尤其中川一郎長得一臉堅毅，感覺很是強而有力，所以他的意外死亡讓全國人民嚇了一大跳。
ガヤガヤガヤ
接下來進入昭和五十九年，那個「洛杉磯疑惑事件」成為話題。

※「花登筐」（一九二八～一九八三）……日本小說家、劇作家。促成戰後昭和三〇年代關西喜劇的興起，在高度經濟成長期也發表了許多以大阪商人為主角的題材，相當受歡迎。

※「可疑的槍彈」一九八一年有一對日本夫婦在洛杉磯遇襲。中槍的妻子成為植物人，丈夫也負傷。此報導一出，有許多人對於丈夫「還我太太」的叫喊感到同情。儘管加以搶救，妻子還是於一年後不治身亡。此事件也從世人眼前落幕。如今發現重大疑點：丈夫暗中獲得了一億五千萬元的保險金。

昭和五十九年三月十八日，發生了江崎固力果公司的江崎社長（四十二歲）在家洗澡時，赤裸地被兩人綁走的奇特事件。
「固力果事件」跟我們無關喔……
西宮市固力果社長宅邸
嫌犯以恐嚇信勒索現金十億元和金塊一百公斤。三月二十一日，被關在倉庫的社長自行逃出，六十五小時後重獲安全。
接著四月十日，大阪市內江崎固力果總公司的試作室，以及子公司「固力果營養食品」的倉庫遭縱火。
警察廳將此事件列為廣域重要事件，全力偵察「指定114號事件」。

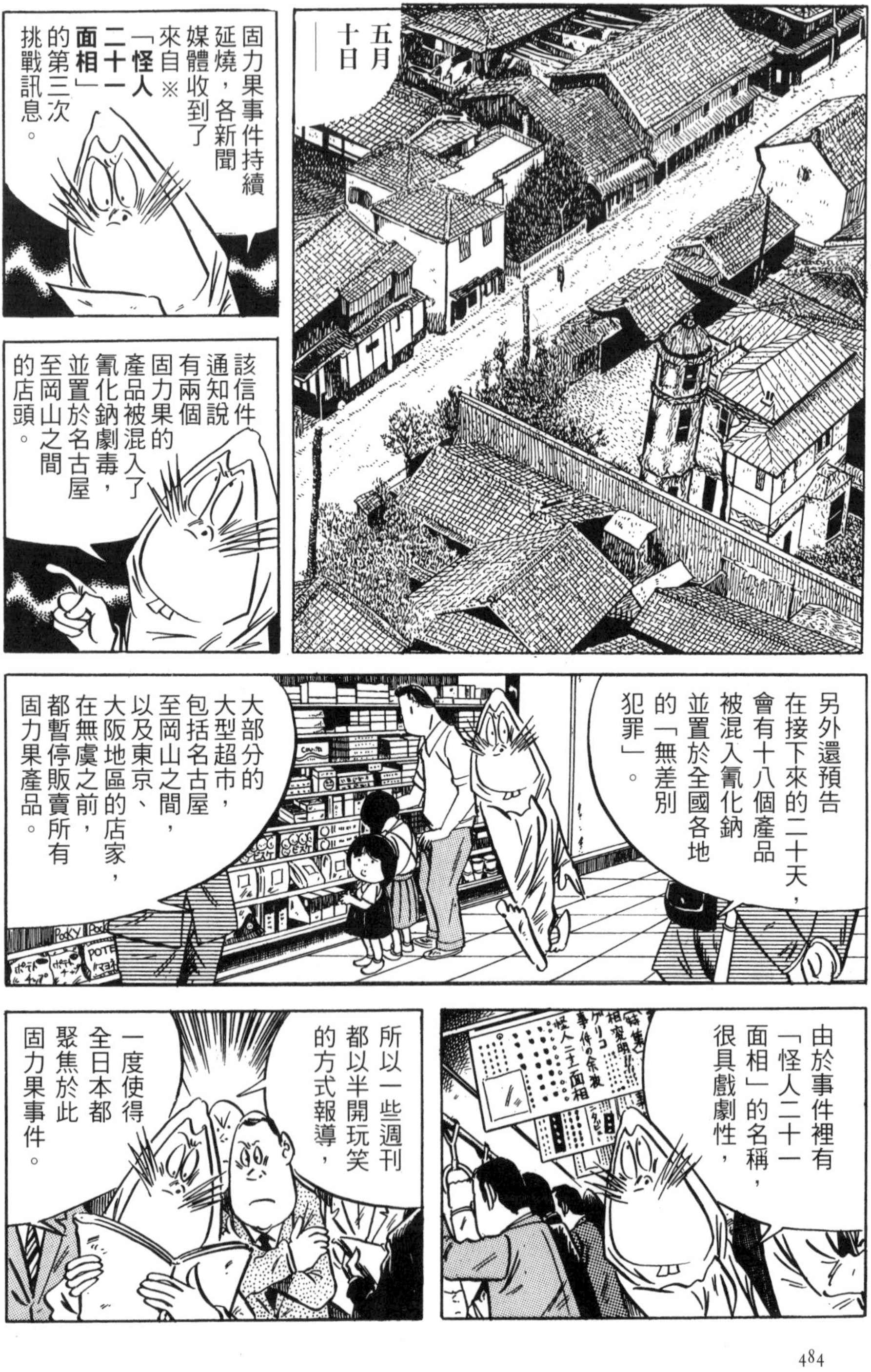
五月十日
固力果事件持續延燒，各新聞媒體收到了來自※「怪人二十一面相」的第三次挑戰訊息。
該信件通知說有兩個固力果的產品被混入了氰化鈉劇毒，並置於名古屋至岡山之間的店頭。
另外還預告在接下來的二十天，會有十八個產品被混入氰化鈉並置於全國各地的「無差別犯罪」。
大部分的大型超市，包括名古屋至岡山之間，以及東京、大阪地區的店家，在無虞之前，都暫停販賣所有固力果產品。
由於事件裡有「怪人二十一面相」的名稱，很具戲劇性，
所以一些週刊都以半開玩笑的方式報導，
一度使得全日本都聚焦於此固力果事件。

※「怪人二十一面相」……此名稱仿自日本著名推理小說中的人物「怪人二十面向」，而台灣的中譯本將之譯為「千面人」，故此事件在台灣也被稱作「千面人事件」。

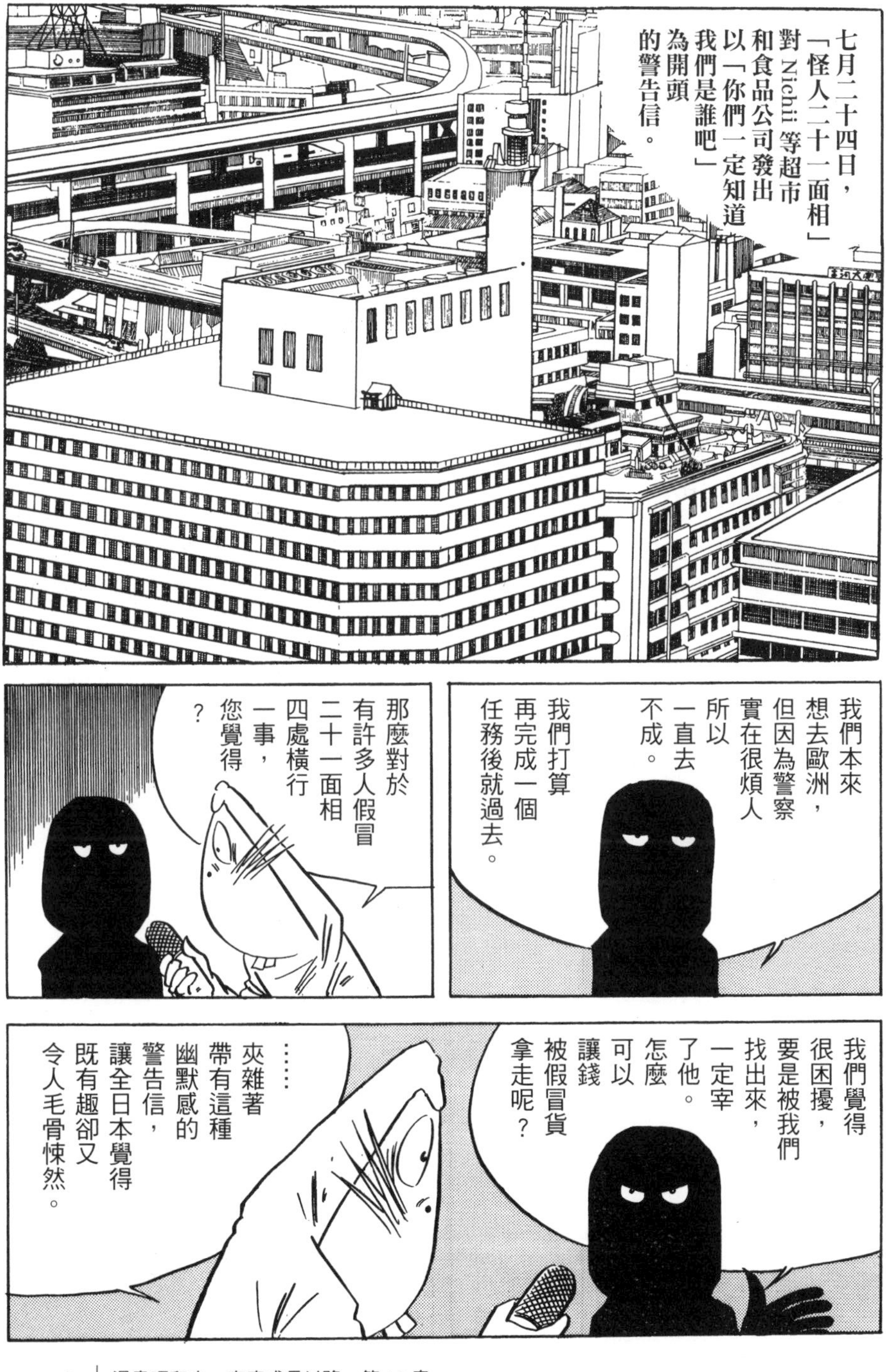
七月二十四日，「怪人二十一面相」對 Nichii 等超市和食品公司發出以「你們一定知道我們是誰吧」為開頭的警告信。
我們本來想去歐洲，但因為警察實在很煩人所以一直去不成。
我們打算再完成一個任務後就過去。
那麼對於有許多人假冒二十一面相四處橫行一事，您覺得？
我們覺得很困擾，要是被我們找出來，一定宰了他。
怎麼可以讓錢被假冒貨拿走呢？
……夾雜著帶有這種幽默感的警告信，讓全日本覺得既有趣卻又令人毛骨悚然。

九月二十五日，「怪人二十一面相」又再度送出挑戰信。
為什麼不來抓我們啊？
他們開始嘲弄警察。
十月七日，「怪人二十一面相」威脅森永製菓，張貼著「有毒」恐嚇文字的牛奶糖、水果糖等森永產品，陸續在京阪神地區的超市等五間店裡被發現。
新東山ホテル
十月八日，這些糖果餅乾被驗出具有致死量的氰化鈉，在名古屋也有發現，在九間店裡共有十個毒糖果，
另外還有一個在別處。新聞媒體收到寄來的恐嚇信，預告「十天後將把沒貼警告文字的三十個產品放置於全國各處」！

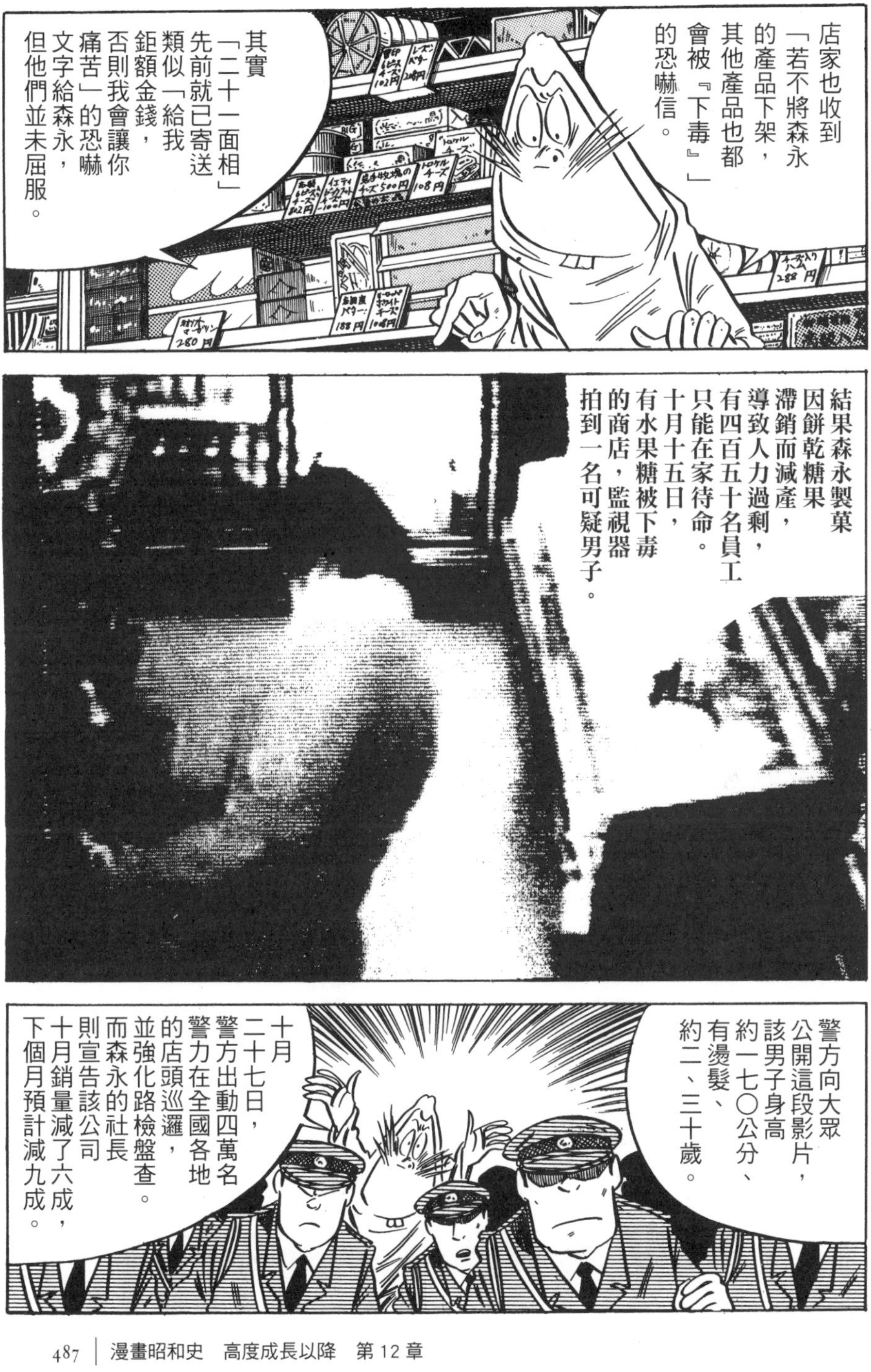
店家也收到「若不將森永的產品下架，其他產品也都會被『下毒』」的恐嚇信。
其實「二十一面相」先前就已寄送類似「給我鉅額金錢，否則我會讓你痛苦」的恐嚇文字給森永，但他們並未屈服。
結果森永製菓因餅乾糖果滯銷而減產，導致人力過剩，有四百五十名員工只能在家待命。十月十五日，有水果糖被下毒的商店，監視器拍到一名可疑男子。
警方向大眾公開這段影片，該男子身高約一七〇公分、有燙髮、約二、三十歲。
十月二十七日，警方出動四萬名警力在全國各地的店頭巡邏，並強化路檢盤查。而森永的社長則宣告該公司十月銷量減了六成，下個月預計減九成。

電視新聞報導了受害的森永員工上街裝袋賣森永糖果的樣子。
むかしの味
十一月一日，「怪人二十一面相」將寫著「若森永付錢、警方停止搜查，我就不散佈『毒糖果』」的挑戰信寄給各大媒體。
雖然他也威脅了其他公司，但終究沒被抓到，還真是變幻莫測、難以捉摸的「怪人二十一面相」呢。
同年，第二十三屆奧運於洛杉磯開幕，日本在體操與柔道項目奪金，而柔道選手山下
在右腳骨折只靠左腳的狀態下贏了埃及選手，在無差別量級中獲得冠軍。

＊喝啊

最後在年底的二十四日，發生差點逮到「怪人二十一面相」卻還是被逃掉的扼腕事件。
「怪人二十一面相」在十一月七日送了恐嚇信給「好侍食品」，勒索一億元。該公司十四日便依其指示，用車載著一億元，
開上名神高速公路。此時在滋賀縣栗東交流道附近，警車在一台停著的車上發現可疑男子。
新聞管制解除後媒體報出雖有跟蹤卻仍被逃脫的事實，讓全日本扼腕不已。
接著十二月十七日，嫌犯表示……
我們拿到一億元了。

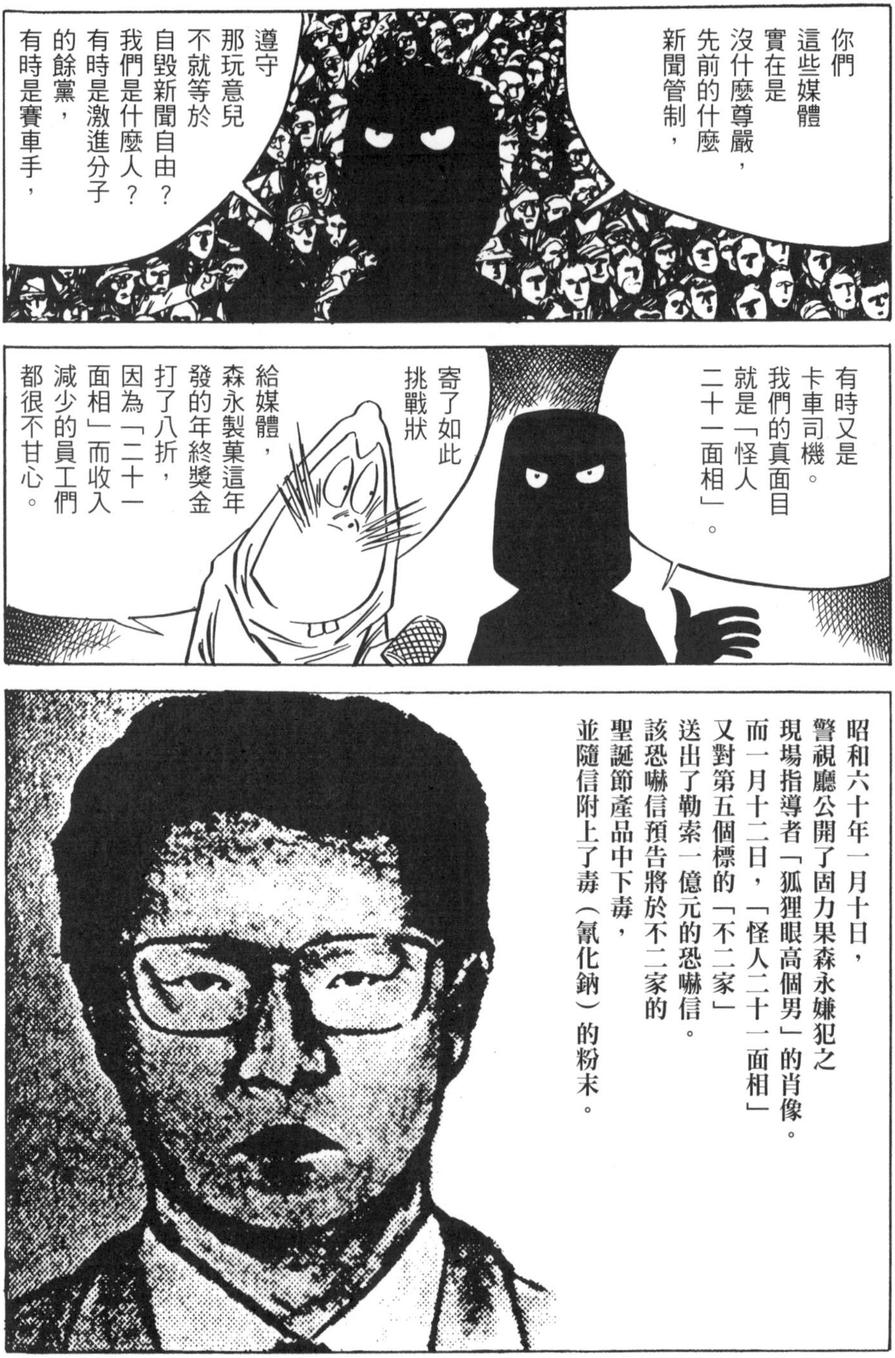
你們這些媒體實在是沒什麼尊嚴，先前的什麼新聞管制，
遵守那玩意兒不就等於自毀新聞自由？我們是什麼人？有時是激進分子的餘黨，有時是賽車手，
有時又是卡車司機。我們的真面目就是「怪人二十一面相」。
寄了如此挑戰狀
給媒體，森永製菓這年發的年終獎金打了八折，因為「二十一面相」而收入減少的員工們都很不甘心。
昭和六十年一月十日，警視廳公開了固力果森永嫌犯之現場指導者「狐狸眼高個男」的肖像。而一月十二日，「怪人二十一面相」又對第五個標的「不二家」送出了勒索一億元的恐嚇信。該恐嚇信預告將於不二家的聖誕節產品中下毒，並隨信附上了毒（氰化鈉）的粉末。

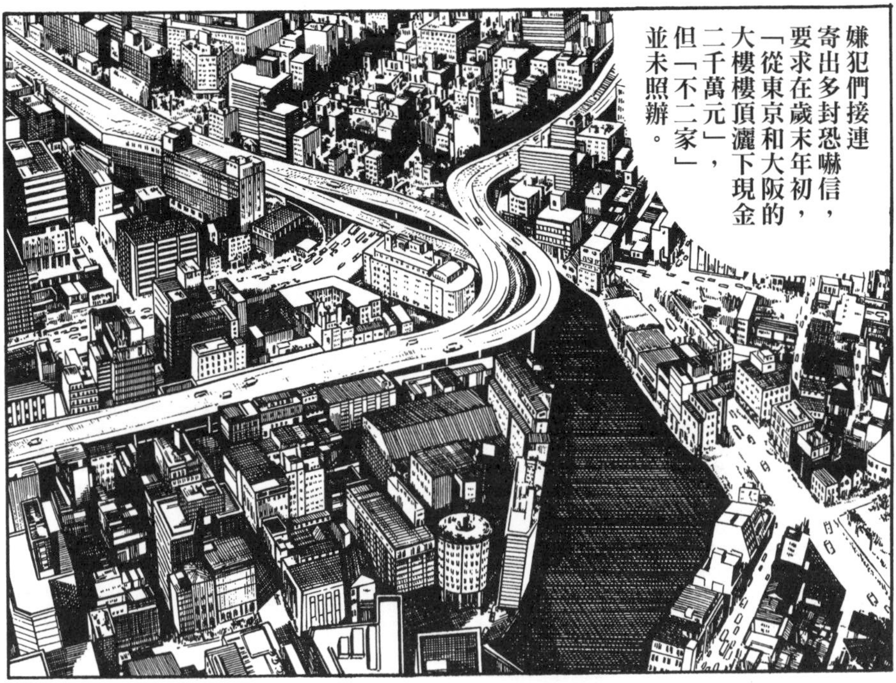
嫌犯們接連寄出多封恐嚇信，要求在歲末年初，「從東京和大阪的大樓樓頂灑下現金二千萬元」，但「不二家」並未照辦。

前一年的十一月，他們想從「好侍食品」那裡勒索一億元卻失敗，後來又再度逼迫「森永製菓」進行二億元的秘密交易。
也就是同時脅迫森永和不二家，一邊宣告「正月休戰」，一邊卻又秘密交易。

在東京、大阪兩地被恐嚇的企業多達三十一家。一月十六日，「怪人二十一面相」寄出了該年的第一封挑戰信。
目標是要勒索到十三億元。

一旦集滿十三億元，我們就不再找食品公司的麻煩了。
對於森永，我們打算發個紅包給他們。
二月十三日情人節前夕，「怪人二十一面相」在東京、名古屋
等等共計十二處，於十二日入夜後在五家零嘴大廠的十三個
巧克力產品中，混入八個有毒產品。
他們寄出挑戰信，
向新聞媒體承認犯行，
一月十二日，在三重縣四日市，有一組國中一年級和小學四年級的少年，模仿「固力果森永事件」的犯罪手法，寄了恐嚇信給食品公司。
信裡寫了「我們是怪人二十一面相，打算用惡整森永的方式惡整你們，若不想被惡整，就先備妥四十五萬元。」

這兩名少年以市內一家幼稚園為收信地址，事後接受輔導時還滿不在乎地表示：「因為想要買電視遊樂器嘛。」
二月二十七日，給大阪的新聞媒體的第二十二封挑戰信，被丟至大阪的派出所，「二十一面相」表示……
我們決定放過森永。
宣告結束對森永製菓的脅迫，森永便得以恢復到正常的生產銷售狀態。
不知「金澤老弟」猜得出我們想幹嘛嗎？
還如此對警視廳刑事局長留下了神秘的話，
此事件就在「怪人二十一面相」單方面勝利下落幕。
チン
チン

＊噹噹噹

＊嗚—

「各位，任何問題都可找『田中』商量」的前首相田中中風病倒，
ウーッ
可能是因為對竹下登的反叛大怒而喝太多威士忌的關係……
昭和六十年（一九八五）六月六日，大阪豐田商事的特殊生意手法，導致全國陸續出現受害者。
他們以「每年會有百分之十五的獲利」為誘因，向顧客推銷金條，只要簽約就提供一張可換成現金的
「純金家族契約書」。這根本是一種詐騙生意。
全國各地的受害者多達二萬五千人，受騙金額高達一〇一七億元，結果該公司老闆永野被刺身亡。
我對永野的作法很不爽，既然沒人要動手，那就由我來宰了他……

八月
十二日，
發生日航
巨無霸客機
墜落群馬縣
山中，
罹難者計
五百二十人
的嚴重
空難事故。
*磅
原來這台
巨無霸客機
曾在大阪機場
發生過「機尾
擦地事故」，
據說可能
是負責修理
該次損壞的
波音公司人員
沒有充分維修，
才導致此次的意外。

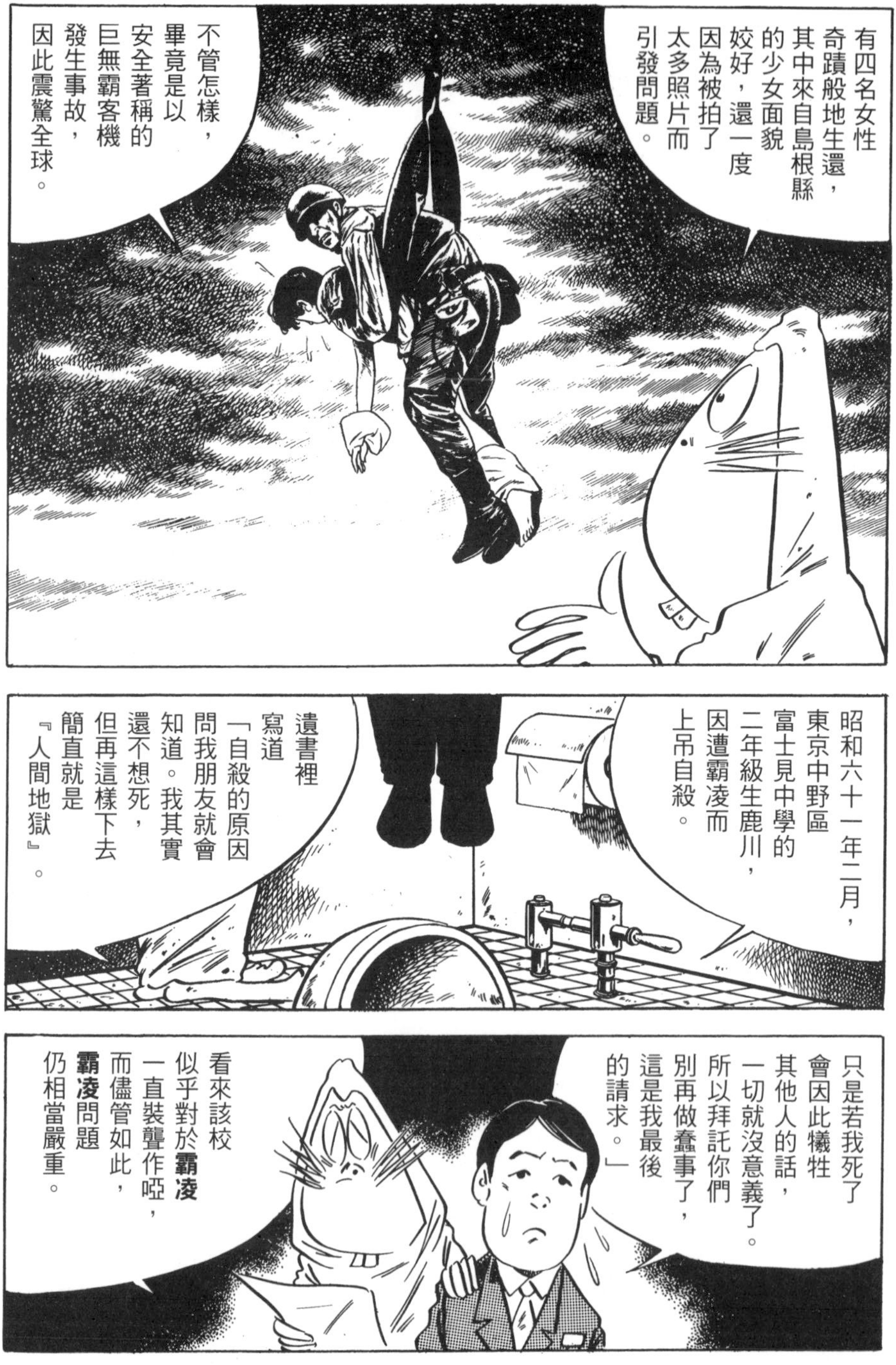
有四名女性奇蹟般地生還，其中來自島根縣的少女面貌姣好，還一度因為被拍了太多照片而引發問題。
不管怎樣，畢竟是以安全著稱的巨無霸客機發生事故，因此震驚全球。
昭和六十一年二月，東京中野區富士見中學的二年級生鹿川，因遭霸凌而上吊自殺。
遺書裡寫道「自殺的原因問我朋友就會知道。我其實還不想死，但再這樣下去簡直就是『人間地獄』。
只是若我死了會因此犧牲其他人的話，一切就沒意義了。所以拜託你們別再做蠢事了，這是我最後的請求。」
看來該校似乎對於**霸凌**一直裝聾作啞，而儘管如此，**霸凌**問題仍相當嚴重。

自從戰爭結束後，時間就靜止了，說是富足，但也有些人完全與此無緣。回頭說到昭和五十六年的三月…

殘留中國的日本遺孤來到日本，透過新聞報導，拼命地請求大家幫忙尋親。他們是在戰敗的混亂中分離、被命運捉弄之人，但在幸運找到親人而得以回國定居的人之中，

也有一些終究無法融入日本，過著悲慘生活的人。他們因國家而承受了意外的痛苦。
昭和六十一年二月二十五日，在菲律賓，艾奎諾終於當選總統。
VOTE
NO
依據選舉結果，艾奎諾險勝馬可仕，但馬可仕並未下台，於是發生動亂，而在美國的支持下，艾奎諾總統上台，馬可仕則逃亡至夏威夷。

昭和六十一年四月二十八日，蘇聯的車諾比核能發電廠爆炸，對輻射線的恐慌蔓延全球。
爆炸原因據說是很基本的維修失誤，放射性物質隨風飄至北歐、東歐，導致農作物及畜產品被輻射污染。

用來替代有限石油資源的核能極其危險，而我們能否找到可替代核能以保障富足生活的能源呢……？
遠方的日本雖未遭受什麼實際損害，但儀器仍觀測到了異常的輻射能量。

日本的安定
與富足也不知
能持續到何時。
缺乏資源的日本
之所以能富足，
是因為在國際上
屬於債權國，
但要是債務國不肯
把資源交出來怎麼辦？
所謂的債權
就和錢一樣，
是抽象的，
又不能拿來吃。
昭和六十二年
十一月二十九日，
大韓航空客機
發生「爆
炸」事件。
此事件被認為
是北朝鮮所為，
目的是妨礙即將
於隔年舉辦的
漢城奧運。
化名
蜂谷真由美
的金賢姬被捕，
而她在韓國
搜查機構的
偵訊中供述，
北朝鮮綁架
日本人，

然後讓他們擔任間諜學校的教師，她就是被那樣的老師訓練出來的。
但不管日本的警察怎麼搜尋，都找不到她所指稱被綁架的那個日本人。
而且至今飛機的「爆炸」碎片都未能尋獲，真相仍被包裹在兩、三層的黑暗之中。
不論真相如何，在日本人不知道的地方，存在著許多的國際緊張局勢。
此外，由於蜂谷真由美是個「美女」，所以在韓國掀起了一陣同情聲浪，
甚至還傳出有人向她求婚。雖擁有詭異的高人氣，但她還是確定被判死刑。
換個話題，九月三十日，國土廳公布了七月一日時的現行標準地價。
資料顯示，嚴重的地價飆漲導致一般上班族已無法在東京擁有透天厝，地價顯然已經失控。

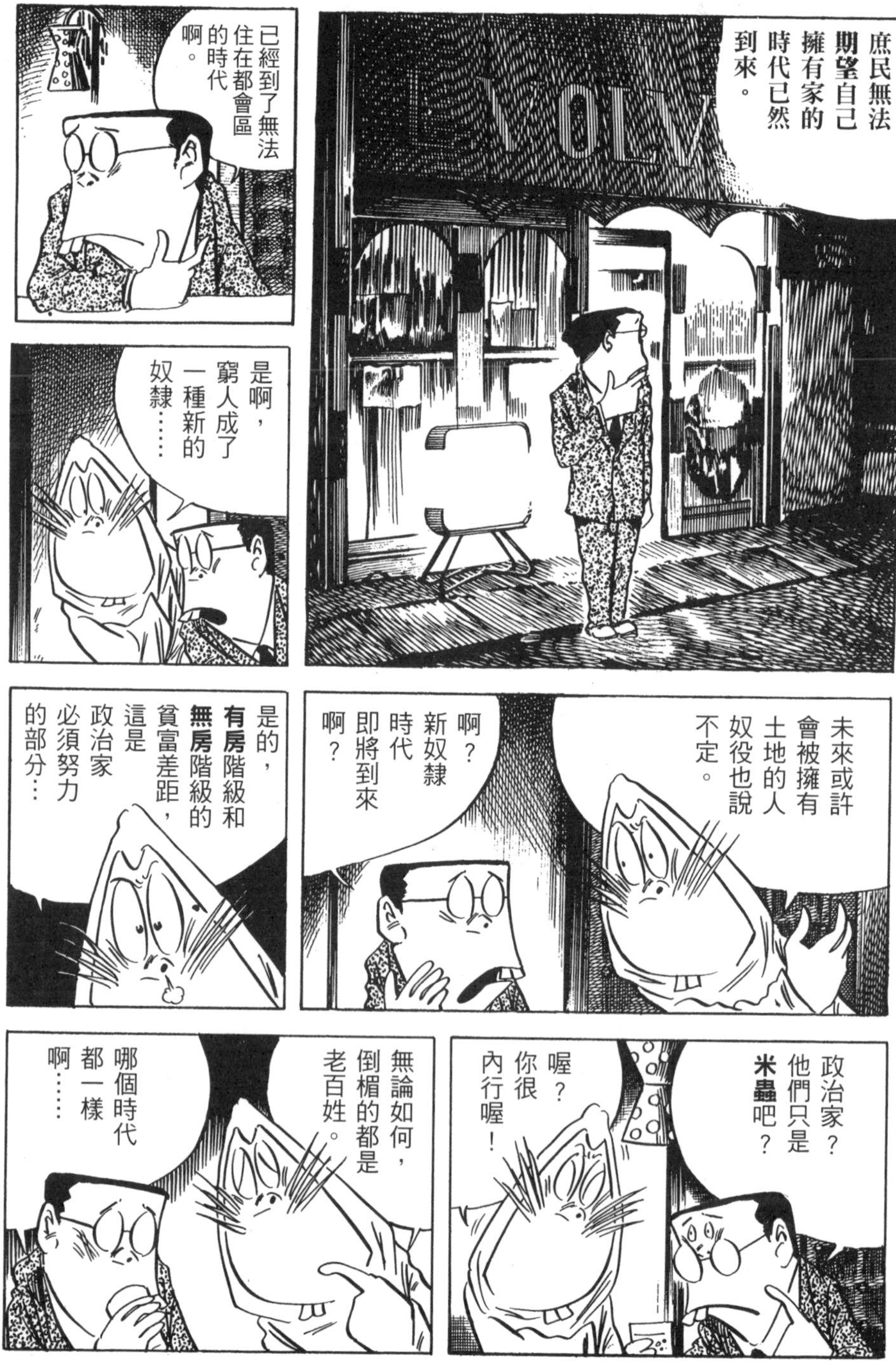
庶民無法期望自己擁有家的時代已然到來。
已經到了無法住在都會區的時代啊。
是啊，窮人成了一種新的奴隸……
未來或許會被擁有土地的人奴役也說不定。
啊？新奴隸時代即將到來啊？
是的，有房階級和無房階級的貧富差距，這是政治家必須努力的部分…
政治家？他們只是米蟲吧？
喔？你很內行喔！
無論如何，倒楣的都是老百姓。
哪個時代都一樣啊……

就在這時，本來以為還能再撐一年的父親突然病危。
我們的祖先是境港竹內的高岡城城主，所以你偶爾別忘了去打掃一下……
我這一生過得不太好……
呼哈，老爸……
南無阿彌陀佛。
我因為過於忙碌而未能好好盡孝道。平成元年時母親已滿九十歲。
*叮—

*隆隆隆隆隆

昭和五十八年三宅島曾火山噴發，這次則換伊豆大島的三原山在昭和六十一年十一月十五日突然噴發。
どどどどど
どーん
哎呀，熔岩流出來了！
我一度以為會很嚴重，但後來什麼事也沒發生，就這樣結束了。

*隆—

第13章 天皇駕崩與里庫路特事件

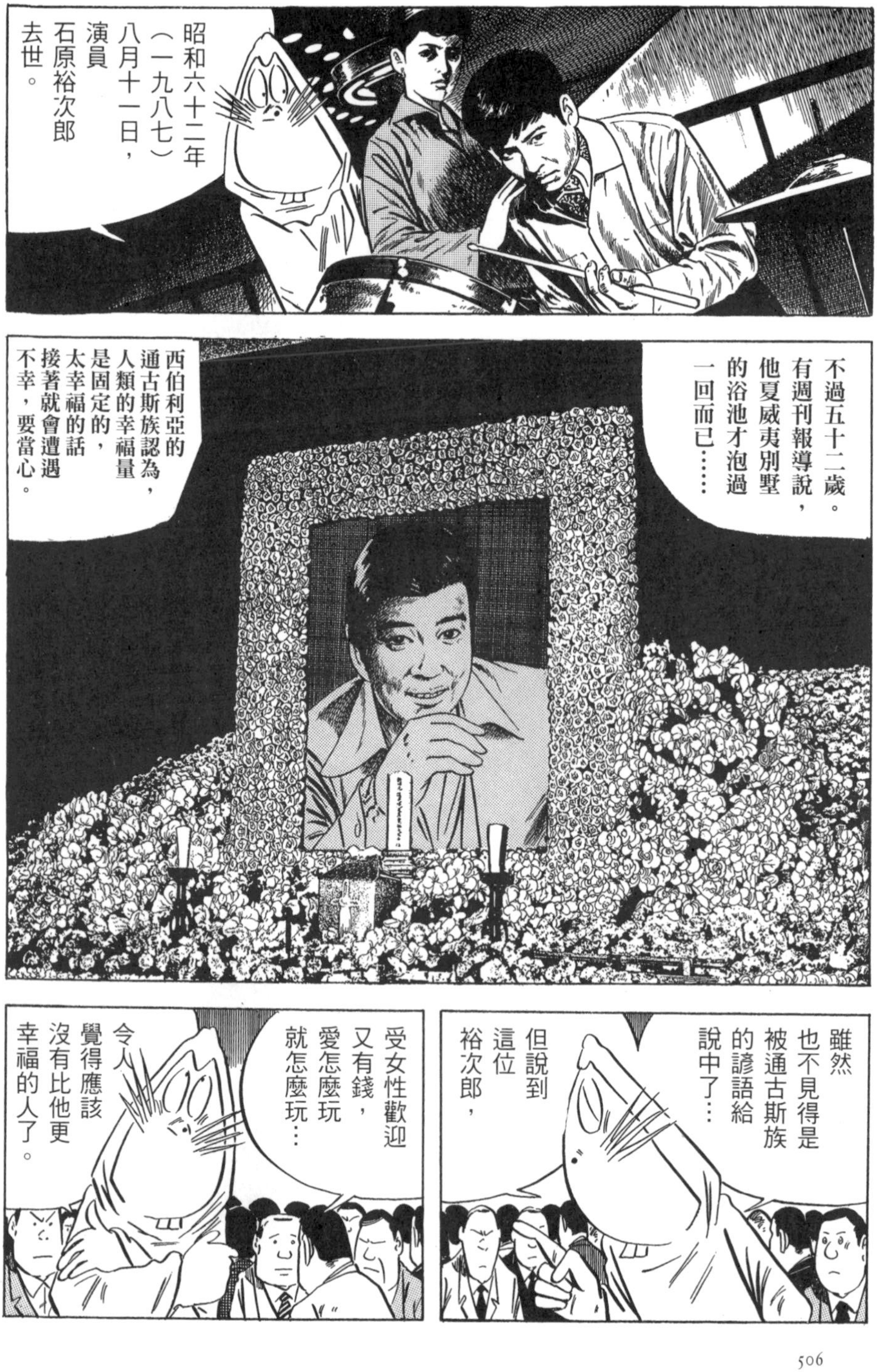
昭和六十二年（一九八七）八月十一日，演員石原裕次郎去世。
不過五十二歲。有週刊報導說，他夏威夷別墅的浴池才泡過一回而已……
西伯利亞的通古斯族認為，人類的幸福量是固定的，太幸福的話接著就會遭遇不幸，要當心。
雖然也不見得是被通古斯族的諺語給說中了…
但說到這位裕次郎，
受女性歡迎又有錢，愛怎麼玩就怎麼玩…
令人覺得應該沒有比他更幸福的人了。

不知為何，從這時起，鬼太郎又慢慢地再度掀起熱潮。
由於當時正處於我逐漸展開「妖怪研究」之時，因此不由得備感焦急。

昭和六十二年九月，天皇因「慢性胰臟炎」而開刀。十月七日，自宮內廳醫院出院，而國民都沒料到他竟得了癌症。

十一月，由於金丸信的活躍（？）讓竹下內閣得以成立。
同樣在十一月，巨人隊的江川卓引退。當初入隊時才引發軒然大波。沒想到竟早早引退。
水木茂天生「喜歡墳墓」，他在自家附近的寺院預先做了個墳墓。
這是我，像嗎？這可是名匠作品呢。
武良
水木
老師，請分享預先做好墳墓的感想…
嗯，我從以前就一直思考自己死後會到哪裡去，所以這墓就是作為我死後的安居之地而設計的。

這麼說來，老師您死後也打算好好生活……
這是什麼蠢問題？你看看這墓周圍的妖怪，其實有七十隻呢。
那…您什麼時候要搬進這石製的「新家」呢？
我是希望能盡量活久一點啦，我想在我認識的所有人都過世後，最後一個入土。我是這麼打算的。
這墳墓的外觀似乎有點特殊……
沒什麼特別的意義，就只是外型比較有趣罷了。
以上就是關於水木老師墳墓的報導。
感謝大家的收看。

＊磅啷

昭和六十三年七月二十三日，一艘潛水艇與漁船相撞。
啊
救命啊
光是碰撞，就造成約三十人死亡。
由於漁船被頂了起來，很快便沉沒，導致罹難者相當多。
而稍早的六月十八日，神奈川縣川崎市的副市長涉嫌收受
里庫路特公司的股票，並因此獲得鉅額利益。這正是所謂里庫路特事件的開端。
パラ
パラ

＊啪啦啪啦

雖然該名副市長被撤職，但六月二十四日竟又發現森代議士（森喜朗，前文部大臣）也有涉嫌，
六月二十九日更有被暱稱為米奇的渡邊前政調會會長、加藤六月、加藤紘一等多位前政府官員被查出。
甚至連民社黨的塚本委員長都有涉入。
到了七月五日，前首相中曾根、安倍幹事長、宮澤藏相等都被證實透過秘書或眷屬名義收受里庫路特股票。
七月六日，就連竹下首相的秘書都捲入此事件。結果里庫路特公司的會長江副浩正

以「造成社會動盪」為由，辭去了會長一職。
此事看似到此告一段落，但壞事真的不能做。里庫路特派了一位叫松原的人去找社民連的楢崎代議士，
表達「里庫路特想請您幫忙」之意，還出示了兩次現金五百萬元，此舉被公開攤在陽光下。
於是里庫路特事件便引起社會大眾的注意……進而往宮澤藏相辭職的方向發展。
九月十八日，天皇在看電視轉播的大相撲時，發燒至三十八度，隔天在床上吐血，陷入病危。

昭和六十四年一月七日上午六點三十三分，天皇陛下駕崩。享年八十七歲，是在位最久（六十二年）的一位天皇，死因為「十二指腸癌」。

昭和天皇的靈柩在新宿御苑舉行「大喪之禮」，送往八王子市的墓地，與遺物一同埋葬。
「昭和」至此結束……

年號換成了「平成」……
這本《漫畫昭和史》就是在這時畫的。很幸運地，我靠著這部作品，拿到講談社的漫畫獎。
呼哈哈哈哈，
這時，我也到了該思考自己人生的截止期限，而非漫畫截稿期限的年紀了。
不能只是冷笑幾聲就算了……
喂，你的多年好友在那裡等著呢。
多年好友？
就是你常去散步的那個古代洞穴啊。

喂，水木，這邊！
什麼？原來是死神啊。
你我也算是小有交情…
我還早吧？
今天就特別讓你看看人的「生命蠟燭」吧。
這是什麼？
短的蠟燭就代表剩下的生命較短。
水木しげる
燒到相當**短**了…
沒錯，你要多注意一下囉！

＊水木茂

喂，這邊也有人在等你喔。
還有？天色已經暗了耶。

天啊！
我們的市民權爭取得如何了？

什麼時候可以拿到呢？
請再等一等。
咱們已經等了好久吶。
等不及了！
咱們餵養你好久了吶。
餵養？
是啊，給了你很多好運，
讓你生活安穩。
為了讓人們知道「妖怪的存在」，
所以才滿心期待地餵養你啊。
就算是狗，養三天就不會忘恩了吶。
再這樣裝傻，我真的會宰了你喔！
我知道你們的事也快逼近「截止期限」了，再等一下
我就會正式開始處理的。
各位，既然他這麼說，
那今天就暫且放過他吧！

一想到「跟妖怪的約定」，我頭就好痛。
在暗處有黑皮膚的人們在等著你。
喂，保羅。你真的想跟我們住在一起嗎？
我們花光了僅有的一點錢替你蓋了房子，你竟然不住？
我很快就會再去看你們的，請再等等。
*唰唰
對啊，你爸爸就是想東想西想太多了。
要蓋「妖怪博物館」啊？
「環遊世界」？都上**年紀**了，你要好好考慮才行……
聖飢魔II
水木先生，大家都很期待您的「那個什麼系列」，截稿期限就快到了，很快喔。
……就像這樣，到了這時期，有很多事情都必須好好整理。但沒有人真的能夠妥善處理好再死去。

第14章

「很高興戰時之恩有所回報。」

不知為何，隨著時代從昭和變成「平成」，我的心也變得平靜。
想必是因為從那種對戰爭無處宣洩的憤怒中解放出來的關係。

在戰爭中，一切都始於天皇之名，而軍人也是受害者，於是不知不覺地⋯⋯

雖說這樣對
天皇有點
不好意思，
但就是會
無意識地
將怒朝向
「天皇」。
而那樣的
怒氣現在
消失了。

我從小就
非常討厭
「被束縛而
失去自由」，
因此
對「戰爭」
的奇特**憤怒**
似乎也比
一般人強烈……

據說，在戰爭中餓死的人最可憐。
不過我有個奇怪的想法。抱持此論點對於吃飽的人不太同情，
會不會是因為他自己的胃比別人好一倍，所以對「餓肚子」的人有多一倍的同情呢？
我在平成元年（一九八九）又再次拜訪了「南方」。加上這次，差不多去了十次有吧……
認真想想，我和托培托羅這些「南方人」已經認識四十五年了，
與其說是意氣相投，更像互相看作「奇妙的怪物」持續觀察著。

*咚咚叩咚

每次見面都會有「奇妙的新發現」，他們會讓我看見森林裡的精靈和生活習慣上的有趣差異。

由於托培托羅過世的父母、艾蒲蓓的雙親其他成年人的父母等我都認識，我好像就此被賦予了「長老」的地位。

我每次去都會幫我洗衣服的愛帕蘿姆，原本是個少女，現在都結婚了，
還生了兩個孩子。我說要買車給他們，她就跟來了。
說是托培托羅現在腦袋已經不太管用，非得要陪才行。
剛好是午飯時間，就先去中式麵館。
卡伊卡伊（吃吧）。
但愛帕蘿姆卻一口都沒吃。
怎麼了？
我不餓。
腸胃這麼好的愛帕蘿姆竟然……

正當我覺得奇怪時，回頭一看，她去跟店家要了塑膠袋。
普浪德～
她把麵倒進塑膠袋裡，
還把其他人吃剩的也全都倒進去。
這時我才想到，他們是很窮的。
到店裡吃麵這種事，大概三年吃不到一次吧。
發密利卡伊卡伊。
喔，是要帶回去大家一起吃啊。

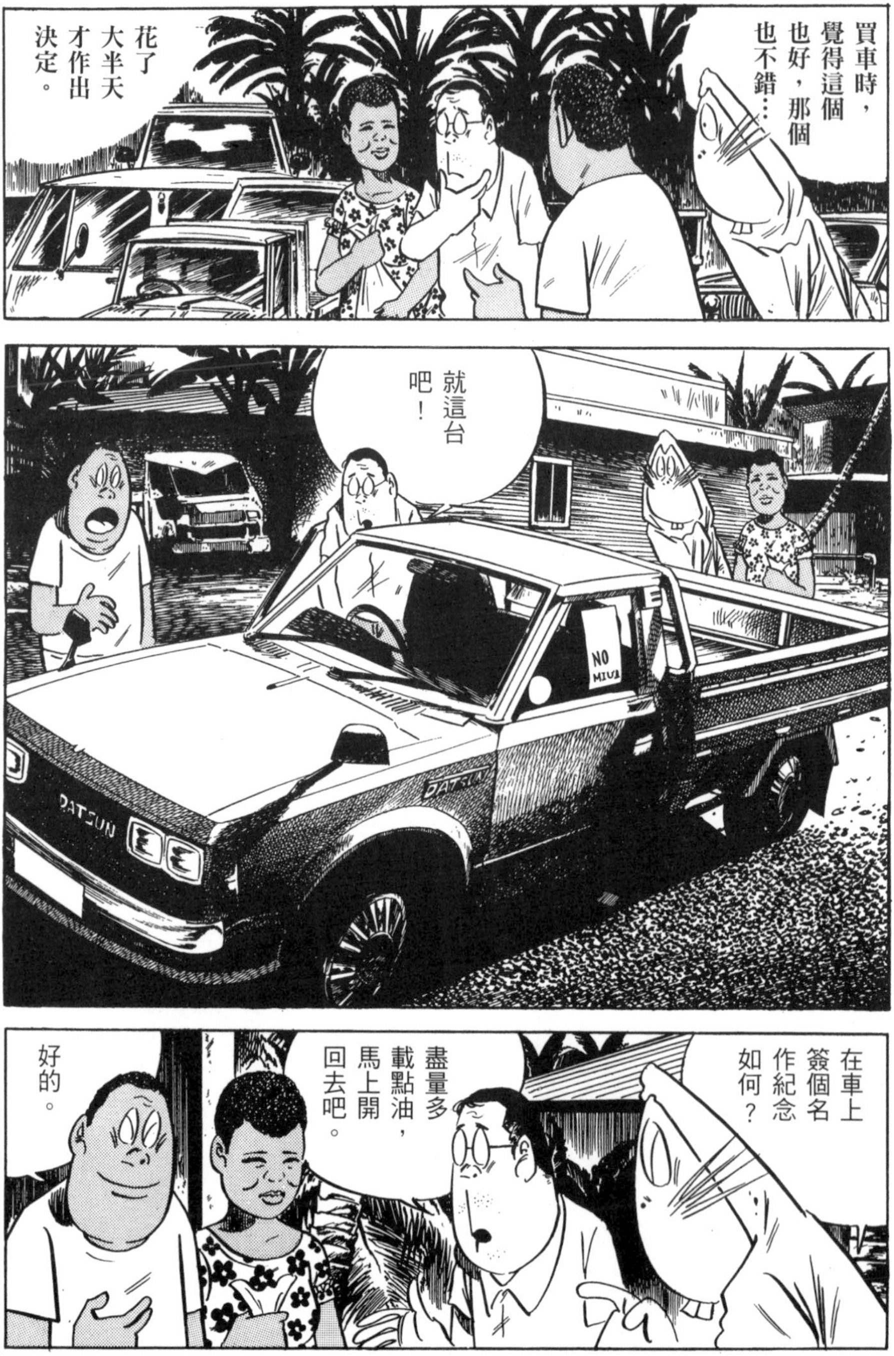
買車時，覺得這個也好，那個也不錯…
花了大半天才作出決定。
就這台吧！
在車上簽個名作紀念如何？
盡量多載點油，馬上開回去吧。
好的。

托培托羅舉辦了慶祝宴會，並說：「很高興戰時之恩有所回報。」我看他腦袋根本就還管用，以前的事情都記得很清楚嘛。
我那時因為染上了瘧疾意識不清，所以沒注意到這麼多……可是，儘管托培托羅他們貧窮，
卻從沒跟我要過任何東西，這也正是我喜歡他們的原因。我後來在送給他們的卡車上畫了一個大大的鬼太郎。

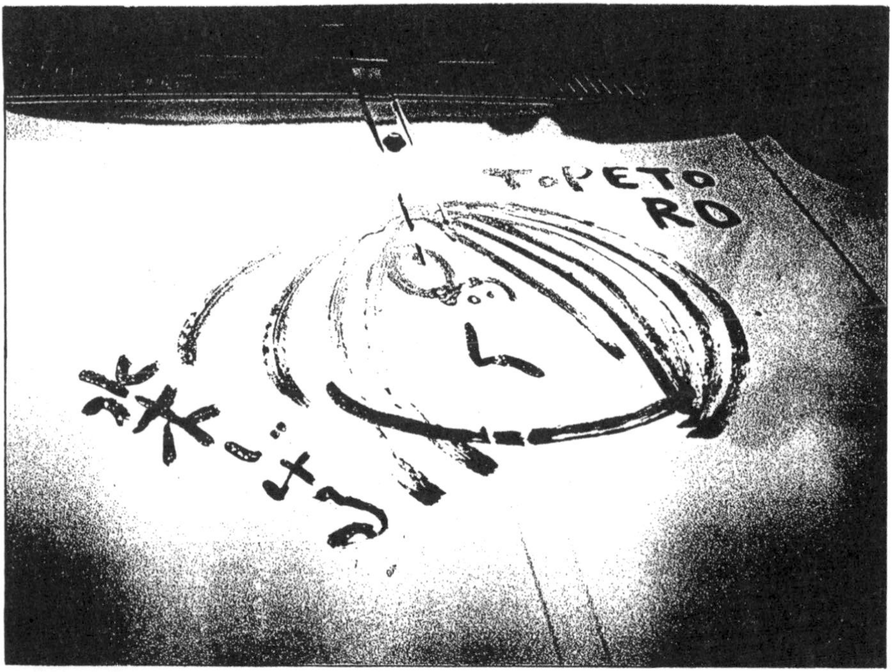
T.PETO
RO

我的「昭和」就這樣結束了。不，或許我也一起結束了。真是動盪不安的昭和年代啊。我和托培托羅堅定地握了握手，相互道別。

〈番外篇〉年過六十，回首昭和

＊喀啦、叩囉
カラン
コロン
終於，
我也六十
好幾了。
二十世紀只剩十幾
年。有位學者說
二十世紀末時，
人類會因為愛滋病
而死掉數百萬
人。
＊啾、啾、啾～

日本也於昭和六十一年發現了愛滋病患者。愛滋病除了同性戀外，也會經由輸血感染，除非找出根本的治療方法，不然再怎麼小心……
仍可能因醫療疏失而感染愛滋。
昭和六十年時，日本人的平均壽命達到世界第一，男性七四．五歲；女性八〇．二歲。這歸功於醫學與營養學的進步，
但所謂理想的老年到底是什麼？真的有這種東西嗎？
臭鼠男！你說的這是什麼話？「老年」可是比想像中美好很多呢。

咦？真的嗎？
你還年輕所以不懂……
「人生的夕陽」出乎意料地美好呢。人年輕時總會想成功等等，慾望很多但當一切都過去，上了年紀，自我已定，慾望就沒了。
這時**開始能看見**各種以往看不到的東西。像是**人**啦，人生什麼的，各式各樣的事物都以過去不曾有過的樣貌展現在眼前。年輕時那種愚蠢可笑的邪念逐漸消失，感覺還真是人生六十才開始呢。
要不是親身經歷，不然我還真不知道這夕陽竟是如此美好。
我想「傳記」這類東西，沒六十歲以上是寫不出來的……
這麼說來，你那個「妖怪研究」也……
沒錯，現在開始變得**越來越清楚**了呢。

這是一種很「開心、愉快」的心境。
還真是令人驚訝吶。但可別因為太開心而被誤以為是病了才好……
不過，回首過去，以前整個日本都很窮。
從而產生的「軍國主義」是我很討厭的東西。
誤以為只要勇敢無懼，好日子就會到來，滿口「忠君愛國」。
ザッ
ザッ
*噠、噠

＊噠噠噠噠

只有「國家」，沒了「自我」。
因為不能有「自我」。一旦收到「赤紙」便歡欣赴義的，才是「好國民」。
ザッ
ザッ
ザッ
ザッ
ザッ

昭和初期的人，似乎處處受到「國家」的欺凌。

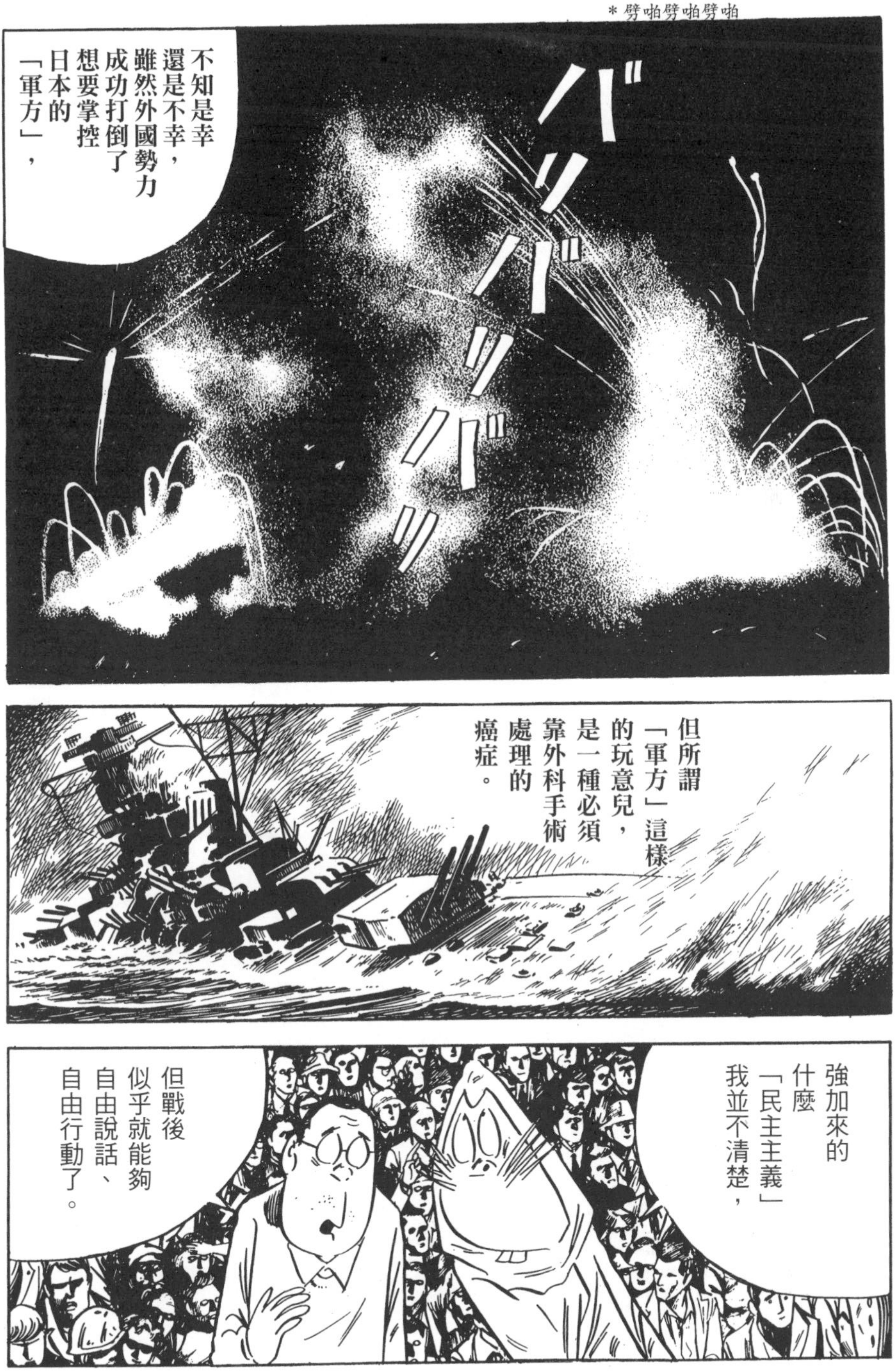
不知是幸還是不幸，雖然外國勢力成功打倒了想要掌控日本的「軍方」，
バリバリバリバリッ
但所謂「軍方」這樣的玩意兒，是一種必須靠外科手術處理的癌症。
強加來的什麼「民主主義」我並不清楚，
但戰後似乎就能夠自由說話、自由行動了。

比較那樣的戰前與戰後，日本真的變好了，最近還成了經濟大國，應該很富裕才對……
然而一般的上班族身心都不富足，感覺只有「公司」富足了。
一般的上班族不僅買不起房子，又飽受壓力困擾，日本真的變富裕了嗎——

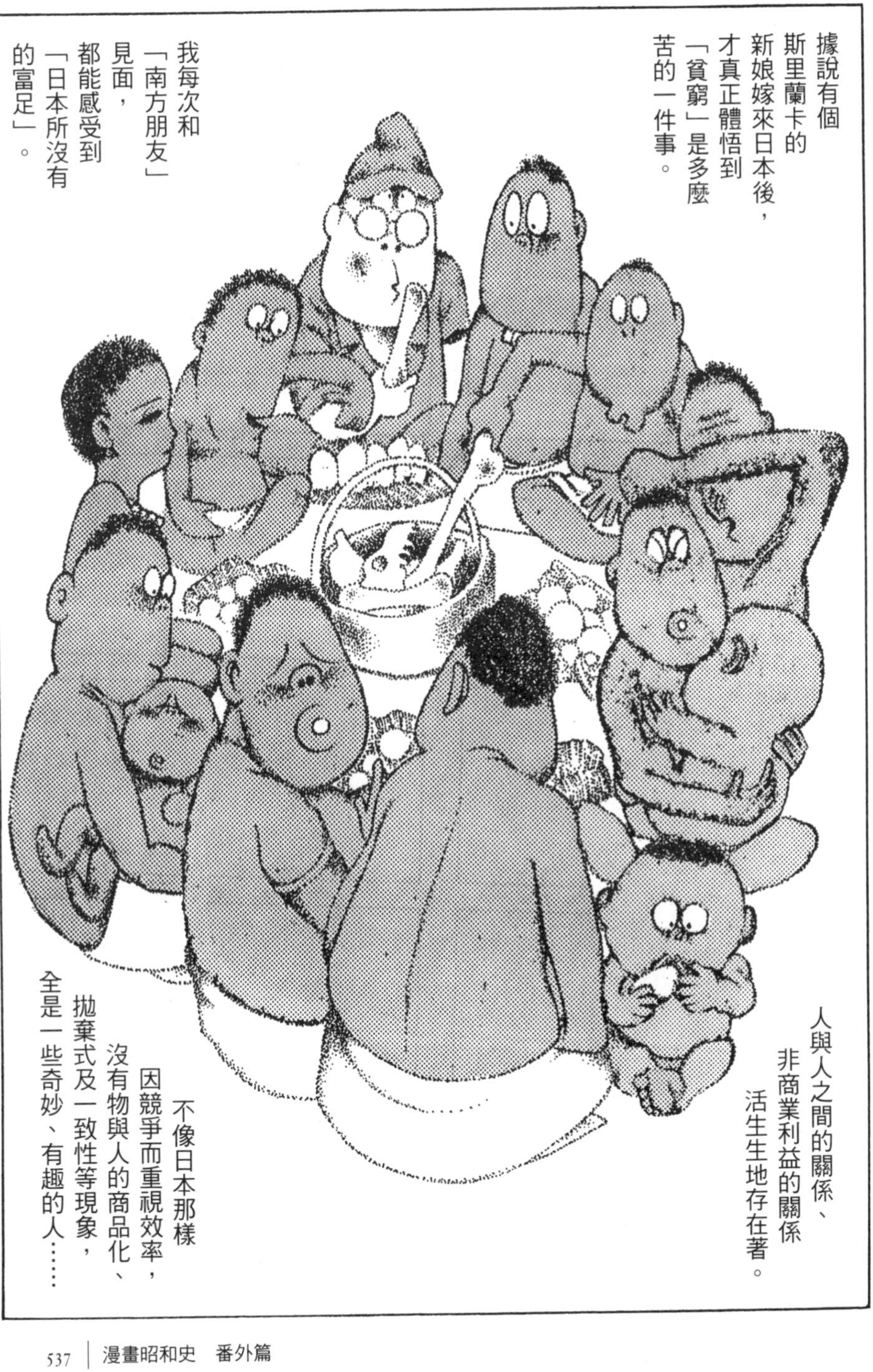
據說有個斯里蘭卡的新娘嫁來日本後，才真正體悟到「貧窮」是多麼苦的一件事。
我每次和「南方朋友」見面，都能感受到「日本所沒有的富足」。
人與人之間的關係、非商業利益的關係活生生地存在著。
不像日本那樣因競爭而重視效率，沒有物與人的商品化、拋棄式及一致性等現象，全是一些奇妙、有趣的人……

今後我們應該要抑制「資本的過度發展」，充實生活，將人與人之間的關係重新建構成像南方那樣，創造出一個能讓大家咯咯笑的社會。

昭和的前半為「戰爭」，後半是「和平」，就像個用來比較哪邊比較幸福的樣本時代。
「未來」慢吞吞地來，「現實」卻轉瞬即逝。
ジャボン
ジャボン
バシャ
バシャ

＊嘩啦嘩啦、啪沙啪沙

有句話說，「過去」就像水泥一般堅硬。
「過去」是清楚可見的，人們總會覺得，那時要是那樣做就好了…
如果當時這樣做就好了、那樣做就沒事了，一切都非常明白。
久遠的「歷史」是如此，近代的「昭和」也不例外——

過去就是轉瞬即逝的「現實」，而一旦在當下的現實中判斷錯誤，
像我們體驗過的那些不幸，就會再度於「未來」出現，那裡將不再有幸福。
每次說到「昭和史」，我就會想到戰爭。
軍國主義正是連累了日本的一大不幸。
……大家都餓著肚子死去……

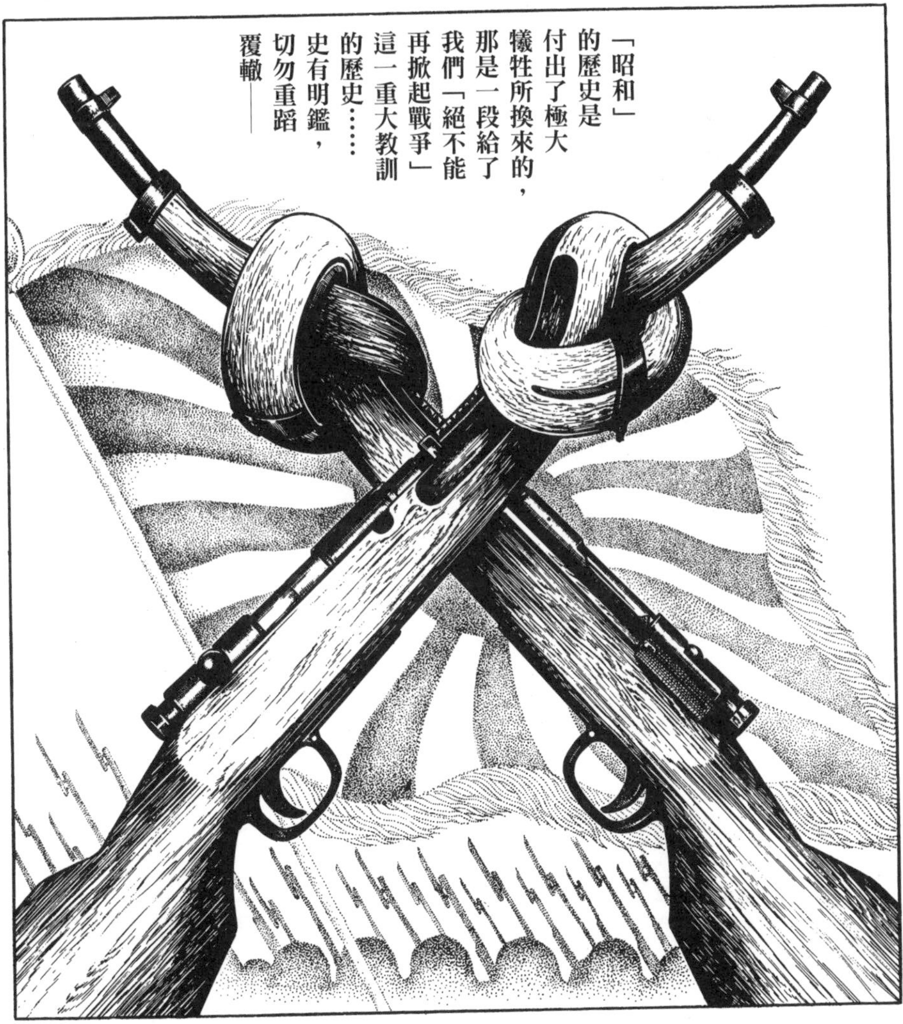
「昭和」
的歷史是
付出了極大
犧牲所換來的，
那是一段給了
我們「絕不能
再掀起戰爭」
這一重大教訓
的歷史……
史有明鑑，
切勿重蹈
覆轍——

漫畫昭和史　高度成長以降｜完

昭和史年表

西元	年號	日・月	
1922	大正11年	3・8	
1926	昭和元年	12・25	大正天皇駕崩，皇太子裕仁親王即位，改元「昭和」。
1929	昭和4年	10・24	紐約華爾街股災（經濟大恐慌），全球景氣低迷。
1930	昭和5年	1・21	召開倫敦海軍裁軍會議。
1931	昭和6年	9・18	滿州事變爆發。
1932	昭和7年	5・15	海軍青年將校對首相官邸等多處發動攻擊，槍殺時任首相的犬養毅（五・一五事件）。
		7・30	第10屆夏季奧林匹克運動會於洛杉磯開幕，日本共贏得7面金牌。
1935	昭和10年	8・12	陸軍省軍務局長永田鐵山遭陸軍中佐相澤三郎刺殺（相澤事件）。
1936	昭和11年	2・26	皇道派青年將校率1500名士兵襲擊首相官邸等地（二・二六事件）。
1937	昭和12年	7・7	中日雙方軍隊於盧溝橋發生激烈衝突，中日戰爭全面爆發。
		12・13	日軍佔領南京，開啟戰爭時代。
1938	昭和13年	5・7	戰車隊小隊長・西住小次郎戰死（中日戰爭初期的軍神）。
1939	昭和14年	1・5	平沼騏一郎內閣成立。
		9・1	第二次世界大戰爆發。
1940	昭和15年	9・27	德義日三國同盟條約。
1941	昭和16年	10・18	東條英機內閣成立。
		12・8	日軍襲擊珍珠港、登陸馬來半島並對英美宣戰（太平洋戰爭爆發），不久便佔領了南方諸島。

水木茂年表

3月8日出生，於鳥取縣西伯郡境町（現名境港市）長大。本名「武良茂」。自祖父輩開始於武良家服務的幫傭「儂儂婆」對其疼愛有加，經常為其講述妖怪傳說。

在小學是孩子王，經常帶頭惡作劇，每天都在打架。另一方面，他的興趣非常廣泛，喜歡畫畫、勞作和蒐集東西。他畫的圖曾多次在校內比賽拔得頭籌。即便數學再差，靠著畫圖和體育也能獲得表揚，還能讓身邊的人另眼相看，因此他每天都用父親買給他的油畫工具畫著畫。

每年夏天都會捕捉二、三百隻昆蟲。此外，他還熱衷於蒐集剪報。

4月時進入境小學高等科就讀。他的畫圖興趣在學校老師的幫助下甚至成功開了個展，當時在《每日新聞》上有刊登這則消息。為了找工作，他來到大阪，擔任石版印刷製圖人的實習生。然而因為他的個性過於悠哉，跟不上工廠的節奏，做了兩個月就被開除了。這也可以說是他固執己見的性格使然。

進入美術學校「精華美術學院」就讀。他每天都會交出50張左右的畫，讓學校老師相當驚艷。

從美術學校退學，轉而報考園藝學校。然而在50個名額、51位考生的條件下，他卻成為唯一一位落榜者。最終迫於無奈，他只好到西淀區（大阪市）一間提供住宿的派報社上班。

報考日本礦業學校採礦科，成功錄取。

進入日本大學附屬大阪夜間中學就讀，過著白天打工、晚上在中之島洋畫研究所學習素描的生活。之所以不斷換學校，是因為他當時希望有天能進入上野的美術學校（現在的東京藝術大學）就學。

年	年號	日期	事件	經歷
1942	昭和17年	4・18	美國空軍首次對日本本土發動空襲。	在境港市接受徵兵體檢。這段時期的他沉溺於歌德的著作。每天都會到「寶塚劇場」報到，是個死忠的寶塚迷。
		6・5	中途島海戰。	
		12・18	日軍於新幾內亞的巴沙布亞海岸戰敗。	
1943	昭和18年	2・1	日軍開始從瓜達康納爾島撤退。	春天時收到召集令。從軍生活的前幾個月，他在鳥取連隊擔任喇叭手，後來以岐阜連隊補充兵力的名義被派到戰火猛烈的南方戰場，前往新不列顛島的拉包爾（搭乘最後一班輸送船）。
		4・18	日本聯合艦隊司令長官山本五十六於布干維爾島上空戰死。	
		12・10	文部省開始推動「學童緣故疏開」（依親疏散）。	
1944	昭和19年	6・19	菲律賓海海戰。	前往最前線、甚至是更前方的分哨，小隊全滅，只有他一人獲救。遭遇同盟國軍機空襲，失去左手臂。
		7・7	日軍於塞班島戰敗。	
1945	昭和20年	3・9～10	東京大空襲（同月12日在名古屋、13日在大阪、17日在神戶發生大空襲）。	被送往新不列顛島的陸軍野戰醫院。與當地的托萊族關係友好，托萊族人稱他為「保羅」。終戰後，他在名為加澤爾的地方種樹薯過日，三餐皆以樹薯果腹。
		4・7	戰艦「大和號」於九州近海遭到擊沉。	
		8・6	廣島原子彈爆炸（同月9日，於長崎投下）。	
		8・15	天皇透過廣播玉音放送，宣讀《終戰詔書》。	
1946	昭和21年	1・1	天皇發表「人間宣言」。	3月時從橫須賀（神奈川縣）返國。為了讓手臂的截肢處重新接受手術，住進國立相模原醫院。但手術因為醫師及藥品不足而遲遲無法進行，住院時間長達一年以上。出門買米卻弄丟錢包，讓他決定再也不去買米了。
		5・3	遠東國際軍事法庭（東京審判）開庭。	
		5・22	第一次吉田茂內閣成立。	
		8・20	連續姦殺犯小平義雄落網。	
1947	昭和22年	2・25	八高線列車翻覆事故造成１８４人罹難。	加入傷痍軍人團體「新生會」。參與新生會的活動，進行街頭募款、當配給魚販。
1948	昭和23年	1・26	發生帝銀事件，共12名行員慘遭毒死。	進入武藏野美術學校（現在的武藏野美術大學）就讀。以低價購得三輪車，將車子租給車夫並收取租金。在神戶經營名為「水木莊」的出租公寓，名稱取自於所在地「水木通」。此為筆名「水木茂」的由來。
		6・13	作家太宰治在玉川上水投河殉情。	
		6・28	福井地震，罹難者多達３７６９人。	
1950	昭和25年	6・25	韓戰爆發。	成為紙芝居畫家。
		7・2	金閣寺遭人放火燒毀。	
1954	昭和29年	9・26	青函聯絡船「洞爺丸」受到15號颱風的影響沉沒，罹難、失蹤者共１１５５人。	繪製「空手鬼太郎」等鬼太郎系列的紙芝居，為之後漫畫的前身。
1956	昭和31年	11・22	第16屆夏季奧林匹克運動會於墨爾本開幕。日本在體操、游泳以及角力項目奪得4面金牌。	秋天時意識到紙芝居沒有未來，應該轉行畫貸本漫畫。於是他隻身前往東京，在下町的龜戶（江東區）租房子。
1957	昭和32年	7・25～26	以諫早市為中心，九州西部地區豪雨成災，罹難、失蹤者共７２２人。	出版處女作《火箭人》。

西元	日本年號	日期	社會事件	水木茂生平
1961	昭和36年	4.12	蘇聯的加加林少校完成世界上首次載人宇宙飛行。	1月結婚。從這時開始每月都會畫出一集漫畫，因此日夜埋首於工作，但稿費卻不增反減。
1962	昭和37年	8.12	堀江謙一獨自駕駛遊艇成功橫越太平洋。	長女出生。
1964	昭和39年	10.1	東海道新幹線開通。	創作《惡魔君》(全三冊)，獨特的畫風開始受到矚目。
		10.10	第18屆夏季奧林匹克運動會於東京開幕。	漫畫雜誌《GARO》創刊。他在雜誌上發表了〈不老不死之術〉、〈疣〉
		11.9	佐藤榮作內閣成立。	和〈貓忍〉等充滿諷刺的奇幻風格作品。
1965	昭和40年	6.1	福岡縣三井山野煤礦場發生瓦斯爆炸，造成237人罹難。	在《別冊少年Magazine》發表的《電視君》獲得「講談社兒童漫畫賞」。自此開始，除了貸本漫畫雜誌以外，一般漫畫雜誌的委託也接踵而來，生活變得十分忙碌。
1966	昭和41年	2.4	全日空波音727客機在羽田近海墜毀，機組人員和乘客共133人全數罹難。	次女出生。
1968	昭和43年	12.10	三億日圓搶劫案。一名男子在府中市(東京都)假冒騎乘警用機車的員警劫走一台運鈔車。	《鬼太郎》開始在《週刊少年Magazine》上連載。《鬼太郎》系列受到廣大迴響，改編為電視動畫。
1969	昭和44年	1.18	8500名機動隊隊員衝進東京大學，與佔領安田講堂的學生展開攻防戰。	在《Big Comic》上發表一連串反應世俗風氣的作品。期間他一度體力不支昏厥，視線也變得模糊。
		5.26	東名高速公路全線開通。	徹底休養了二週之後決定從此不再熬夜。
1970	昭和45年	3.14	日本萬國博覽會於吹田市(大阪府)千里丘陵開幕。	在《週刊少年Jump》上連載《惡魔君》系列的《惡魔君復活 千年王國》。
		3.31	赤軍派劫持日航客機淀號。	在《GARO》上連載近藤勇的傳記作品《未能捉住星星的男人》(暫譯)。
		11.25	作家三島由紀夫闖入東京自衛隊東部方面總監部，切腹自殺。	雙親從境港搬到東京與他同住。
1971	昭和46年	4.16	天皇夫婦首次前往廣島市原爆慰靈碑弔唁。	從這年夏天開始在寶塚遊樂園舉辦由他監修的「鬼太郎的妖怪大會」，該活動延續了20年以上。
		8.16	第三次美元危機(尼克森危機)。美國發表美元防護措施，導致東京證券交易所道瓊指數暴跌。	秋天，睽違26年再度踏上新不列顛島的樂園納馬雷。當年名為「托培托羅」的少年如今已成為一族的大酋長。
1972	昭和47年	2.19	5名聯合赤軍成員佔領輕井澤的淺間山莊。警察於28日展開攻堅，救出人質並逮捕嫌犯。	大量的工作讓他的身體無法負荷。於是他減少工作量，每天只是悠閒地繪製妖怪畫並累積張數。
		5.15	美國返還沖繩政權，設沖繩縣。	在《中央公論》上刊載《老爸戰記》(暫譯)，隨後由河出書房新社出版。
		7.7	第一次田中角榮內閣成立。	
1973	昭和48年	10.25	第一次石油危機。國際大石油公司(即「七姊妹」)宣布對日本的原油供給將減少大約10%。大阪府、尼崎市等地區發生「衛生紙恐慌」，隨後各地都出現搶購囤貨風潮。	在《太陽》連載《日本土俗神探訪》。
		10.31		由講談社出版全新繪製的漫畫單行本《聖喬治角的哀歌 全員玉碎！》(暫譯)。
		11.29	熊本市大洋百貨發生火災，造成104人罹難。	發表南方熊楠的傳記作品《快傑熊楠》(暫譯)。成為日本民俗學會的會員。

1974	昭和49年	3・12	於盧邦島獲救的前日本士兵小野田寬郎返日。	對於「妖怪」是否真正存在感到不安，於是開始研究妖精以建立對「妖怪」的信心。
		8・30	東京丸之內發生三菱重工大樓爆炸事件，造成8人罹難、376人受傷。	
1976	昭和51年	6・22	丸紅專務大久保立春及全日空專務澤雄次等人因洛克希德事件被捕。	《繩文少年約吉》（暫譯）在雙葉社的少年雜誌上連載。出於興趣，製作了十多集的《小學館的入門百科》系列。出版少年時代的文字自傳《鬼婆婆與孩子王》（筑摩書房）。
		7・27	前首相田中角榮遭到逮捕。	
1979	昭和54年	1・26	大阪三菱銀行北畠分行遭歹徒持獵槍搶劫。行員、顧客共有4人遭到槍殺，歹徒挾持店內的40名人質與警方對峙。	出版《水木茂的不可思議之旅》（暫譯，サンケイ出版）。收到筑摩書房的編輯邀稿，出版《糊里糊塗的人生》（暫譯）。
1982	昭和57年	2・8	永田町（東京都）的新日本酒店火災造成33人罹難。	環遊世界（總共6次），確定世界上妖怪真的存在。同時感覺體內充滿一股神奇的力量。再次開始著手繪製「妖怪畫」。
		11・27	中曾根康弘內閣成立。	
1983	昭和58年	9・1	大韓航空的班機在庫頁島上空因「侵犯領空」遭蘇聯戰機擊落，機組人員及乘客共269人全數罹難。	
1984	昭和59年	3・18	江崎固力果食品公司的社長江崎勝久在自家遭到綁架。嫌犯雖要求支付贖金，遭綁的社長卻在21日自行脫困。	明確認知「妖怪」的存在後，夢想將世界上所有的妖怪彙整起來，卻因為漫畫工作忙碌，只好暫且擱置。此時，成為民族藝術學會評議員。父親過世。由於過於忙碌，未能善盡孝道。
		7・28	第23屆夏季奧林匹克運動會於洛杉磯開幕。山下泰裕在柔道項目的無差別級奪得金牌。	
1985	昭和60年	8・12	日航巨無霸客機在御巢鷹山（群馬縣）墜毀，罹難人數多達520人，有4名女性奇蹟生還。	由朝日Sonorama出版貸本時期的漫畫作品《貸本漫畫傑作選》共二十多冊。
1986	昭和61年	4・26	蘇聯車諾比核電廠爆炸事故。	為紀念水木事務所創立20週年，集結妖怪畫作品，出版豪華畫集《妖怪傳》（講談社）。
1987	昭和62年	10・19	紐約股市暴跌，史稱「黑色星期一」。	《鬼太郎》第三度改編為電視動畫，人氣爆發。掀起妖怪熱潮。於《週刊少年Magazine》連載鬼太郎。
1988	昭和63年	7月	里庫路特事件。	
1989	昭和64年	1・7	昭和天皇駕崩，改元「平成」。	在自家後方的寺廟建了自己朝思暮想的「墳墓」。以《漫畫昭和史》（講談社Comics）獲得講談社漫畫賞（一般部門）。
	平成元年	6・4	中國爆發天安門事件。	
		10月	戈巴契夫的經濟改革造成東歐社會動盪。	

後記

昭和以六十四年劃下句點，接著進入了平成的時代。但仔細一想，「昭和史」其實也是我自己的歷史。換言之，就是「自我史」。

落幕之後回首一看，雖然過程中動盪不斷，但近來我特別有感觸，人類其實也沒什麼大不了的。

感覺上似乎與植物、昆蟲、動物沒什麼兩樣。

人類不過是蓋蓋建築物、破壞環境，就覺得自己好像高出昆蟲動物一等，但那只是自以為是罷了，沒什麼了不起的。

非洲的螞蟻能建造出巨大的蟻塚。換作人類來看，就如同數百層的高樓一樣。而世上也存在著各式各樣的蟻塚，足以令人大吃一驚。有的像名古屋城一樣錯綜複雜，也有的蓋得像中世城堡一般。

我始終夢想著有朝一日造訪非洲，好讓這種不可思議的「蟻塚」寫真集能夠出版問世。在非洲這個地方，光就「建築」這方面來說，螞蟻確實比人類來得更加聰明。總而言之，「人類」不過就是沒什麼大不了的「生物」罷了。

戰前常說：「人類是萬物之靈」，彷彿我們比昆蟲或石頭更高出一等；但我近來不禁深有所感，這反倒讓一切都變得更難以理解了。

「戰爭究竟為何物」，而戰死者「究竟又算什麼」；對「戰中派」來說，這是十分重大的議題。

不管再怎麼抱頭苦思，都始終找不出答案。但直到最近，我發現「人類本身就沒什麼大不了的」，於是好像可以稍微理解了。

自己已經上了年紀，家人也都獨立自主了，我好不容易鬆了一口氣，所以才會浮現這種想法吧。

即便如此，對戰中派來說，那場「太平洋戰爭」仍然是一起巨大事件。就像是用鎚子重重敲了腦袋一樣，長達十年以來，我的腦袋都無法好好派上用場。

「造訪戰跡之旅」曾經十分流行，老人們（話雖如此，其實也跟我差不多年紀）紛紛前往遙遠的戰場；但看在年輕人眼中，這一定很不可思議吧。那場戰爭所帶來的衝擊，相信一輩子都難以磨滅。

只要還活著的話，就忍不住會想再次造訪當地。當時每個人都曾散發著如此龐大的能量（而那也遠遠超乎常人所能想像）。至於那究竟是對是錯，都得等到結束之後，我們才有辦法去思考。而在這部《漫畫昭和史》中，「太平洋戰爭」之所以會佔了那麼多篇幅，原因也是出自於此。

「戰中派」只要一遇上這種場面，就會忍不住使盡渾身解數。

或許正是因為那些白白送死的無數靈魂，才會讓我這麼拼命也不一定。

「太平洋戰爭」在昭和史中所佔的歲月雖然不長，但對我來說，感覺起來彷彿有「十倍」之久。那場戰爭所帶來的衝擊實在很巨大。

正因如此，等到我終於能夠冷靜下來回首那場戰爭時，也已經是在進入平成以後的事了。對「戰中派」來說，他們賭上性命所換來的經驗，在和平時期卻絲毫派不上用場，可說是最吃虧的世代。

而親手將這個世代的兒子們送上戰場，那些父母親的心情更是遠非他人所能想像。不知為何的，膝下獨子明明什麼都沒做（在敵軍尚未登陸之前），卻一個接一個倒地送命，簡直太不可思議了。他們應該都深受父母所寵愛吧。

此外，不知道該說他們是「好人」，還是該說成「好國民」——許多拿來當士兵實在是太浪費的人才，往往很早就斷送生命了。

這個嘛，或許廢物反而更堅強吧。比起說自己倖存了下來，或許倒不如說，是被冥冥之中的好運所眷顧了。話題似乎老是在「戰爭」上打轉，真是不好意思。不管怎麼說，我都活了下來，日本也邁入了「繁榮」，成為一個百姓能夠幸福生活的國家。

這實在讓人高興，我們得到了自己在童年時期所無法想像的「自由」，終於可以開開心心過日子，真是天大的好事。

雖然「戰中派」總是無法忘懷，那些在物資匱乏的時代中吃盡苦頭而死的人們；但我們以前就算再怎麼辛勤工作，都難以填飽肚子，因此我老是覺得，現在真是一個值得感激的時代。

昭和二十一年回到日本時，因為空中沒有出現飛機的蹤影（在拉包爾時，飛機整天不斷出沒），當時不禁心想，這真是個幸福的國家。但不管在任何時候，國家能維持和平都是件值得感激之事。

仔細一想，在昭和史之中，戰後維持了很長的一段時間。從一無所有、在新宿吃著「豆渣壽司」時為始，一路經歷了「貸本漫畫」、乃至於「雜誌漫畫」，在「彩色電視」之下，生活漸漸豐裕了起來，甚至還能去「旅行」了，最後就連「海外旅行」在全球各地都十分普及。

這些全都是「戰中派」作夢也想不到的事情，我內心不禁十分困惑。

不過，人們光靠「物慾」是無法得到幸福的。正如「南方的人們」所深信的，就跟人類一樣，世間萬物身上也都寄宿著靈魂——換言之，就是泛靈論式的思維——如果心中不抱持著這種思考的話，是沒辦法悠閒度日的。

在埋首於妖怪研究的同時，我也為了追求「安心」而不斷踏上「秘境巡禮」，「妖怪」和「靈魂」更是無所不在，直到現在依然每天充滿驚奇。世上仍然暗藏著許多我們尚未發掘的秘密。

在往後餘生中，我仍將一心探究這種「眼睛所不能見之事物」。妄言勿怪。

一九九四年十月

水木茂

〈原文首刊於《コミック昭和史　第8卷　高度成長以降》講談社文庫〈1994年11月15日發行〉〉

主要參考文獻

《1億人の昭和史》　毎日新聞社

《決定版昭和史》　毎日新聞社

《現代人名情報辞典》　平凡社

《広辞苑》　新村出・編　岩波書店

《国語辞典》　講談社

《コミックヒットラー》　水木茂　講談社・コミックス

《最新昭和史事典》　毎日新聞社

《写真集　日本の軍艦》　福井静夫　KKベストセラーズ

《写真週報》（昭和16年7月9日版）　内閣印刷局

《十五年戦争時代目録》（上・下）　松田光生　葦書房

《昭和史探訪》（1・昭和初期）　三國一利・井田麟太郎　角川書店

《昭和の反乱　三月クーデターから二・二六事件まで》（上・下）　石橋恒喜　高木書房

《昭和の歴史》（文庫版1～7）　小學館

《世界地理風俗大系》　新光社

《大事典Ｄｅｓｋ》　講談社
《大辞林》　松村明・編　三省堂
《大東亜戦争・海軍作戦写真記録》（昭和17年12月1日版）　大本營海軍報道部編纂
《太平洋戦争》（中公新書84）　児島襄　中央公論社
《天皇陛下の昭和史》（87年版）　雙葉社
《20世紀全記録》　講談社
《日本海軍艦艇発達史》　潮書房
《日本近現代史辞典》　東洋經濟新報社
《日本軍閥暗闘史》（中公文庫）　田中隆吉　中央公論社
《日本史年表》　河出書房新社
《日本の戦史》　毎日新聞社
《日本の歴史》（週刊朝日百科）　朝日新聞社
《日本の歴史》（第24巻　中公文庫）　大内力　中央公論社
《敗因を衝く—軍閥専横の実相》（中公文庫）　田中隆吉　中央公論社
《報道写真にみる昭和の40年》　讀賣新聞社

大河 23

漫畫昭和史(4)

コミック昭和史(4)

作者——水木茂
譯者——酒吞童子
執行長——陳蕙慧
總編輯——李進文
責任編輯—陳柔君
編輯——徐昉驊、林蔚儒
行銷總監—陳雅雯
行銷企劃—尹子麟、余一霞
封面設計—霧室
排版——簡單瑛設

社長——郭重興
發行人——曾大福
出版者——遠足文化事業股份有限公司
地址——231新北市新店區民權路108-2號9樓
電話——(02)2218-1417
傳真——(02)2218-0727
電郵——service@bookrep.com.tw
郵撥帳號—19504465
客服專線—0800-221-029
網址——http://www.bookrep.com.tw
Facebook—日本文化觀察局(https://www.facebook.com/saikounippon/)
法律顧問—華洋法律事務所 蘇文生律師
印製——呈靖彩藝有限公司

初版一刷 西元2017年11月
初版十三刷 西元2023年03月